ネット怪談の民俗学

廣田龍平
Ryuhei Hirota

ハヤカワ新書 033

まえがき

私たちは誰もが、一度ならず「怖い話」を見聞きしたことがあるだろう。本で読んだことがあるかもしれないし、テレビや映画館で見たことがあるかもしれない。子どものころ、大人に聞かされたことがあるかもしれない。日本にかぎらず、人類社会の多くは何らかのかたちで、オバケが出てきたり怪奇的なことが起きたりする「怖い話」を語り継いでいる。おそらく、その起源は先史時代にまでさかのぼれるだろう。

ところで二一世紀、「怖い話」がもっとも多く生まれているところはどこだろうか？　誰も数えたわけではないから正確な答えがあるわけではないが、有力な候補の一つが、実は「インターネット上」である。たとえば――きさらぎ駅、くねくね、コトリバコ。ひとりかくれんぼ、犬鳴村、三回見ると死ぬ絵。そしてバックルーム、リミナルスペース。

これらはいずれも、ネット上で生まれ、ネット上で広まった「怖い話」、すなわち「ネット怪談」である。付け加えるならば、そのなかでも特に有名なものである（知らないという方、いずれも本書でちゃんと説明しているのでご安心を）。こうしたネット怪談は、わざわざ考えるまでもなく、一九九〇年代後半、インターネットが普及するまでは存在していなかった。それが今では一大ジャンルを形成し、インターネット以前の怪談と並び立つ存在感を有するようになっている。

それでは、ネット怪談はどのようにして、今あるような形になってきたのだろうか。私たちが怖がりながら楽しんでいるあれこれの話は、どこで生まれ、どのようにして各種メディアへと拡散し、どのようにして私たちの手元・目元・耳元まで届いているのだろうか。

本書の大きな目的は、一九九〇年代末から二〇二〇年代前半までのおよそ四半世紀にわたって、日本のネット怪談の大まかな見取り図を提示することである。ネット怪談を取り上げた本や論文は少なくないが、その多くは特定のジャンルや話に集中している（「きさらぎ駅」や「コトリバコ」など）。それに対して本書は、いろいろなジャンルやメディアに目を配ることによって、今後、日本のネット怪談を語るにあたっての土台になることを目指している。そのため本書では、インターネット上での展開のみならず、商業化されたものや、国外に拡散されたものまで視野に入れる。また、現在の日本のネット怪談に関係するかぎりで、国外（主として英語圏）のネット怪談も見てみたい。

実況、画像、異世界

そうはいっても、すべてのネット怪談を論じることは不可能である。「きさらぎ駅」などの有名どころに限定しても、依然として多すぎる。そのため本書では、いくつかの視点に絞ってネット怪談の特徴を捉えることを試みる。特に注目するのが「実況」、「画像」、そして「異世界」である。

「実況」は、異常事態に巻き込まれた状況を当事者が逐一報告するもので、代表的なのが「きさらぎ駅」と「ひとりかくれんぼ」である。これはネットに接続できる携帯端末が普及した二一世紀ならではの特徴であろう。

「画像」は、視聴覚的なデータをともなう怪談に関わるもので、たとえば「三回見ると死ぬ絵」がそれにあたる。また、「ひとりかくれんぼ」の実況配信などもこれに当てはまる。誰でも手軽にデータを制作したり送受信したりできる環境が整ったネット時代は、怪談と画像をこれまでになく密接に結びつけることとなった。

「異世界」はこの世ならざる不可思議な場所についてのもので、「きさらぎ駅」と「バックルーム」が代表的である。「異世界」に近い場所の話は古代から知られているものの（たとえば「浦島太郎」の竜宮など）、ネット怪談の時代には、従来とは異なる「異世界」の概念が広まっていることに本書では注目する。

これらの視点は、ネット怪談の黄金期とされる二〇〇〇年代を経て、二〇一〇年代から現在――つまりスマートフォンとＳＮＳの時代――にかけて、どういったことが話題になっていたのかを探るために選ばれたものでもある。二〇〇〇年代のインターネットは、初めのほうに挙げた有名なネット怪談が次々と誕生した時期だったが、二〇一〇年代に入ると、ネット怪談は新しいものを生み出さなくなり、衰退してしまった――と言われている。しかし、上述の三つの視点から見てみると、「衰退」とはまた別のネット怪談の流れが見えてくるだろう。

民俗学の研究対象としてのネット怪談

ところで「怖い話」は、これまでさまざまな学問分野で論じられてきた。たとえば文学研究や宗教学、文化人類学、文化史、表象文化論などを挙げることができるだろう。そのようななかで本書が寄りかかるのは、民俗学という学問である。

民俗学について詳しくは第1章で説明するが、一言でいうならば、教科書に載るような社会や歴史の大きな動きを見ているだけだと取りこぼされてしまう、多くの人々の言動や習慣(まとめて「民俗」や「伝承」などという)を研究する学問である。フィールドワーク(現地調査)によって、普通ならば記録に残らないようなデータを収集することが多い。よく知られたことではあるが、人々が体験したり信じたりした妖怪や怪異は民俗学の領分である。そのため、怪奇なことが起きる怪談も、実は民俗学で論じることができる。

このように見ると、ネット怪談は民俗学の研究対象として実にぴったりだということが分かる。話の多くは作者が分からず、いつの間にか方々《ほうぼう》に広まっており、多くの人々が知っているにもかかわらず、学校の教科書に載るようなこともない。まさしく「民俗」なのである。本書は民俗学的な立場から、何もしなければ散逸してしまうような物語やそれを生み出し拡散する環境に注目してみたい。

ここで、ネット怪談に対する筆者の（民俗学的な）立ち位置を述べておこう。筆者は一九九六年（当時中学一年生）、自宅のパソコンで初めてインターネットに触れ、神話伝説、妖怪、そして怪談に関する黎明期のウェブサイトに出合った。二〇〇一年ごろから2ちゃんねるを利用するようになり、大学生時代は入り浸っていた。Twitterは二〇〇九年にアカウントを開設した。TikTokは二〇一九年九月から見はじめた。怪談を自分で投稿したことは滅多にないが、考察などには加わったことがある。本書では、これら四半世紀にわたる筆者自身の経験を、遡及的にフィールドワークとして捉えなおし、記述のためのデータとして利用している。本書には、ところどころ明確な根拠を示さない記述があるが（「〇〇という怪談は当時誰もが知っていた」など）、それはたとえば二〇〇三年の2ちゃんねるや二〇二〇年のTikTokに筆者が（研究者としてではなく）単なるユーザーとして参加していたときの実体験や印象に基づくものである。したがって、ほかの参加者から見ると、また違った景観が見えていたであろうことは断っておく。

本書の構成

本書は全6章で構成されている。第1章「ネット怪談と民俗学」では、民俗学的な視点からネット怪談にアプローチする方法とその意義を確認する。続く第2章「共同構築の過程を追う」では、一九九〇年代末から二〇〇〇年代にかけて、実況などを取り入れながら、ネット怪談が多くの人々によって共同で構築されていく様子を見てみる。「くねくね」や「コトリバコ」などはこの章で取り上げる。第3章「異世界に行く方法」では、二〇〇〇年代半ばから二〇一〇年代にかけて語られてきた異世界にまつわるネット怪談を論じる。第4章「ネット怪談の生態系」では、いったん具体的な怪談から離れ、ネット怪談の生成や拡散、変容に関わる諸々の環境（ウェブサイト、SNS、書籍、他言語への翻訳など）を俯瞰する。第5章「目で見る恐怖」では、画像から派生した怪談や動画での実況配信など、文字以外でのネット怪談の展開を追う。最後の第6章「アナログとAI」は、「バックルーム」を中心として、二〇二〇年代におけるネット怪談の可能性について考えてみる。

本書は同じ怪談をあちこちで論じている。巻末に「怪談索引」を用意したので、怪談の内容を確認したいときに詳しい説明のある箇所を探したり、特定の怪談について横断的に参照したいときに活用してほしい。

人々が感じる「恐怖」はどのようにして生まれ、広まっていき、場合によっては手に負えなくなったり、逆に飼いならされていったりしつつ、変わりつづけていくのか——その最新形の一端を、本書は描き出してみたい。

目次

まえがき …… 3

第1章 ネット怪談と民俗学 …… 15

共同構築としてのネット怪談——きさらぎ駅
民俗学とはどのような学問か
画像から生まれる——スレンダーマン
アメリカ民俗学の「伝説」概念
ネット怪談はネタなのか——「怪談」と「ホラー」
平成令和怪談略史

第2章 共同構築の過程を追う …… 55

二〇〇〇年代初頭までの状況
心霊スポットから怪村へ
2ちゃんねる——多種多様な怪談の展開
ネット怪談と田舎と民俗学
台湾の「赤い封筒」と因習系の衰退？

第3章　異世界に行く方法……93
異界と異世界
異世界を考察する
異世界に行ってみる
現実感のありか
第4章　ネット怪談の生態系――掲示板文化の変遷と再媒介化……135
怪談サイトの生態系
インターネットを、日本を越える
ネット怪談の特徴を逆手に取る――記録は消えても記憶は残る
話者としてのインターネット老人会
第5章　目で見る恐怖――画像怪談と動画配信……177
超常的イメージのメディア
クリックベイト

逆行的オステンション
怖いことをするのを見る――心霊スポットと実況配信

第6章　アナログとAI

――二〇二〇年代のネット怪談……221
古い映像、記憶に残る映像
バックルームの始まり
バックルームの展開
恐怖に物語はいらない？

あとがき……275
注……304
参考文献……319
怪談索引……322

凡例

・第1章以降、怪談名はゴシック体にした。

・本文中の引用で改行を省略するときは「／」に替えた。

・視聴数や投稿数などの日々更新される数値は、二〇二四年九月一三～一五日に確認したものである。

・巻末注には、現存しないウェブサイトのURLもそのまま載せている。現在閲覧できないものの大半は「インターネットアーカイブ」にあるWayback Machine（https://web.archive.org/）によって過去のスナップショットを確認できる。

第1章
ネット怪談と民俗学

共同構築としてのネット怪談——きさらぎ駅

「ネット怪談」という言葉には、まだ学問的な定義はない。ここではひとまず「インターネット上で構築された怪談」としておこう。「構築」といっても、ネット怪談が創作だとか捏造だとか、そういうことではない。広い意味で、さまざまな物事がつながり、関係を持ち、組み合わさった結果として、目に見えるかたちで（知覚できる状態で）何かが現れるということである。[1]物事の種類によって構築のされ方は多種多様であるが、ネット怪談に関しては、名称のとおり「インターネット上で」という部分を厳密に受け取ってみたい。つまり、主要部分がオンラインで構築されている怪談が「ネット怪談」だということである。

「構築」の一例として、二〇二二年に映画化もされたネット怪談「**きさらぎ駅**」を見てみよう。一般的に**きさらぎ駅**として知られている話はというと——深夜、ある女性が通勤電車に乗っていたところ、いつの間にか知らない路線を走っており、「きさらぎ駅」という聞いたことのない駅に着いた。降りてみたが、時刻表も何もない。携帯電話は通じるものの、自分がどこにいるのかまったく分からない。周辺をさまよい、ようやく人を見つけ、さいわいにも車で近くの駅まで送ってもらえることになった。だが車は山のほうに向かい、運転手の男性も意味不明な言葉をつぶやきはじめる。その後の女性の行方を知る者はいない——。

この文章だけならば、本屋で売られている怪談本に載っていたり、怪談ライブで語られたり、映画で再現されたりすることもあるかもしれない（文字化も音声化も映像化も構築の一形式である）。だが、初出の匿名掲示板「2ちゃんねる」までさかのぼってみると、**きさらぎ駅**は、特定の作家や演者だけで構築できるものではなかったことが分かってくる。

始まりは二〇〇四年一月八日の午後一一時、2ちゃんねるのオカルト板にあるスレッド*に投稿された「気のせいかも知れませんがよろしいですか？」という一文だ[2]（この投稿者は、後に「はすみ」と名乗る）。このスレッドは「身のまわりで変なことが起こったら実況するスレ26」といい、文字通り、超常現象や心霊に関係しそうなことが生じたらリアルタイムで

＊「板」や「スレッド」については第2章参照。大まかに言うと、板ごとに話題のジャンルが分かれており、さらに板のなかで、特定のトピックを扱ったものがスレッドである。

報告することができる場だった。投稿者のはすみは、自分の「身のまわりで変なことが起こった」ような気がするので、他のスレッド参加者（「住人」という。大半は匿名）に伺いを立てたのである。すぐに「取りあえずどうぞ」という返信があった。

以降、はすみは「先程から某私鉄に乗車しているのですが、様子がおかしいのです」から始まる状況説明を十数分おきに書き込んでいく。それに対して、スレッドの住人が、疑問やアドバイスを投げかけていく。たとえば彼女は「きさらぎ駅」のほかに「伊佐貫」という地名も発見するが、これが不可解さを深めていくのは、ネットで検索してもそのような固有名詞が一つも出てこないという報告が、他の人々からなされるからである。おそらく書き手が最初から最後まで一人（はすみ）だけだったなら、きさらぎ駅や伊佐貫といった場所名が存在しないはずのものだという恐怖は、本人にとってさえ生じづらかっただろう。

スレッドには次々と、はすみの置かれている状況の異常さに気づき、警告したり、一一〇番を勧めたりする書き込みが投稿されていく。そうしたアドバイスが空振りに終わることもまた、彼女の身の安全についての不安感を高めることにつながる。そして何よりも、異世界に迷い込んだ女性とこの世界の人々とのやり取りは、電波が届くかぎり、どこであっても（なぜか異世界であっても）通信ができる携帯電話のインターネット機能抜きではありえないものだった。それがあったからこそ、はすみが緩やかに異世界の泥沼にはまっていく様子を、住人たちは歯がゆい思いをしてながめ、想像することができた（できてしまった）のである。

きさらぎ駅というネット怪談は、本の一つの章に収まるような、始まりと終わりのある物語としてインターネット上に現れ、話題になったのではない。むしろこの怪談は、何でもない投稿からいつの間にか始まっており（「気のせいかも知れませんがよろしいですか？」が始まりというのも後から判明したことでしかない）、はすみとオカルト板の住人たちとの思わぬ共同作業によって恐怖と不安と不思議――「釣り」、すなわち嘘をついて住人を騙しているのではないかという疑念やからかいも含めて――が構築されていくプロセスからなる、出来事の連鎖だったのである。

きさらぎ駅が共同的に構築されたものであるということは、それが未完成のまま開かれていることも意味する。誰でも新しく、自発的であれ強制的であれ、この怪談に参加することができるからだ。分かりやすいのは、二〇一一年前半にネット上でふたたび**きさらぎ駅**が話題になったときの、いくつかの出来事である。

二〇一一年六月三〇日、**きさらぎ駅**の投稿をまとめた怪談系ブログのコメント欄に、この世界に戻ってきたという、はすみの書き込みが投稿された。[*3] 私たちには、この投稿が初出時の女性なのかどうかを厳密に判断するすべはない。いずれにしても**きさらぎ駅**は七年の時を超え、ふたたび動き出した。
同年八月には、二〇〇四年にはなかったSNSのTwitter**において、きさらぎ駅に着いてしまったという報告が写真付きで投稿された。[4] それまで文字だけだったこの怪談は、事実を客観的に写し取る（ものだと受け取られることが多い）画像により、さらに異なる実在感《リアリティ》を生み出した。さすがに二〇二〇年代にもなると、この駅に関する新たな話題はほとんど報告されなくなったが、駅が取り壊されたという報告でもないかぎりは、いつまでも「きさらぎ駅に行ってしまった」という投稿は可能なままだろう。

このように、**きさらぎ駅**は、中心となる人物（当事者のはすみ）による2ちゃんねるへの投稿だけでは、今も知られているような怪談として成立することはなかった。むしろ多くの人々が同時的に、あるいは何年も隔てて、さらに別のメディアも駆使しながら構築していったのが**きさらぎ駅**なのである。

本書がネット怪談を民俗学の対象として取り上げる大きな理由がここにある。つまり、特定の作者に帰属する作品——特定の人物によって表現・提示され、書籍内やブログの記事内、上演時間内などでひとまず完結するもの——としての従来型の怪談とは違い、共同的に構築されつづけるという特徴がある、ということである。民俗学は、不特定少数（または多数）の人々が創り上げ、誰かの独占物になることなく、多くの人々が手を加えつつ伝えてきたものを研究する学問だからだ。***

民俗学とはどのような学問か

ここで民俗学という学問について簡単に説明しておこう。最近は民俗学の入門書がいくつか出ているので、そこから定義を引用してみたい。

菊地暁は『民俗学入門』（二〇二二）のなかで、民俗学は「「普通の人々」の「日々の暮らし」が、なぜ現在の姿に至ったのか、その来歴の解明を目的とした学問である」とする。この目的のために使われるのは、日常生活の歴史を体現した私たち自身である。[6] また、島村

---

* おそらく別人だろう。二〇〇四年の時点で、オカルト板の投稿者はすみは、パスワードを入力して文字列が生成される「トリップ」機能を使い、他人のなりすましを避けていた（トリップによって本人であることを証明していた）。そのため、帰ってきたとすれば、自分であることが証明できるトリップ機能のあるオカルト板のほうに書き込むのが自然である。

** Twitterは二〇二三年七月、「X」に改名した。本書では、この時期以降の出来事には「X」を用いるが、それ以前には「Twitter」を用いる。

*** そもそもインターネット文化は多くの人々が参加して作ることができるものである。[5] この意味では共同構築されるネット怪談もその一つにすぎない。

恭則は『みんなの民俗学』（二〇二〇）において、人々（「民」）を「対啓蒙主義的、対覇権主義的、対普遍主義的、対主流的、対中心的」な「ヴァナキュラー」（「俗」）の観点から研究する学問が民俗学であるとする。[7]

　両者に共通しているのは、ある社会の文化や歴史を知ろうとするとき真っ先に挙げられる有名人物や重大事件、芸術作品、政治制度といったものや、それらを調べるとき重要だと見なされる文献資料・公的記録だけを見ていくと掬《すく》い取ることのできない多くの人々の実践を、みずからの足元から見つめていこうとする態度である。たとえば地元の祭りや踊り、親戚の範囲、民家の構造、手作りの農具、季節ごとの行事、近所での貸し借り、葬式の出し方、明日の天気を知る方法、女性の仕事など……日本の民俗学者は、こうしたことを一世紀ほど前から地道に研究してきた。*

　民俗学の研究対象のなかには、もちろん妖怪や怪談も含まれる。なかなか文献には記録されず、ましてや公文書にも載らず、それでも人々がひそかに体験したり、語り継いだり、作り話をしたりして、現在まで残ったり残っていなかったりするからである。一般に言われるほど民俗学が妖怪ばかりやっているわけではないが、人々が日常生活のなかで伝えてきたものである以上は、真っ当な研究対象である。たとえば日本民俗学の創始者とされる柳田國男（一八七五～一九六二）は、この学問を確立する前の若いころから妖怪に深い関心を持っていたことが知られている。[8] また、本章の後半で詳しく書くが、一九八〇年代末から一九九〇年代にかけての「都市伝説」や「学校の怪談」ブームは、そもそもアメリカや日本の民俗学者が火付け役だった。ネット怪談の研究もその延長線上にある。

本書に関わる範囲でもう一つ、民俗学の研究対象として適切なところがあるとすれば、それは、「公的・制度的・商業的な認可を受け、大量販売や大規模な収益を見込んでつくられることがほとんどない」[9]点である。権利を主張できる特定の作者がいるのではなく、誰が作りだしたのか知られていなかったりコミュニティとして所有していたりするものを民俗学は研究しているのである（それ以外のものをまったく研究しないというわけではないが）。本書の、共同で構築されるものとしての怪談という捉え方はこの点に基づいている。

なお、作者が名乗り出るネット怪談もあるにはあるが、事例としてはかなり珍しい。いくつか挙げてみると、たとえばウニという作家による「**師匠シリーズ**」は、主人公と、彼が大学時代に出会った「師匠」が、さまざまな心霊現象に直面するシリーズで、Wikipedia 日本語版にもページができている。[10] また、双眼鏡で見えた全裸の人物がものすごい勢いで自分の

＊詳しい事例は、漫画ではあるが、吉川景都の『こまったやつら　～民俗学研究会へようこそ～』全三巻（少年画報社）が分かりやすい。民俗学的な内容を筆者が監修している。

ところに近づいてくる「**双眼鏡**」という話も作者が名乗り出ている。この作者はコピペされることをむしろ喜んでいたようだ[11]。ほかには意図的に広められた「**怪人アンサー**[12]」が知られている（携帯電話を複数使った儀式で呼び出せる妖怪で、質問に答えられないと体の一部を奪われてしまう）。「**リゾートバイト**」という長編怪談は、二〇二三年に映画化されるにあたり、作者が「日向麦」という名でコメントを出した[13]。

ところで、先ほど紹介した**きさらぎ駅**は日本語で書かれている。それ以外にも、私たちがネット怪談と聞いて思い浮かべるものの多くは日本語で書かれている。本書ではこのように、主として日本語が使われる領域である「日本語圏」を「日本」と省略して呼ぶことにする。このように言うのは、ネット怪談のなかには英語などの他言語で書かれたものも多いからだ。主として英語が使われる領域は、おそらく大半がアメリカ合衆国なのだろうが、はっきりと特定することができないため、「英語圏」と呼ぶことにする。「日本」は日本国の領土や国民に限られたものではないし、また英語圏は日本国の内側にも広がっていることだろう。インターネットでは、怪談の伝えられた場所を地理的には特定できないので、以上のように定義しておく。また、筆者の語学能力上、それ以外の言語におけるネット怪談は不十分にしか取り上げられないことをあらかじめ断っておく。

ネット怪談と同じように、民俗学も日本限定の学問ではなく、イギリスやアメリカ合衆国をはじめとして欧米諸国や東アジアなど、世界各地で研究されている。[14]次節ではアメリカの民俗学者界隈でも話題になった有名なネット怪談を画像の役割という観点から見てみよう。

画像から生まれる――スレンダーマン

共同構築というだけでは、商業的な怪談文化との距離をとることはできても、インターネット以前の民俗文化で語られてきた怪談との違いを見出すのはむずかしい。もう少し追加要素が必要である。

まず、インターネット文化の全般的な特徴として、地縁や血縁に縛られない、世界各地から参加できる――などを指摘することができる。それに加えてネット怪談に関しては、従来型の怪談の特徴である「言葉で表現されること」との対比も目立つ。具体例として、言葉ではなく画像が主体の「**スレンダーマン**」(Slender Man)を見てみよう。

スレンダーマンは英語で「ほっそりした男」という意味で、その名のとおり、人間とは思えないぐらい縦に伸びた感じの長身で、黒い男性用スーツを着用し、顔はのっぺらぼう、手や背中のほうから多くの触手が生えているという、シンプルながら不気味な姿をした妖怪である。

図１「スレンダーマン」のオリジナル画像

きさらぎ駅と同じように、**スレンダーマン**が最初に投稿されたところは分かっている。英語圏の大手画像掲示板「サムシング・オーフル」(SomethingAwful) のスレッド「フォトショップで超常画像をつくろう」である。二〇〇九年六月一〇日、このスレッドに、一九八〇年代に撮影されたものという設定で、二枚の白黒写真が投稿された[15]（図1）。一つは子どもの集団が不安げに歩いている（小走りしている？）もので、もう一つはすべり台の階段を登りながら笑顔でカメラのほうを向いている子どもの写真だった。そしてどちらの写真にも、遠くのほうに、細長いのっぺらぼうの男性のようなものが写り込んでいた。投稿者のヴィクター・サージ（ハンドルネーム）は、子どもたちが犠牲になったことを示唆するキャプションもつけていて、そのうちの一つは、奇妙な男性が

「スレンダーマン」と呼ばれるということに触れている。

「超常画像をつくろう」というスレッド名に明らかなように、二枚の写真は合成画像であり、参加者もそのことは理解していた。だが、この二枚の「写真」は多くの参加者に響いたらしく、他の投稿画像を押しのけて、急速に英語圏のインターネットで広まっていき、さらに、さまざまな設定や物語が付け加えられていった。特に、最初の投稿から一〇日後という早い時期に始まったYouTubeの動画シリーズ「**マーブル・ホーネッツ**」（Marble Hornets）は、**スレンダーマン**人気を決定づけたものとして知られている。**マーブル・ホーネッツ**は、失踪した映画学校の友人が残した動画の断片を探っているうちに、不穏な出来事が起きるようになるが、そこには謎の存在（スレンダーマンを連想させる何か）が関わっていた……という設定の作品である。

スレンダーマンは**きさらぎ駅**とは違い、特定の作者に帰属できる創作物として――日本語で言うなら「ネタ」として――投稿されたものである。ただ、作者のサージは最初のころから構築の方向を制御しておらず、私たちが得ることのできる情報の大半は、むしろ彼以外によって共同構築されたものである。サージは、いわば0から1にした人物であるが、1から10にしたのはインターネット上の無数の人々だった。**スレンダーマン**は、文章、画像、動画、ゲーム、コスプレ、果ては実写映画まで拡張し、今では誰も全貌をつかみきれないほど無数のバリエーションが誕生している（まとめて「スレンダーバース」と呼ばれる）。共同構築のポテンシャルが最大限に発揮されたものとも言えるだろう。

英語圏では、この創作ホラージャンルをクリーピーパスタ（creepypasta）と言う。コピペ（copy&paste）をもじったコピーパスタ（copypasta）に、さらに「気味の悪い」を意味するクリーピー（creepy）を組み合わせた造語である。言葉自体は二〇〇〇年代半ばに生まれたらしいが初出は分かっていない。クリーピーパスタは、意図的に作者への帰属を曖昧にして、本当なのか虚構なのか分からないものとして楽しまれた。[16]だが、専門家のヴィヴィアン・アシモスが言うように「その物語は虚構として合理的に理解されることもあるだろうが、作者と切り離されているので、現実世界の都市伝説として生を得ることもできる」[17]。実話だと真に受ける人も出てくることがあるのだ。例外的に**スレンダーマン**は知名度があるので、現在ではWikipediaなどから作者の情報を入手することができる。

有名なクリーピーパスタには、**スレンダーマン**のほかに、白面の殺人鬼「**ジェフ・ザ・キラー**」（Jeff the Killer）や、「不幸の手紙」のような犬の画像「**スマイルドッグ**」（smile dog）、不気味な子ども向け番組「**キャンドル・コーヴ**」（the Candle Cove）、出口のない無人の室内空間がどこまでも続く「**バックルーム**」（the Backrooms）などがある。その数は膨大で、**きさらぎ駅**さえも、英語に翻訳されたものがクリーピーパスタのまとめサイトに入っている。[18] **キャンドル・コーヴ**のように作者が知られているものもあれば、**スマイルドッグ**など初出の記録が知られていないものもあり、**ジェフ・ザ・キラー**のように、さまざまな場所で設定が付加されていったため特定の作者に帰属できないものもある。「コピペで広がる」という語源にも表れているように、作者が独占するのではなく、誰もが拡散できるというのもまた、多くのクリーピーパスタの特徴だった。「だった」というのは、このジャンルが有名になってきた二〇一〇年代からは、作者の権利が明言される創作が多くなってきているからである。[19]

クリーピーパスタが創作であることが明示されなかった結果として、傷害事件が生じてしまったこともある。二〇一四年五月三一日、アメリカ合衆国ウィスコンシン州のウォーキショーという町で、二人の少女が、スレンダーマンに忠誠を誓うため、別の友人を刃物でめった刺しにする事件が発生した（被害者は幸いにも命を取り留めた）。あまりにも作り込まれた創作は、かえって現実性を強めてしまう。**スレンダーマン**を構築した人々は、ある意味で、うまくやりすぎてしまったのである。

アメリカ民俗学の「伝説」概念

ところで、怪談に限らず、物語の表現方法と言えば、文章やマンガ、映像などで過去の出来事を叙述する、というのが一般的ではないだろうか。だが、ここまで見てきた**きさらぎ駅**も**スレンダーマン**も、いつ終わりを迎えるのか分からないまま、むしろ今なお新しい出来事が起きつづけ、新しい表象が現れつづけている。また、**スレンダーマン**の中心にあるのは、一連の出来事を表現する文章や映像ではなく、たった二枚の、状況の曖昧な白黒画像だった。ネット怪談について考えるには、その表現形態を広めにとって見ていく必要がある。

クリーピーパスタ研究ですでに多くの研究成果が出ているアメリカ民俗学では、**スレンダーマン**などを「伝説」(legend)として扱うのが一般的である。[20]日本では、伝説といえば歴史的過去や「いわれ」を語るものというイメージがあるが、アメリカ民俗学では時代の古さは問われない(この点については後述の「都市伝説」概念も参照)。むしろ特徴的なのは、伝説を、過去の出来事の表現だけではなく、語りの場や話し合いの場もひっくるめて定義しているところにある。

アメリカ民俗学における「伝説」とは、「異常だったり、奇妙だったり、説明がつかなかったり、予想できなかったものだったり、脅威を感じたりする出来事[21]」を語ったものである。

その出来事は、現実世界のどこかで、現実にいる人々が体験したものとされる[22]——このぐらいの定義ならば日本の「怪談」にも応用できるだろう。しかしそれだけではない。伝説研究にとって重要なのは、終わりと始まりが決まっている昔話*とは異なり、伝説は完結していないという点である。すでに見てきたネット怪談と同じように、従来の伝説もまた、一般的には未完成のうえ、断片的な話があちこちに散らばったままなので、それを聞いた人々は、伝説の内容が本当かどうか考察してみたり、不十分なところをつなぎ合わせてみたり、話し合ったりする。[23]このようにして伝説は肉付けされていき、徐々に体系的な物語群《サイクル》としてまとめられたり、逆に地域や時代によって多くのバリエーションが生まれたりする。伝説は、単に語られる物語などではなく、それにかかわる人々の行動のなかで構築されつづけるものでもある。[24]

以上のような伝説の捉え方は、実は一九七〇年代から言われていることである。そのため「伝説」と言っても主として口頭で伝わるものを想定しており、当時インターネットは視野に入っていなかった。だが、**きさらぎ駅**や**スレンダーマン**に見られるように、ネット怪談は

* 日本でもどこでも、昔話は「とんと昔」や「昔あったそうな」などの決まり文句から始まり、「どっとはらい」や「めでたしめでたし」などの、やはり決まり文句で終わるので、話の区切りが形式的に認識できる。

アメリカ民俗学の提唱する射程の長い「伝説」概念によってこそ、うまく捉えることができる。整理整頓されて伝説集に載るような物語ではなく、粗っぽいがつねに生成し変化しつづけるものとして、ネット怪談を学問的に見ていくことができるのである。[25]

ここで重要になるのが、伝説の範囲が、言葉を用いた表現に限られないということである。[26] **スレンダーマン**の発端は二枚の画像だったし、Twitter版の**きさらぎ駅**もまた、駅や周辺の写真とされるものが閲覧者の注目を集めることになった。動画や音声を媒体にしたネット怪談ならば、不気味な音響や奇妙なまでの静寂なども欠かせない。

アメリカ民俗学では、視聴覚メディアによる表象のほかにも伝説の表現方法があることが論じられている。それが「オステンション」(ostension)である。オステンションはもともと記号論の用語だが(「直示」と訳される)、伝説研究においては、すでにあるテキストで言われていることを試してみたり、再現してみたり、とにかく身をもって示してみる行為のことを指す。[27] 古いネットスラングで言うならば「○○してみた」「やってみた」というやつである。日本でよく知られたものとしては、女子トイレの三番目の扉を叩いて花子さんを呼び出してみるとか、五十音図に硬貨を置いてこっくりさん占いをしてみるなどの行為を挙げることができる。[28]

もっともありふれたオステンション行為が「伝説旅行」(legend tripping)である。たとえば「どこそこの廃墟に幽霊が出た」といううわさがあったとしよう。それを聞いた人々が、実際にその廃墟に足を踏み入れて、幽霊が出るかどうか確かめてみるのが伝説旅行で、民俗学的にはオステンションの一種である（幽霊が出ても出なくてもかまわない）。日本語では「肝試し」が近いが、病気が治るという伝説がある聖地に行って癒されるのも伝説旅行になるので、概念としては肝試しより範囲が広い。従来の肝試しと同じようなことをするYouTubeやSNSの心霊スポット実況配信（第5章参照）もこの概念の射程に入っている。[29]

ネット怪談はネタなのか――「怪談」と「ホラー」

ネット怪談を民俗学的に（学問的に）論じるというと「ネタにマジレスｗｗｗ」や「釣りだろ」、「所詮作り物なのでは？」といった反応が来るかもしれない。ここでは「ネタ」について少し考えてみよう。

二〇〇二年に刊行された2ちゃんねる用語辞典『2典』によると、「ネタ」とは「真実でない書き込みのこと。多くはウケ狙い。ネタレスとも言う」。対義語は「マジレス」である。[30]「ネタ」は幅広い意味をもつ言葉だが、怪談や伝説に限定するならば、英語でいうhoaxに近い。つまり、作り話なのに、現実だと信じ込ませようとして広められるもののことである。

「デマ」とも訳される。

「ネタ」を hoax と対応させていいとすれば、クリーピーパスタ研究に面白い議論がある。それは「ある叙述《ナラティヴ》を本当っぽいと認めさせることに力を注ぐほど、ネタっぽくもなってくる」[31]というものだ。たとえば、いつも怖い話が投稿されているウェブサイトに「昨夜、トイレで人影を見た」だけの投稿があったとしても、誰もこれをネタだとあげつらわないだろう。かといって、真剣にその現実性を検討しようとも思わないだろう。あまりにも素っ気なく、そもそもどこを疑えばいいのか、どこを信じればいいのか分からないからだ。しかし、投稿者がさらに細かい情報を加えていき、これまでの心霊体験について語りだし、新居なのだがよく考えると間取りに不自然なところがある……などと報告をしていくならば、本当っぽくなっていく一方、ほかの参加者がさらなる証拠を要求したり、細かい矛盾を探したりして、ネタではないかと疑う余地も出てくるだろう。投稿者あるいは作者もまた、情報の出し方をコントロールすることによって、虚実の境目を曖昧にすることを楽しんでいるかもしれない。

　ネタと事実は対極にあるように見えて、どちらも多くの要素から構築されているという点では同じである*。ネタかマジ（ガチ）か、作者がいる創作か現実に起きた事実かは、少なくとも一般に思われている以上に境界が曖昧なものだ。その境界を残念なかたちで超えてしまったのが**スレンダーマン**をめぐる刺傷事件だったと言える。

スレンダーマンのように、もととなる伝説がないのに写真などの「根拠」をつくりだし、どんどん「実体験」や「うわさ」などを投入していくことで、あたかも昔から伝説があったかのようにしていく一連の行為を「逆行的オステンション」(reverse ostension)と言う。[33] 日本のネット怪談やホラーコンテンツにも逆行的オステンションとしてまとめられるものは多い。

「でも、聞き手はネタと思って楽しんでいる」という反応が来るかもしれない。これについては、そうとも言えるし、そうとも言えないこともある、と答えるしかない。[34] はっきりネタ扱いしていると言えるのは、一例を挙げると、英語圏の大型掲示板サイトRedditにあるホラー系の板(「サブレディット」と言う)nosleepである。ページの右側に「ユーザーは、nosleepではすべてが事実であるかのように行動して〔……〕ください。ネタバレ、否定、批判はなし(たとえ建設的であっても)」と明記されているからだ。これは、創作のフィクションを楽しむときの基本的な態度「不信の念の停止」のことと見ていいだろう。一九世紀

＊ネット怪談と対極にあるように見える科学的対象についても似たような議論がある。[32] たとえば、ある科学的発見があったとき、そこに至るには、無数の機器や人材、素材、データ、論文、資金などが動員され、誤認や誤作動のないように、細かいところまで注意が払われていたことだろう。他方で、科学的事実の捏造をするときも、多くの労力を投入して、偽物であることが露見しないように細かいところまで注意が払われることだろう。

の作家サミュエル・コールリッジが提唱したもので、[35]作中で描かれていることについて、いちいち「本当か？」と疑ったりしない態度のことを指す。「不信の念の停止」は、まさしく「ネタをネタとして楽しむ」ことであり、確かにネット怪談の参加者は多くがこの態度でいるのだろう。さらに、ネタであるとして楽しむ行為は、ある種の結束感――自分たちは、真に受ける人々と違って書かれていることの裏にある真意を分かっている――を生むことにもつながる。

　ネタとして楽しむことを前提として、ここ数年、ネット怪談と並んで話題になることが増えてきたものに、「**SCP財団**」がある。**SCP財団**とは、日本語版のガイドによると「都市伝説及び現代ファンタジーをテーマとした共同創作サイトで、超常の物品・存在を収容し、人々の目から遠ざける秘密組織「ＳＣＰ財団」を舞台としたフィクション[36]」のことである。この秘密組織が、超常的なもの（「オブジェクト」と呼ばれる）などに対処しようとするさまを、一つのオブジェクトにつき一つのページを割り当て、報告書の形式で表現しているところがユニークであり、多くの人々が執筆に参加している。

　SCP財団自体は以前からあり、オリジナルの英語版は二〇〇八年、日本語版は二〇一三年に始まっている。だが、筆者が大学の授業でネット怪談のことを話題に出すと「ＳＣＰも話してください」と言われるようになったのは二〇二〇年代に入ってからである。個々のページ（報告書）で特定の作者（作者ら）による創作であることが明言されているわけではないが、初心者向けページにはきちんと「特別記載がない限り、この Wiki に掲載されているすべての作品は、フィクションです。ここはロールプレイをするサイトではありません。財団は実在しません」と書かれている。[37]

他方で「不信の念の停止」をしない人も多い。たとえば**きさらぎ駅**や**くねくね**など、有名なネット怪談が投稿されたときの反応を見ると、あからさまに茶化しているものが目立つ。また逆に、粗探しなどをして真剣にネタであることを確定しようとしたり、より詳しいことを聞いて細部を固め、事実であることを確信しようとしたりする参加者もいる。そういう人々は、ネタをネタとして楽しんでおらず、むしろ、信じたり疑ったりすることができるものとしてネット怪談に介入しているわけで、単に閲覧している人々よりも深く構築にはまり込んでいるとさえ言える。あるネット怪談が盛り上がれば盛り上がるほど、どちらの陣営の参加者も増えていくし、落ち着いていくにつれ、どちらの参加者も減っていく。それに連動して、ネタっぽさと本当っぽさは同時に増したり減ったりしていく。

要するに、ネット怪談の場合、フィクションとして楽しむことと、真面目に受け取ることの境界がはっきり区切られているわけではない。ある怖い話を本当のことだと信じるか、嘘をついていると疑うか、という両極を揺れ動く立場のほかに、「ネタとして楽しむ」という立場もある。どの立場で話を受け取るのかというところに、時には争いが見られ、それが怪談の行く末に大きく関与しうる点もまた、インターネットにおける叙述の特徴である。また、作者による「ネタばらし」がほとんど確認できないのもネット怪談の特徴である。

特定の作者による創作といえば、「ホラー」の概念にも触れておくべきだろう。ホラーとは、鑑賞する人々に恐怖の感情を生じさせることを目的とした創作ジャンルのことである（映画、ゲーム、小説、マンガ、画像など）。アメリカ民俗学では、クリーピーパスタをはじめとするネット怪談がホラー文化との関係で論じられることが多いのだが、対照的に日本民俗学がホラーという題目で何かを論じることはめったにない。Jホラーやフォークホラー（folk horror）*38さえもろくに取り上げてこなかった。これは、ホラーが創作のジャンルであるのに対して、日本民俗学における妖怪や怪談の研究は、たどっていくと民俗社会の信仰を探るために始まったものなので、現代における創作された恐怖の楽しみ方がほとんど眼中に入っていなかったからだろう。

ネット怪談は、従来の怪談と同じかそれ以上にホラーと深い関係にある。この点を明確にするために、本書ではインターネット上で流通するものを「ネット怪談」と「ネットホラー」に分けてみたい。分けてみると言っても、別々のものとして取り扱うのではなく、ある視点から見たときの違いを示す程度のものである。まず、「ネット怪談」は、特定の作者への帰属が意識されず、事実かもしれないと見なされるもので、「伝説」の一種である。投稿者は報告者として認識される。それに対して「ネットホラー」は、作者の存在が意識され、フィクションとして恐怖が楽しまれるもので、「創作」の一種である。投稿者は作者として認識される。

この区分を適用すると、先述の**SCP財団**や、ネット怪談の古典のうちいくつか――**八尺様**、**リアル**、**リゾートバイト**など――は、少なくとも初出の時点では「ネット怪談」ではなく「ネットホラー」であった。**八尺様**は、田舎の実家に戻った少年が異様に背の高い女性である八尺様に取り憑かれてしまいそうになるところを、夜通しの儀式によって辛くも抜け出すという話である。[39]今では現代妖怪の代表的存在とされることもあるが、[40]物語の形式（完結している）、投稿者の挙動（投稿するだけで読者とやりとりしない）、投稿時の反応（事実であるかネタであるかを疑うような投稿がほとんどなかった）などからネットホラーであると判断することができる。また、**リアル**は、「ホラーテラー」という投稿サイトが初出で、友人から教えられた儀式を実行してしまった主人公が、顔にお札《ふだ》がたくさん貼られ全体が隠れている長髪の霊（？）につきまとわれる話である。[41]これも当時のコメントを見ると「続きを

＊　前近代的な共同体の呪術的因習をテーマにしたホラージャンル。映画『ミッドサマー』（二〇一九）など。

楽しみにしています」など創作を前提とした評価が多い。**リゾートバイト**も「ホラーテラー」が初出で、海辺の民宿でリゾートバイトを始めた若者たちが、民宿の二階に封印された謎の禍々《まがまが》しい存在に接触してしまう話である。[42] これもまた、コメントなどから、事実の報告というよりはうまく作られたホラーであると受け取られていたことが推測できる。

とはいえ先ほど「初出の時点」と留保したように、創作作品であっても、拡散や改変の過程（まとめブログや切り取り動画など）で、作者への帰属情報が失われていき、ネット怪談になっていくこともあるし（**スレンダーマン**や**八尺様**のように）、逆にネット怪談として共同構築されているものが、「誰か知らないが作者がいるらしい創作物」と認識されネットホラーとして広まっていくこともある。[43] たとえば先述の nosleep に投稿された作品は、「本拠地を越えて共有され、このサブレディットの決まりを知らない読み手が遭遇したとき、もっとも効き目があるものとなる」という。[44] この場合は、本気にしてしまうということである。本書はネットホラーを網羅的に取り上げることはしないが、重要なものについては折に触れて紹介していくことにする。

民俗学者のクリスティアーナ・ウィルジーが Twitter 怪談「**ディア・デイヴィッド**」（Dear David, 二〇一七年八月〜二〇一八年七月ごろ）について論じたことも参考になる。この怪談は、ある漫画家が自宅に出没する子どもの幽霊「ディア・デイヴィッド」について長期にわたってTwitterで報告しつづけたものだ。なかには幽霊自身が投稿したようなツイートもあった。ウィルジーによると、視聴者のなかには実話だと信じる人も疑う人もいたが、それを超えた共通点があるという。それは恐怖という感情が共有されているということだ。彼女は、「恐怖は信念を必要としない」という。[45] 実話だと信じていればもちろん怖いが、信じていなくても怖いものは怖い。これはネット怪談とネットホラーをひとまとめにすることのできる大きな特徴である。

いずれにしても、ネタであろうが釣りであろうが、不特定の人々がこぞって構築したものならば真面目《マジ》に研究《レス》するのが民俗学である。そこに貴賤《きせん》はないし、むしろ「くだらない」文化こそ、[46] 民俗学がやらねば誰も記録すらしないまま忘れ去られていき、その価値も失われていくことだろう。

平成令和怪談略史

このあたりで、日本のネット怪談がどのような怪談文化から生まれてきたのか、どのように他の怪談ジャンルと並存しているのかを捉えるために、おおまかに、ネット怪談が生まれる少し前の一九八〇年代後半までさかのぼって、ジャンルの栄枯盛衰を眺めてみたい。なお、

図2　MBブックス『音楽室に霊がいる！』

図3『ほんとにあった怖い話』創刊号

ここでいう「怪談」は、民俗学的な視点をあまり広げすぎないように、先述のとおり「伝説」のサブジャンルとして狭く定義する。だが、それだけでも十分であろう。今から見ていくように、この時期の代表的な怪談ジャンルである「都市伝説」と「学校の怪談」は、どちらも民俗学者がきっかけとなって一大ブームになったのだから。

まず見通しをよくするため、ネット怪談以外の怪談ジャンルを、体験者をたどることのできる「体験談」と、たどることのできない「うわさ」に分ける。どちらも前近代から絶えることなく語られつづけているが、ここでは記録に残っているもの——書籍・雑誌記事を中心として、テレビ・ラジオ番組も含める——からうかがえる動態に絞ることにする。

体験談——恐怖体験、再現漫画、そして実話怪談

一九八〇年代から世紀末にかけては、一九六〇〜七〇

図4『あやかし通信』

年代の怪奇ブーム・オカルトブームのころから活動していた中岡俊哉や佐藤有文などが引き続き恐怖体験や心霊写真の本を世に送り出していたほか、素性の知れない団体（「怪奇研究会」や「ミステリー探検隊」などを自称するものが多い）などの書き手によるソフトカバーの怪談本も多数出版されていた[47]。子ども向けとしては、「ケイブンシャの大百科」シリーズや、占い雑誌『マイバースデイ』から派生した「ＭＢブックス」シリーズ（図2）などで、心霊・怪奇系の本が多く刊行された。大衆雑誌に芸能人の恐怖体験記事が掲載されるのもよくあることだった。

これらの恐怖体験本の多くは、一般人が体験した怖い話や不思議な話をまとめたもので、挿絵が多かったり、文体が扇情的だったり、心霊的な原因の特定（誰それの祟《たた》りである、地縛霊である、など）があったりした[48]。また、読者投稿という体裁で、体験者自身が語る一人称の話も多かった。

一九八〇年代後半から一九九〇年代半ばにかけて、ホラー漫画雑誌（『ハロウィン』や『サスペリア』など）でも、毎号、読者投稿の恐怖体験を漫画化したコーナーが設けられた。

一九八七年には『ハロウィン』から派生した恐怖体験専門の雑誌『ほんとにあった怖い話』（図3）が登場し、似たような漫画雑誌が次々と創刊された。[49] 再現漫画もまた、ホラー雑誌に載っているからというのもあるが、おどろおどろしい描写が決めどころで使われることが多かった。

一九九〇年代初頭には、新たな怪談ジャンルの草分けが登場した。『新・耳・袋』（シリーズ化してからは『新耳袋』に改題）、『「超」怖い話』、『あやかし通信』（図4）などである。これらの怪談本は、作家が取材した体験談を叙述する形式を取ったこと、心霊的因果に深入りするのを避けたこと、比較的淡々とした文体になっていることなどが特徴として挙げられる。[50] このような様式は「実話怪談」と呼ばれ、一九九〇年代末に『新耳袋』が復刊・シリーズ化してからは、大きな流れを形成するようになった。二〇〇〇年代前半には、素性の知れない団体による恐怖体験系の怪談本が激減し、個人の作家名が前面に出てくる実話怪談本が多数を占めるようになる。[51] 実話怪談の歴史や様式は吉田悠軌『一生忘れない怖い話の語り方』に詳しい。

実話怪談では、書き手は報告者として現れるが、そこで報告されるのは別の人物（主として体験者）からの報告であり、書き手はそれを独自の言語的表現で提示している。その意味で報告者と作者の双方の役割を担っている。こうしたことから、実話怪談は本書でいう「伝説」と「創作」の中間にある。

一人称的で扇情的な様式が完全に消え失せたわけではない。たとえばホラー漫画雑誌は大半が一九九〇年代末までには休刊したが、恐怖体験専門の雑誌だけは生き延びている。* しかし、二〇二〇年代の出版情勢を見ると、実話怪談の一人勝ちのようである。

ここまでは活字媒体を取り上げてきたが、二〇一〇年前後から怪談師——音声や身振り、表情で怪談を表現する演者——が台頭してきたことは見逃せない。稲川淳二や桜金造など、二〇世紀末から活躍してきた人々はいたし、さかのぼれば落語家も講談師も古くから怪談を演題にしてきたのだが、[53] 近年の怪談師は実話怪談本と密接な関係があるところに特徴がある。実話怪談本の作家と同じように、自分で体験者に取材して、自分なりにアレンジして表現しているのだ。ライブ会場やYouTubeチャンネル、テレビ番組などで話を披露しつつ、他方で実話怪談の文庫本を出版する怪談師は多い。吉田悠軌によると、とりわけコロナ禍のはじまった二〇二〇年ごろから一気に「実話怪談プレイヤー」（作家と演者を含む）が増えてき

*『ほんとにあった怖い話』は『ＨＯＮＫＯＷＡ』に改題して刊行中。ほかには『あなたの体験した怖い話』と『実際にあった怖い話』が刊行中。いずれも隔月刊。民俗学者のリンダ・デーグは、伝説研究の権威であるリンダ・デーグが日本を調査していたならば心霊漫画雑誌を漁っていたことだろうと言っている。[52]

ており、二〇二〇年代前半は、それまでとは一線を画した「怪談ブーム」のさなかにあるのだという。[54]

うわさ——都市伝説、学校の怪談

怪談については、民俗学者は体験談をあまり取り上げない。どちらかといえば「うわさ」のほうを論じたがる。というのも、民俗学が研究するのは、人々のあいだで共有され、伝えられていくもの（＝共同構築されるもの、伝承されるもの）であることが多いからだ。たとえば「都市伝説」や「学校の怪談」などである。

ここまで何回か「都市伝説」という言葉を使ってきたが、実は定義するのがかなり難しい。もとはアメリカ民俗学の概念であり、大まかにいうと、近代化された社会（あるいは調査者と同時代の社会）において、「知り合いの知り合い」に本当に起きた出来事として出回っている話のことである。その意味では、怪談に限らず笑い話や美談、犯罪行為などでも都市伝説になりうる。それに対して「学校の怪談」は日本民俗学の用語であり、主に小中学校の児童・生徒のあいだに伝わっている怖い話のことを指す。都市伝説も学校の怪談も、誰かの体験談として語られることもあるが、多くは「〇〇すると△△が出る」のように、一般化された知識のかたちで伝えられる（これを「俗信」という）。

まず都市伝説のほうを見てみよう。一九八八年、アメリカの民俗学者ヤン・ハロルド・ブルンヴァンの著書『消えるヒッチハイカー』の日本語訳が出版された（原書は一九八一年）。アメリカの都市伝説を題材にした民俗学書である。タイトルの「**消えるヒッチハイカー**」は、自動車を運転していた人がヒッチハイクをしている若者を乗せたところ、一度も停車していないのにいつの間にかその若者が消えていた——というもので、同じパターンの話が無数に記録されている。ブルンヴァンのこの本が日本語に訳されたことで、「都市伝説」という言葉が日本でも広く知られるようになった。

都市伝説に相当するものは古くから日本でも知られており、たとえば先ほどの**消えるヒッチハイカー**に類するものとして、登場人物がタクシーとその乗客に入れ替わった「**タクシー幽霊**」の怪談は大正時代から現代まで語りつがれている。こうした話は、従来の日本民俗学では「世間話」に分類されていたのだが、それらを新しいジャンルにひとまとめにしたのが、八〇年代終わりの「都市伝説」概念の大きな意義であろう。

ブルンヴァンの「都市伝説」概念は、日本民俗学よりも大衆メディアのほうに大きな影響を与えることになった。当時の雑誌やテレビ、ラジオなどでは、マスコミの目をかいくぐって人々のあいだで流通する「口コミ」や「ウワサ」が頻繁に取り上げられており、[55]「都市伝説」は、そうした通俗的な概念に学問的な装いを与えるものとして注目を集め、八〇年代末

図5　2つの『学校の怪談』

から九〇年代前半にかけてブームを迎えることになったのである。[56]

　このようにしてマスコミ的な色のついてしまった「都市伝説」という言葉は、早々に研究者たちから見放されてしまう。[57] そのかわりに使われたのは、ほぼ同一の概念である「現代伝説」（contemporary legend）だったが、こちらは現在に至るまで一般化していない。*

「学校の怪談」もまた、民俗学者によって一九九〇年代に大きな注目を集めたジャンルである。そもそも学校にまつわる怪談は二〇世紀初頭から記録されており、「学校の七不思議」などと呼ばれていた。たとえば、トイレに入った人に呼びかけて紙の色を選ばせる「**赤い紙青い紙**」やおなじみの「**トイレの花子さん**」は、遅くとも一九四〇年代から知られていた。また、話を聞いた人のところにやってくる霊の「**カシマさん**」は一九七〇年代から記録があるし、下半身がなく腕で移動する「**テケテケ**」や、やはり話を聞いた人のところにやってくる妖怪「**ババサレ**」は一九八〇年代前半から伝わっていた。[58] ただ、いずれも初期の詳しい記録はほとんど残っていない。

一九八〇年代前半に入ると、民俗学者や民話研究者らが、同時代の人々の心性を理解するために、児童や生徒が語る怪談を積極的に収集しはじめた。[59] また、一九八〇年代後半には、ホラー漫画雑誌や学年誌などの読者投稿を通じて、各地に同じような話が広がっていることが知られるようになってきた。[60] さらに、一九八九年から一九九〇年初めにかけて、ウワサブームに乗ったティーン雑誌が、おじさんの顔をして人語を話すイヌの「**人面犬**」や**トイレの花子さん**などを特集し、これが大衆雑誌に取り上げられたことで、学校の怪談は一気にメディアの注目を集めるようになった。[61]

この波に乗って登場した児童書が、民俗学者の常光徹による『学校の怪談』（一九九〇年一一月）と、日本民話の会学校の怪談編集委員会による『学校の怪談 第一巻』（一九九一年八月）である（図5）。どちらも研究者が直接収集した話を子ども向けに再構成したものであったが、ベストセラーになり、続編が次々と刊行されるなどして、学校の怪談は押しも

＊ 事情はアメリカでも同じようなもので、学会名には「都市伝説」ではなく「現代伝説」が使われている（国際現代伝説研究学会、International Society for Contemporary Legend Research）。

押されもせぬ大ブームとなった。ブームのピークはおそらく一九九五年ごろで、映画『学校の怪談』や『トイレの花子さん』の公開、さらには民放ドラマ『木曜の怪談』のゴールデンタイム放送など、その人気は顕著だった。

都市伝説のほうは、二〇〇〇年代に入ると、お笑い芸人の関暁夫によって大きく範囲を広げるようになる。公式には認められていない隠された真実――陰謀論や超古代文明、予知予言など、「オカルト」に含められるものも「都市伝説」と呼ばれるようになったのである。またこの時期には、単に「広まっているが本当は間違っている」とされる情報や俗説なども「都市伝説」と呼ばれるようになった。このようにして「都市伝説」はブルンヴァンの当初の定義からはかけ離れたものになり、ますます民俗学者が使いづらい概念になってしまった。

学校の怪談のほうは、二〇〇〇年代に入るとブームが去ったと言われ、学校で語られる怪談それ自体が衰退していったとされることもある。だが実際のところは、単にマスコミのあいだでブームが去ったというだけのことである。『学校の怪談』シリーズは現在も版を重ねているし、一九九六年から二〇〇七年にかけては『怪談レストラン』シリーズ全五〇巻が出版され、日本で育ったZ世代の幼少期に影響を与えている。また、現場に目を向けても、児童・生徒のあいだで学校の怪談は現役である。* むしろ概念が一般に定着したがゆえに、あえて話題にのぼることもなくなったのだろう。

ネット怪談の特徴

以上のような平成令和怪談文化との関係において、日本のネット怪談はどのように位置づけられるだろうか。まずネット怪談は、時期的には都市伝説や学校の怪談ブームが終わり、怪談本が恐怖体験系から実話怪談系へと移行してきたころ——二〇〇〇年代半ばに最盛期を迎えている。それではネット怪談は実話怪談のような形式が多いかというとそんなことはなく、むしろ二〇世紀後半の恐怖体験系の系譜を二一世紀に入っても受け継いでいるものが大半である（一人称、やや扇情的であるなど。挿絵はない）。ただ、恐怖体験系であっても雑誌の編集者や書籍の編者が介在することなく、当事者が投稿してコピペされていくという点は、商業媒体とは大きく異なる。当事者が投稿できるのだから、作家が取材して自分の言葉で書きなおす過程がある実話怪談の形式がネット怪談にとってはかなりの少数派であるのも納得できるだろう（知り合いの実体験を投稿するという形式が見られる程度）。

＊ 二〇二四年時点。学童保育で調査している川島理想さん、小学校教員の勝倉明以さん、中学校教員の永島大輝さんなどからの情報による。また、大学の授業で「学校の怪談」アンケートを取ると多くの怪談が集まる。それらはおおむね二〇一〇年代前半の話である。

霊的な原因の特定については、ネット怪談は恐怖体験に近いところも実話怪談に近いところもある。ネットに投稿される怪談は、総体としては実話怪談のように、起きた出来事が述べられるだけのことが多いが（**きさらぎ駅**など）、一部には、事情に詳しい高齢者や宗教関係者が現れて、怪奇現象の正体が語られるものもある（**コトリバコ**など）。また、ある怪談がネット上で話題になるなかで、「地域の伝承に詳しい」と称する参加者が、本当かどうか分からない「民俗学的」な知識を提供していくこともある（**くねくね**など）。知名度が高くなればなるほど共同構築的な考察も増えていくので、少数であっても、ネット怪談には因果が語られたものが多いという印象が生じるだろう。[*] こうした考察における地元在住の解説役の登場は、実話怪談とも恐怖体験とも異なる、二〇〇〇年代のネット怪談の特徴の一つと言える。

他方で都市伝説や学校の怪談とネット怪談との関係はといえば、都市伝説や学校の怪談として伝えられていたものを実際に確かめに行ってみる――**こっくりさん**や**犬鳴村**、**杉沢村**など――オステンション行為が体験談として語られるものが見られる。うわさが怪奇的な出来事のきっかけになるのである。**ひとりかくれんぼ**のように、実際にはネットが初出であるが、都市伝説や学校の怪談などとして伝わっていると偽装することで、話に現実感を持たせようとするものもある（逆行的オステンションの一種）。

また、**コトリバコ**や**くねくね**などの有名なネット怪談は、ネット発であるということが忘れ去られ、書籍や口頭でも伝えられるなかで、新たに都市伝説の仲間に迎え入れられることがある。コピペが繰り返され、「初出は2ちゃんねるで、誰々がいつ投稿した……」などの情報が脱落してしまうのである。場合によっては**スレンダーマン**のように、「特定の作者による創作物が起源」というメタ情報さえ失われてしまい、重大な事件にいたることもある。

このように、ネット怪談は、昭和以来の体験談としての感覚を保ちつつも、うわさから発展したり、うわさへと変化していったりする。民俗学的な観点からは、体験談それ自体というよりも、画像も含め、さまざまな形式にまたがって広がっていくところに面白さがある。体験談自体が共同構築されていくところ、またその様子を詳細に追っていけるところもまた、興味深いものとなるだろう。

以上の民俗学的な前提を踏まえたうえで、次章からは具体的に、ネット怪談について見て

＊ 代表的なネット怪談として有名な少数派ばかり取り扱うことは、それ以外の無名の多数派を排除することにつながりかねないことをネット怪談研究者の押見皓介が指摘している[62]。その通りではあるが、それらは本書で重視する共同構築としての特徴をあまり見せないことが多く、むしろネット以前の恐怖体験との連続性が認められる。本書ではネットならではの展開を中心として見ていくので、恐怖体験の系譜にある多数派のネット怪談（ネットホラーと連続してもいる）については、また別の機会に考えてみたい。

いくことにしよう。

第2章
共同構築の過程を追う

そろそろネット怪談の話をしよう。

前章で述べたとおり、ネット怪談は、民俗学的には伝説の一種である。伝説は、ある人物が一通り話して終わり、それで完成するようなものではない。むしろそれに続いて、他の人々が内容を検証したり、現場に行って確認してみたり、語り継いでいくなかで他の伝説との関連性が発見されたり、正確な情報に改められたり、イラストや音声が付加されたり、学者が原典版を発表したりと、多くの人々が関わるなかで、どんどん変わっていく。ネット怪談もこれとまったく同じで、最初に掲示板に書き込まれてそれで終わりというわけではなく、短い期間のあいだに次々と変転していき、そして忘れ去られることもあれば、現在まで根強く語り継がれて（コピペされつづけて）いることもある。要約されて本や論文に掲載されることもあれば、漫画化・映画化により大幅に換骨奪胎されることもある。

そんななかでもネット怪談が面白いのは、ものにもよるが、発端となった出来事が報告されてから現在定着している形態になるまでの共同構築の過程をかなりの程度細かく観察できることである。その時間的な範囲はさまざまで、前章の**きさらぎ駅**のように数分ごとにレスが蓄積されていくものもあれば、もう少し間隔を空けてまとまった続報が投稿されるものもあり、さらに最初の話が数年後に改変されて話題を集めることもある。実は、ネット怪談といえば誰でも知っている**コトリバコ**や**くねくね**なども、最初から完成された怪談が投稿されたというよりは、時間をかけて徐々に私たちが今知っているような形になっている。

本章では、インターネットによって可能になった共同構築の多様な時間性を、「実況」や「逐次更新」、「連鎖」などの観点から見ていきたい。さらに、一九九〇年代終わりから二〇〇〇年代にかけて特に盛んになっていた、田舎の因習（とされるもの）にまつわる怪談に民俗学という学問が関与していることなどについても、終わりのほうで少し考えてみたい。

二〇〇〇年代初頭までの状況

インターネット上のウェブサイト利用が一般に普及する一九九〇年代半ばまでは、パソコン通信の電子掲示板やネットニュース（不特定多数が参加できるテキスト投稿システム）、メーリングリスト、ＩＲＣ（チャットの一種）などで怪談が流通していた。アメリカでは都市伝説や恐怖体験がネットニュースに投稿されていたようだが[1]、日本語のネットニュースの記録を検索してみても、ほとんど見つからない。

パソコン通信の時代から活動していた怪談師のいたこ28号によると、一九八〇年代後半から怪談は投稿されていた。自身も一九九〇年代前半に「ほらーねっと」というコミュニティに参加していたという。[2] また、一九九四年一〇月から三か月ほど「現代伝説研究会議室」というフォーラムが設けられ、多くの怪談が投稿されたという記録も残っている。[3] とはいえ、この時点ではまだ、単に発表媒体がオンラインというだけのものが大半だった。

一九九〇年代後半に入り、Windows 95の普及によるインターネット接続環境の一般化、プロバイダの提供するサービスや無料ウェブページサービスの登場によって個人がウェブページを簡単に公開できるようになってからは、怪談系を含むウェブサイトが林立した。たとえば有名な「**鹿島さん**」（第1章で紹介した**カシマさん**の類話）や、夢のなかで死の危険が迫る「**恐怖のアナウンス**」（**猿夢**）が投稿された「alpha-web こわい話」（第一話は一九九六年六月一四日投稿）や、**くねくね**の原型となった「**分からない方がいい・・**」が投稿された「怪談投稿」[4]（一九九八年三月開設）などである。二〇〇〇年代以降に大きな影響を与えた話のいくつかは、2ちゃんねるではなく、こうした現存しない怪談サイトが初出である。[5] その一方、今も残っているのは「怪異・日本の七不思議」（一九九六年九月開設）など、[6] 数えるほどしかない。また、ウェブサイトではなくメールマガジンが主体のものとしては、読者投稿の体験談を紹介する「逢魔が時物語」（第一号は一九九八年七月四日）[7]が当初四八〇人の登録から始まり、二〇〇〇年初頭には一万人を超える人気メルマガとなった（今でも続いている）[8]。

当時の怪談サイトの多くは、サイトの管理人自身の体験談を除くと、利用者が管理人に怪談を送信し、それを管理人がウェブページとして整えて、一つずつアップロードする形式だった。この形式では、話の投稿者とほかの利用者との交流がほとんど生まれなかった。そのため、形式も内容も、掲載速度以外は紙媒体の読者投稿とそれほど変わらず、ネット怪談ならではの性質を持つには至らなかった（投稿された都市伝説についても同じことが言える）[9]。また、投稿された話は投稿先のウェブサイト専属だという共通理解があり、コピペとして拡散するようなことはほとんどなかった。複数の参加者がとっておきの怪談を持ち寄る「百物語」型のイベントの場合は、他のウェブサイトに投稿されたものが使い回されることがあったが、それも頻繁に行なわれたわけではなかった。ただ、個人がパソコンなどに保存することで伝わっていったものは多い。その場合、出典までは記録されていないこともあった（後述の**ヒサルキ**など）。

心霊スポットから怪村へ

コピペによる無断転載がそれほど行なわれていなかった一九九〇年代後半のネット世界において、比較的流通していたのは、各地の心霊スポットに関する情報だろう。[*]それまでも本や雑誌、テレビ番組などで日本全国の怖い場所や廃墟の情報を入手することはできた。だがインターネット上では、ウェブサイトの作成者や投稿者が現地に行ってきたときの出来事を長々と叙述したり、カラー写真を多く掲載したりすることが可能になり、より直接的な体験に閲覧者が接することができるようになった。また、作成者と閲覧者が互いに近隣にいるならば、ある種のオフ会のようにして合同で心霊スポット調査に向かい、後に報告を掲載することもあった。

心霊スポットでの肝試し（前章で取り上げたオステンション行為の一種）は、スマートフォンからの高画質実況配信が一般化した現在では視聴者を集める有力なコンテンツの一つである。他方、過去にさかのぼってみると、二〇〇〇年前後に話題になったのは、「スポット」というよりは「村」と言ったほうがいいくらい広い範囲で異常なことが起きているというものだった。たとえば日本各地でうわさされる「**ジェイソン村**」や茨城県の「**キチガイ村**」、神奈川県の「**隠れ切支丹村**」などの怪村情報は、二〇〇〇〜二〇〇一年ごろにはすでに心霊スポットサイトなどに投稿されていた。茨城県の村名は差別表現であったためか、「黒魔の館」などのサイトで「**鬼血骸村**」と当て字されるようになった。また、少し時代を下るが、頭部が巨大な人々が集住するという意味の「巨頭村」と思われる「**巨頭ォ**」は「死ぬ程洒落にならない怖い話を集めてみない？121」に二〇〇六年二月二二日に投稿されたものである。[10]二〇二一年に映画化もされた**樹海村**は二〇〇六年ごろが初出である。[11]

このような怪村情報が乱立するなかでも注目されたのは、青森県にあるという**杉沢村**と、福岡県にあるという**犬鳴村**であった。どちらも公的な地名としては存在せず、一九九〇年代初頭から地元の若者のあいだでは評判だったが、紙媒体ではほぼ知られていなかった。[12]それが今では『犬鳴村』（二〇二〇）のように劇場公開される映画の題材にまでなったのは、間違いなくインターネット上で拡散したからである。

杉沢村は、かつて集落まるごと皆殺しにされた場所で、入り口には鳥居があり、惨劇の現場では今なお死者の霊たちがさまよっているというもの。それに対して**犬鳴村**は、犬鳴峠（実在する地名）近くに、国家権力の通用しない反社会的な集落があるというもの。どちら

＊「黒魔の館」、「新潟発・ちょー心霊怪奇倶楽部」、「東北心霊地図」、「九州おっさんの怖い話」などが当時の代表的な心霊スポット系サイトである。

も行政によって地図から抹消され、存在しないことになっているという、陰謀論的な説明がされることがある。道に迷うなどして村にたどり着いてしまうと、死者に憑依《ひょうい》されたり村人に攻撃されたりするなどろくなことが起きず、場合によってはそのまま帰ってこられないこともあるという。

杉沢村がネット上で広く知られるようになったきっかけは、オカルト系サイト「怪異・日本の七不思議」への投稿である（一九九七年七月）。もともと心霊スポット情報が多く寄せられていたウェブサイトだから、これ自体は不思議なことではない。それに対して**犬鳴村**の起点になったのは、日本テレビ系の番組『特命リサーチ200X』の視聴者投稿ページだった。この番組は、ドラマ仕立てでさまざまな超常現象や不思議の解明に挑むという内容であり、視聴者からの調査依頼を公式サイトで受け付ける仕組みになっていた。依頼の文面はそのままウェブ上に公開されていたので、日常的な疑問だけではなく、俗信や陰謀論、心霊体験など実にさまざまなものが無秩序に掲載されていた。

犬鳴村の詳しい情報が投稿されたのは一九九九年一〇月下旬のことである。すぐに2ちゃんねるにスレッドが立ち、[13]「怪異・日本の七不思議」にも一一月までにいくつか情報が寄せられるなど、ネットのあちこちでその名前を見るようになった。特に地元のサイト「九州おっさんの怖い話」（現「朱い塚」）は、以前から犬鳴峠の心霊スポット情報を掲載していたこともあり、多くのネットユーザーが参照したようである。このウェブサイトは、**犬鳴村**はデマであることを訴えていた。

　結果的には、『特命リサーチ２００X』は**犬鳴村**を取り上げなかった。そのかわり、フジテレビ系の番組『奇跡体験！　アンビリバボー』が二〇〇一年一月に**犬鳴村**を特集することになった。なお、『アンビリバボー』は二〇〇〇年七月にも**杉沢村**を取り上げていたが、どちらも村にたどり着くことはできなかった。

　怪村は、中世から知られている**隠れ里**のように、あるはずなのに行くことができないところに一つの特徴がある。[14] 通常の心霊スポットならば、自分も恐怖体験を味わおうとオステンションを実践することはそれほど難しくない。行けばいいからである。だが怪村の場合、そもそも場所が分からないので、文献・ウェブ調査や地元の人々からの情報提供、周辺の探索など、行きつくまでの謎解き要素が大部分を占めている。そうしたものは、現地に行った人だけが特別な関わりの深さを持てる旧来の心霊スポットと違い、世界中の誰もがネットを利用できるかぎりで同じぐらい深く探索できるという点で、場所という制約から解放されていた。

2ちゃんねる――多種多様な怪談の展開

実況型怪談のはじまり

二〇世紀末の怪談サイトには、投稿した人の簡単な情報*が書かれていることが多かった。この形式は雑誌などの読者投稿欄を踏襲したものだろう。現実世界の個人を完全に特定できるほどではないが、少なくとも他の人物との識別はできる程度の情報は載っていたわけである。だが二〇世紀も終盤を迎えた一九九九年七月ごろ、インターネットでの怪談投稿に大きな転機が訪れることになる。2ちゃんねる、そして「オカルト板」の登場である。

巨大匿名掲示板の2ちゃんねるは「5ちゃんねる」(一九九九年五月三〇日公開。二〇一七年一〇月一日以降は「5ちゃんねる」)は、大学生だった西村博之(ひろゆき)が、当時人気のあったスレッドフロート型の電子掲示板「あめぞう」を大いに参考にして作った匿名掲示板である。[15]「スレッドフロート」とは、一つの掲示板のなかに複数のスレッドがあり、新しい投稿があるスレッドが最上位に浮上する仕組みのことである。そのため、頻繁に投稿があるスレほど上位に留まりつづけることになる。あめぞうも2ちゃんねるも大きなトピックごとに掲示板を用意し、それぞれの掲示板のなかに複数のスレを作ることができたため、それまでの電子掲示板と違って古い話題が新しい話題に押し流されることが少なくなり、何百もの話題を同時並行的に進めることが可能になった。結果として、多くのユーザーが2ちゃんねるになだれ込むことになり、ひろゆきの放任主義的な管理方針もあって、きわめて多彩な情報やコピペ（そして誹謗中傷）が入り乱れる場となった。

当時の日本のインフラを見ると、携帯電話からウェブサイトを見ることのできるdocomoのｉモードは一九九九年二月にサービスが始まり、**二〇〇〇年三月までには、2ちゃんねるにもｉモード用のページができていた。そのため、サービスエリア圏内ならば、どこからでも異常な状況を2ちゃんねるに投稿できる環境は整っていた。

一般的には、起きたことをすぐに報告することを「実況」と呼ぶ。それで間違いではないのだが、ここでは前史も含めてみたいので、多少の時差（長くて一日程度）はあっても継続的に報告がなされ、出来事の終わりが見えない逐次更新型も、実況型怪談に含めてみたいと思う。なお、「実況系怪異」という表現も可能だが、[17] 本書は内容について「系」、形式について「型」と使い分け、また「怪談」を主軸にしているので、「実況型怪談」と呼ぶことに

＊　名前またはハンドルネーム、居住地、ジェンダー、年齢層、メールアドレスなどのうち一～四つ程度。

＊＊　EZwebとJ-SKYを含めた加入者数は、一九九九年一二月の時点では三六七万三〇〇〇だったが、二〇〇〇年一二月に二六八六万六〇〇〇、二〇〇一年一二月には四八四九万五〇〇〇と、急速に普及していった。この急速な普及率は、韓国を除く主要先進国との圧倒的な差につながっていた。[16]

する。そのため、たとえば**きさらぎ駅**は「異世界系実況型怪談」になる。怪談以外にも逐次更新で盛り上がるスレは二〇〇〇年代初頭からいろいろあり、商業メディアを巻き込んだものとしては二〇〇四年の「電車男」が有名である。*

実況型の怪談として悪名高いのが「**かなりやばい集落見つけました。**」（以下「**やばい集落**」）である。**やばい集落**は、二〇〇〇年七月一日にオカルト板に立ったスレである。[18] 宮崎県在住の「マウンテンバイク」（以下「マウ」）と名乗る若い男性が、一週間前に起きたという衝撃的な出来事を投稿した。それは、山奥で異様な集落を見つけたというものである。友人と二人で、奥の山道までマウンテンバイクで走行していたところ、かなり進んだところで振袖の着物が多く捨てられているのを見つけた。嫌な雰囲気を感じたがさらに進んでみると、廃墟のような家屋が四軒あった。引き返そうとすると「髪がぼうぼうのおばあさん」が現れ、こちらを見てきた。声がするのを後目に、二人は一目散に逃げ帰った——。ここまでなら単なる恐怖体験（逆から見るなら迷惑な行為）だが、マウは、その集落に友人とともに再び行ってみると投稿し、住人たちの不安と期待を煽ることになった。この年の三月末から五月末にかけて、福岡県の犬鳴峠付近にあったという不気味な建物を、ばらばらに何人かが探しに行くという逐次更新型スレが盛り上がっており（この建物は実在した）[19]、住人たちは次なる話題を求めていたのである。

その後、マウは混乱した筆致で、集落に行ったはいいものの、そこの住人に理解できない言葉で叫ばれ、おまけに友人が暴行されかけたので逃げ帰ってきたことなどを報告した。その後、スレにはさらに、実際にその集落に行ってみたという者、マウの言うとおりに山道を探してみたが何もなかったという者など、現地突撃勢が現れ、ネタと事実とのあいだの駆け引きが激しくなっていく。

七月二三日未明、マウは友人の手に不思議な痣《あざ》ができたこと、友人が集落で聞いた言葉を理解しはじめたことなどの異常な出来事を報告した。だが、ここでなぜかマウは、同時期に別のスレで自宅から怪奇現象を実況していた人物の名前で投稿してしまう。参加者たちは、マウが複数の名前を使い分けて、実態のないネタをオカルト板に投稿しているのではないかという疑いを一気に強めていき、「やばい集落」スレは終わりを迎えることになった。

八月二七日、「マウンテンバイクから皆さんへの告白」というスレが立った。** それはマウ

---

* 2ちゃんねるにおける実況の典型はテレビ番組の感想投稿である。特に生中継や有名映画の放映時に勢いが加速する。たとえば『天空の城ラピュタ』の「バルス」というセリフに合わせて集中的に「バルス」と書き込む風習は2ちゃんねる発祥だが、二〇一〇年代以降は日本の Twitter に受け継がれた。

** このスレはオカルト板に立ったが、piza ゴミ箱という隠し板[20]に移転し、さらに piza ゴミ箱が消滅したことから、現在ではスレを転載したページでしか内容を確認できない。

が**やばい集落**を含めオカルト板に三つのネタスレを立てたことを説明するものだった。この「告白」をしたのが本当にマウなのかどうかを証明するすべはない。だが、これら三つのスレは**マウ三部作**と呼ばれるようになり、初期オカルト板の代表的なネタとして語り継がれている。

こうしたプレ実況型怪談が生まれた背景には、一九九〇年代末、怪村が多くのウェブサイトに載って全国区になったことのほかに、映画『ブレア・ウィッチ・プロジェクト』（一九九九）が話題になったことも挙げられるだろう。この映画は、一般人がほとんど立ち入らない森の奥で怪しげな出来事に遭遇し、謎の建物を見つけ出すという内容であり、加えて、探索者は何が起きているのかほとんど分からないままという恐怖が描かれていた。

やばい集落は、ネタとしては間違いなく成功していた。ただそれは、マウが思っていたような、自分だけが実況して住人を怖がらせることによってだけではなかった。複数の参加者がオステンションを試み、複数の観点から似たような状況が報告されることによって、半ば本当のようであり、半ばネタのようであることが住人たちに感じられてきたのである。

マウが終盤で超自然的な要素を入れ込んだのは、語り手としての主導権を取り返そうとしたからなのかもしれない。これは偶然失敗してしまったが、もし失敗していなくても、あまりうまく行かなかっただろう。ほかの住人が参加する余地がなくなってしまうからだ。いずれにしても、結果として**やばい集落**はネット怪談の古典となり、「マウ」という語はオカルト板を中心に、ネタっぽい投稿をする人を指す言葉として流通するほどになった[21]。

英語圏における最古のクリーピーパスタとされる二〇〇一年の「**洞窟探検家テッド**」(Ted the Caver) もまた、未知の場所からの報告を逐次更新するものだったことは注目に値する。こちらは未踏の洞窟が舞台で、最終的に報告が途絶えるというものだったが、掲示板への投稿ではなく個人サイトを更新するという形式をとっており、共同構築の度合いはかなり低かった。他方、**やばい集落**と違って現場の写真がいくつも掲載されており、本物らしさを強めていた[22]。アメリカのネットホラー研究では、**洞窟探検家テッド**が先鞭をつけた逐次更新型ホラーはインターネットならではの新しい形式であるとされているが[23]、それ以前から日本の匿名掲示板では、同じように、しかし相当にインタラクティヴな怪談が構築されていた。

リアルタイム実況の一般化と「本危」

狭い意味での実況型怪談も概観しておこう。当初は、携帯電話からでないと報告できないような遠方での出来事ではなく、自室や自宅近辺で生じた奇妙な出来事を実況するのが一般的だった。今でいう「事故物件」からの報告などである。オカルト板でその中心となったのは、二〇〇三年六月二九日に始まった「身のまわりで変なことが起こったら実況するスレ」だった。[24] このスレでは次から次へと怪事が投稿され、かなりの盛り上がりを見せた。

ただ、今もこのスレが知られているとすれば、二〇〇四年一月、第二六スレに**きさらぎ駅**の投稿があったからだろう。第1章で紹介した**きさらぎ駅**は自宅や心霊スポットどころか異世界からの実況であり、当時としては異例の出来事だった。携帯端末からの実況が一般的になったのはこのころからであったが、それでも異世界からの実況はめったになく、心霊スポットや廃墟におもむき、そこで実況するオステンション形式が目立った。

リアルタイム実況での現地突撃系の話としては、終わりを迎えるまでに二年半、六八スレを要した「**本当に危ないところを見つけてしまった**」（略して「**本危**」。「**蓋**」と称されることもある）がよく知られている。超自然現象とはほとんど無関係ではあるものの、持続期間や盛り上がりという意味では屈指のネタである。

本危は、二〇〇四年九月一二日、最初の投稿者が岡山県倉敷市で地下道に通じる蓋を見つけ、そこに入っていった友人が帰ってこなかったという報告に始まる。この話自体はネタだったようだが、その蓋を見つけようと、近隣に住んでいたスレの参加者が何人か、ばらばらに現地に向かった。うち一人がいかにも怪しげな蓋の写真を実況的にアップロードしたが、場所の詳細を隠したままだったので、それがどこかを探すことがスレの目的になった。九月一九日、本人によって蓋の場所が実は広島県福山市であることが明かされ、一度は白けてしまったが、粘り強く探していた住人が二〇〇七年二月一七日に場所を特定し、大団円となった。本筋はこれだけだが、ネタかどうか分からない書き込みが入り乱れ、多くのスレ住人が混乱と期待の渦に巻き込まれたことで、少なくともリアルタイムで見ていた人々にとっては忘れられないものになったようだ。

洒落怖の誕生と連鎖する怪談

やばい集落が落ち着いたころになって、オカルト板に一つのスレが現れた。それが「洒落《しゃれ》怖《こわ》」――「死ぬ程洒落にならない怖い話を集めてみない？」である。当初は「洒落にならないくらい恐い話を集めてみない？」というタイトルで二〇〇〇年八月二日に立ったもので、[25]二〇二四年九月現在、三七九番目が稼働中の連続スレである。

最初の投稿は図6のようなものだった（「名無しさん@お腹いっぱい。」は、当時の2ちゃんねる全体における投稿者名の初期値）。

ここで言う「怖い話」は超自然的な怪談にとどまらず、過激な人間心理（今で言うところの「ヒトコワ」）や不可解な有名事件なども包括していた。この呼びかけに応じてさっそく、先述の**猿夢**や、覗いていた鍵穴から凶器が飛び出てくる「**マイナスドライバー**」などの古典

1：**名無しさん@お腹いっぱい。**：2000/08/02(水)
02:57

いろんな媒体で恐い話を聞きますけど、本当に恐い話ってあまりないですよね？

そこで、ここを利用してあなたが聞いた、または体験した、しゃれにならない
くらい恐い話を集めて、さらにそれを厳選して「究極の恐い話集」を作ってみませんか？

　別に実話でなくてもいいです。要は「半端じゃなく恐い」が大切なので。

それではみなさん、本から探すなり、友達から聞くなり、ネットで探すなりして下さい。


このスレッドで結構評判が良かった話は、別スレッドを作ってそこに残しておくってのはどう？

図6「洒落にならないくらい恐い話を集めてみない？」最初の投稿

的な怖い話が次々と投稿されていった。

ここで重要なのは、洒落怖は話を集める場だったということである。たとえば最初のスレに投稿されたものを見てみると、**猿夢**はalpha-web由来だし、**マイナスドライバー**はオカルト板の別スレ由来（投稿日は二〇〇〇年六月一五日）である。[26] さらに「**今度は落とさないでね**」のような定番の都市伝説・怪談も投稿されていた。この意味で、洒落怖は一九九〇年代までの怪談文化や初期オカルト板を集約した場でもあった。もう一つ見逃してはいけないのは、洒落怖は創作も受け付けているということだ。二〇〇九年一二月二四日に投稿された「**ヒッチハイク**」は、ヒッチハイク中に不気味な家族に遭遇するという話で、二〇二三年に同名で映画化されたほど有名だが、投稿直後から住人の大半が創作として受け取っていた。[27] 第1章で述べたように、**八尺様**も同様である。これらは、少なくとも投稿の時点では、ネットホラーに分類できる作品だった。

「洒落怖」といえば今やネット怪談の代名詞と言っていいぐらい有名な存在であり、ネット怪談・ネットホラーをテーマにするならば一冊まるまる費やしてもいいぐらい濃密な連続スレである。だが、ここでは共同構築としてネット怪談を見ていくという本書の方向性に沿って、一つの怪談が次々と別の怪談や知識へと、さらに別のスレッドへと連鎖していった**くねくね**および**ヒサルキ**を見ていきたい。

くねくね

くねくねの成立経緯はやや複雑である。まず、二〇〇〇年三月五日、2ちゃんねるとは別の個人投稿サイト「怪談投稿」に「**分からない方がいい・・**」という話が掲載された（投稿者は二三歳の東京都在住の女性）。それによると、弟の友達が兄とともに母方の田舎に遊びに行った。二人がふと窓から外を見ると、白い服を着た人が遠くにいて、くねくねと動き出した。それは人間とは思えない不自然な曲がり方をしていた。兄はそれが何かに気づいたが、弟には「分かった。でも、分からない方がいい。」とだけ告げた。後日談として、兄が「知的障害」になったという事実が語られ、文章は終わる。[28] これが二〇〇一年七月七日に洒落怖の第六スレに転載された。

　次いで、二〇〇三年二月二九日、洒落怖の第三一スレに「**くねくね**」という怪談が書き込まれた。それは、投稿者によると「自分が子供の頃体験した事」と「**分からない方がいい・・**」を「混ぜて詳しく書いてみた」ものだった。基本的な筋は変わらないが、まず、くねくねするものは田んぼの向こう側にいる「白い物体」とされ、兄弟は屋外でそれを目撃し、兄はわざわざ双眼鏡を持ってきてそれを確認し、正体を知ってしまった結果、「わカらナいホうガいイ……」とだけ弟に言って家に戻っていく。そこに祖父がやってきて「見たのか！」

と迫り、取り返しのつかないことをしたことを示唆する。戻ってみると兄は室内でくねくねと乱舞しており、実家が預かることになる。祖母は「何年か経ってから、田んぼに放してやるのが一番だ…。」と言う。語り手は悲しみに暮れながら帰途につくが、途中で車窓からそれを見てしまった……。

結末からも分かるように、**くねくね**は創作である。とはいえ洒落怖は実話以外も受け付けていたので問題はなかったし、外部の洒落怖まとめサイトでも高い評価を受けていた。このまとめサイトというのは、洒落怖の住人が、あくまで自分たちのために、無関係なレスが多いスレのなかから怪談だけを抽出して掲載したウェブサイトのことである（第4章を参照）。このまとめサイトには「投票所」も設置されており、参加者たちは怖いと思う怪談に投票することができた。**くねくね**や**分からない方がいい・・**は常にランキング上位にあった[29]。

興味深いのは、投稿されてから数か月後に始まった展開である。まず、オカルト板住人が、自分も似たようなものを見たことがある・体験したことがあるという報告を続々と投稿していった。そうしたなかで、くねくねした不可解なものと精神的な異常状態が結びついたものが、徐々に「くねくね」と総称されるようになる。七月九日には専用のスレッドまで登場した[30]。

この専用スレでは、**くねくね**の体験談のみならず、地元（おもに東北地方）に伝わる妖怪や神格に、この妖怪に似たようなものがいるという報告まで投稿された。たとえば東北地方の**タンモノ様**や、福島県の「白いうにょうにょしてる」という**あんちょ**などである。だが、どちらも「くねくね」関係スレ以外では知られておらず、投稿者たちによる創作ではないかと思われる。[31] それっぽい「伝承」を創作するという、逆行的オステンションの一種である。

くねくねは、地方の俗信や風習にはきわめて危険なものがあり、それは今でも効力を保っている――というイメージをオカルト板内に醸成することになった。実際、二〇〇三年七月一日の**ヨウコウ**（サルの姿をした山の神）、同月二日の**オラガンさん**（注連《しめ》縄《なわ》で封印された落ち武者風の妖怪）のように、オカルト板以外では聞いたこともない地方の伝承にからめた「民俗学的」な怪談がこのころからぽつぽつと投稿されるようになっていた。[32] その頂点にあるのが、後述する**コトリバコ**である。このような民俗学風味の作品を、アメリカ民俗学では「フォークロレスク」と言うことがある。[33]

ちなみに、SNSなどで民俗学に詳しいことを自称するアカウントが、ネット怪談の内容について「民俗学的にありえない」とか「詳しければすぐにネタだとわかる」などと発言していることがある。だが、日本の民俗信仰は驚くほど多様である。あらゆる要素が取り入れられており、また、十分に記録されないままのものも無数にあるので、語られている儀礼や信仰を民俗学的に否定することはそう簡単ではない。怪談を嘘だと言いたいのなら、科学的にありえないなどの観点から否定するほうが確実である。
　フォークロレスクな民俗学への志向に加えて、よく似た体験談や俗信が立て続けに投稿され、**くねくね**が単なる過去の投稿怪談以上のものへと構築されていったことも注目すべきだろう。**くねくね**の初出とほとんど同じ二〇〇三年二月一三日に投稿された**ヒサルキ**もまた、そうした形式の連鎖型怪談である。

ヒサルキ
保育園近くの墓地の柵に、小動物が突き刺さっていることがあった。最初のうちはトカゲなどだったが、モグラ、ネコ、飼っていたウサギ、と徐々に大きくなっていった。犯人は見つからなかったが、保育園の子どもに聞いてみると、一言、「ヒサルキだよ」と言う。大人は誰もそんな言葉を聞いたことがない。ただ、過去に保育園の子どもが描いた絵に「ヒサルキ」という題のものがあったらしい。その子は両目に眼帯をした姿で急に引っ越したのだという[34]——。

　それから二〇〇三年後半にかけて、**ヒサルキ**はさまざまな怪談へと部分的に接続していくことになる。まず、二月二六日に「ヒサルキ」の名前を聞くと夢のなかで取り憑かれるという話が洒落怖スレに書き込まれ、睡眠時に体を乗っ取られてしまう、その最中にイヌを殺して食う夢を見るなどの話が、オカルト板のみならず別の板にまで広がった。[35]

八月一五日、「不可解な体験、謎な話～enigma～Part16」という怪談投稿スレに、ある成人向け掲示板の同時期の投稿と、[36]別の心霊系サイトの掲示板の二〇〇一年六月の投稿に、[37]奇妙に一致している点があるという書き込みがなされた。その書き込みに、さらに洒落怖の第二八スレに二〇〇三年二月一九日に投稿された「**小屋の2階**」という話[38]が関係しているのではないかという指摘が出た。どうも、この三つの別々の投稿は、同じ出来事を別々の視点から描写しているらしい。

心霊系サイトの掲示板から転載された女性の投稿は、学生旅行で行った熱海の民宿の隣に小屋があり、不穏なものがいるように感じられたので一人だけ逃げるように帰宅したが、結局それに体を乗っ取られ、その小屋に監禁され、そこで「ヒサユキ」という無言の男性と同居することになり、「道で犬を殺して死体に顔を突っこむ夢」などの悪夢に苛まれたが、一か月後に解放され、その後しばらく入院していたというものである（以下「**ヒサユキ**」）。成人向け掲示板にあったのは、五年ほど前に熱海で犬の死骸をむさぼっていた全裸女性の目撃情報である。**小屋の2階**は、大学生グループが熱海に旅行に行くが、ある小屋を見て慄いた女性が帰宅し、残ったメンバーは小屋の住人男性に招かれ宴会をするが、後になって隠し部屋があったことに気づくという体験談だった。

この三つだけならば、誰かがネタをあちこちに仕込んでおいただけと説明することもできる。だが、オカルト板の参加者たちは、（主として女性が）何者かに体を乗っ取られ、睡眠中にさまよって動物を殺すという点が**ヒサルキ**に似ており、名前も酷似していることに気づいた。こうした符合に興味を持った参加者によって八月一九日に**ヒサルキ**専用スレが立ち、**くねくね**のときと同じように、似たような情報や体験談が集まり、考察が展開されることになる。

以降、「**ヒサル**」（二〇〇三年八月二一日）、「**キヒサル**」（二〇〇三年八月二六日）、「**ヒサウキ**」（二〇〇四年七月二〇日）、「**きらきらさん**」（二〇〇五年二月一八日）、「**イサルキ**」（二〇〇七年三月五日）などの話が方々の怪談スレに投稿された。そのたびに**ヒサルキ**との関係が取りざたされたが、名称、動物殺し、悪夢、体の乗っ取り、失明、山中のサル、狂暴なイヌなど、部分的にどれも関係しそうで全体像が見えてこない状態が続く。さらに、同じように無関係な怪談に関連性があるのではないかという**自己責任系***との接点も指摘されたが、誰も核心に手が届かないまま現在に至る。

専用スレでも「ヒサルキという怪談を広めようとするネタだろう」という意見は少なから

＊　読むと憑依の危険性が降りかかる感染系怪談。広い意味では**カシマさん**や**ババサレ**も含められる。[39]

ず見られた。確かに半年のうちに立て続けに情報が出てきた点は疑う余地がある。だが、**ヒサルキ**と**ヒサユキ**との関係の弱さは、ネタならば相当に不完全であった。だからといって既出の情報だけでは事実としても捉えどころがない。無関係というには妙に似ているところがあり、それこそが不気味である。同じように連鎖的に話が投稿されていった**くねくね**は、語られる妖怪自体はどれも似たようなものだったが、それに対して**ヒサルキ**はそもそも内容が一貫していない。**くねくね**が共通した筋で説話をまとめる話型をもとに構築されているとすれば、**ヒサルキ**は連想をもとに構築されていると区別することもできる。

ヒサルキのような、無関係に見える複数のウェブサイトにまたがる投稿につながりを見出すものは、同時期のクリーピーパスタにも存在していた。「**ハエジゴクの家**」(The Dionaea House)である。この作品は二〇〇四年から二〇〇六年にかけてエリック・ハイセラー(現在はホラー映画作家として活動中)が制作したもので、電子メールのログを掲載したウェブサイト、LiveJournal、さらに複数のブログで同時に展開された。異なる人物が、人を取り食らう家屋をめぐって不穏な状況に巻き込まれていくさまが実況的に報告されていったのである。[40]

ハエジゴクの家は、クリエイターが明確に存在するネットホラーである。おそらくリアルタイムで更新されるのを見ていた二〇年前の参加者にとっては恐ろしいネット怪談だったのだろうが、今ではそうではない。それに対してオカルト板で話題になったものはいまだにネタかどうか分からないままである。この点は、ネットホラーが盛んな英語圏との違いだろう。また、二〇二三年に話題になった、作家の背筋によるホラー小説『近畿地方のある場所について』（当初は小説投稿サイト「カクヨム」に発表され、のちKADOKAWAから単行本化）も、断片的な情報から山の怪異がおぼろげに浮かび上がってくるという流れは**ヒサルキ**を思い起こさせる。なかにはオカルト板のような架空の電子掲示板からの引用もある。この小説は、ネット怪談の古典をまとめサイトやまとめブログで読んでいるような舌触りであり、二〇二〇年代半ば、ネット怪談の広まった形態が「怖さの型」として定着している現状を表しているとも言える。

コトリバコと民俗学的怪談

田舎に行った若者が異常なコミュニティで恐怖を味わう**犬鳴村**や**やばい集落**の流行は、先述した**くねくね**のように、実は自分や親族が田舎の異常な風習や信仰に巻き込まれていたという怪談の流行へと変化していく。その頂点にあるのが**コトリバコ**である。[41] 筆者も二〇〇五年六月六日に始まったこの怪談に興味を持ち、同年、卒業論文の題材にしてしまったほどだ。**コトリバコ**は複雑で長大ではあるが、有名な怪談なので、ここでは本筋の細かい部分は追わず、[42]どのように**コトリバコ**が構築されたのか、要点だけ見ることにしたい。
「死ぬ程洒落にならない怖い話を集めてみない？99」に、「小箱」という島根県の若い男性が恐ろしい出来事を投稿した。前月、友人の女性が納屋から古びた箱を持ち出してきた。それを見た神職の友人は突如慌てて出し、自身の血液を用いてお祓《はら》いを行なった。「コトリバコ」と呼ばれるその箱は、差別された集落が作り出した「怨念」で、指先と臍《へそ》の緒が無数に入っているという。

　コトリバコとは何なのか。同日、関心を持った住人の一人が「ことりばこ」という専用スレを立てると、そこに小箱が現れ、新たな情報を明かした。この箱は出産可能な女性と子どもに致命的な被害を与えるのだという。さらに小箱は、翌日、関係者と話し合いをするので報告するという。**コトリバコ**は逐次更新型の怪談へ移行した。

　六月八日、小箱は前日の話し合いを長大な会話文として投稿した。それによると「子取り箱」（漢字ではこうなる）が生まれたのは明治時代初頭で、「間引かれた」子の遺体を利用し、集落を弾圧する人々に差し向け、脅迫するために用いられた呪術だった。だが力が強すぎて自分たちでも管理が困難になり、集落の家々で回しながら保存して力を弱めることになっていたのだという。最後に小箱は、この呪術について参加者たちに情報提供を求めた。

一般に知られている**コトリバコ**は、六月六日と八日に小箱が投稿した情報をまとめたものである。小箱自身も六月一四日を最後に現れなくなった。だがスレはその後も続き、翌年八月までに約一八スレが立った。そのなかでは、**コトリバコ**に関する怪談がさらに連鎖的に生じていた。

スレには、**くねくね**のときと同じように、日本各地の呪いの箱の情報が多く集まってきた。初日から「**狐**《こ》**酉箱**《とりばこ》」という、ターゲットの近くに置くことで効果がある箱について投稿されており、その後も「**六人箱**《ろくひとばこ》」や「**イチフウ**」、「**外**《げ》**法箱**《ほうばこ》」、「**物部箱**《もののべばこ》」、「**児**《じ》**我**《が》**箱**《ばこ》」など数十にのぼる呪いの箱の情報が書き込まれた。[43] ただ、そうした箱の多くは「ことりばこ」スレ以外に情報がまったく存在しない。参加者による創作だと思われる。*

また、後になって整理された**コトリバコ**だけ読んでいると気づけないが、発端となった投稿者である小箱が一週間ほどで消息を絶ったことも謎めいていた。もちろん、**コトリバコ**がネタであれば、ある程度引っ張ったあと勢いに任せるのは不自然なことではない。だがネタではない（かもしれない）と見なして参加していた住人にとっては、これまで考察に参加してきた主要人物が唐突にいなくなるのは不穏なことだった。

*「外法箱」だけは、近世・近代の巫女が実際にそういう名称の祭具を使っていた。中身は人形だとかイヌ・ネコの頭蓋骨だとか人間の頭蓋骨だとか言われる。[44]

コトリバコが恐れられているのは、小箱による報告を読むだけで体調を崩すという投稿が最初の頃からあったからでもあった。六月七日午後から夜間にかけて、おもに女性の参加者が腹痛や頭痛を訴えるようになり、数日後には生理痛や生理が早く来たという報告も次々と投稿された。あまりの報告の多さに、そのあと立ったスレでは、生理に関する話題は禁止というルールが設定されるに至った。こうしたことから、**コトリバコ**は二〇〇七年末に「**検索してはいけない言葉**」一覧に掲載されることにもなった（「**検索してはいけない言葉**」については第5章参照[45]）。子取り箱それ自体が出産可能な女性に向けられた災厄であることに加え、若い女性を無理やり嘔吐させる描写もあり、そうしたことが、この怪談に女性への攻撃性を帯びさせることになったのだろう。**コトリバコ**は、過去の出来事や小箱に起こった事件だけではなく、掲示板上のさまざまな要素によって構築されているのである。

田舎の因習（とされるもの）を利用した怪談として、2ちゃんねる・ニュー速ＶＩＰ板の「**俺の先祖は恐ろしい人物かも知れない・・・**[46]」も取り上げておこう。このスレは二〇〇六年六月二五日に立ったもので、最初の投稿者が家を掃除したとき見つけた古文書のようなものがテーマである。文政八年（一八二五）に書かれたと思しきその文書には、鬼のような集団が人間を食っているような絵が描かれていた。鬼の横には投稿者の姓が書かれており、どうやら彼の祖先は食人の習慣があったのではないかという話になる。ＶＩＰ板は展開がきわめて速く、約二時間後にはネタだということが明かされたが、これも**コトリバコ**などが先鞭をつけた因習系怪談の流れに位置するだろう。

ネット怪談と田舎と民俗学

吉田悠軌は、**コトリバコ**こそが二〇〇〇年代後半に続々と登場した「集落に隠された因習と謎についての恐怖譚」（つまり民俗学的要素を持つもの。名前だけ挙げると「**八尺様**」や「**リョウメンスクナ**」、「**ヤマノケ**」、「**逆さの樵面**《きこりめん》」など）という方向性を決定づけたとする。[47]二〇一〇年代に入ると、長く語り継がれる新しい話は出てこなくなる。* それに対して、二〇二〇年代に入ってもネット怪談と言えば典型的に挙げられるのが**コトリバコ**や**八尺様**などであることからも分かるように、二〇〇〇年代後半に生まれた因習系ネット怪談は、二〇年近く経ってもなお、根強い人気を保っている。

＊　ニュー速ＶＩＰ板で二〇一〇年五月二八日に投稿された**アガリビト**という話は、二〇一〇年代の田舎もので珍しく今も知名度がある（とはいえ二〇一〇年のものだが）。「アガリビト」とは、ある地方で、人間が山に入っていき、完全に社会性も文化も喪失した状態のことで、地元では神様として信仰されているという。[48]山に入っていった人間が妖怪になるという話は日本全国にあるが、「アガリビト」という名称は記録されていない。

他方で、**犬鳴村**や**コトリバコ**をはじめとして、古典的なネット怪談のいくつかが、「辺鄙《へんぴ》な田舎」や「山の奥深く」に対する差別的認識によって読者にとってのリアリティを帯びることになったという点を無視することはできない。都市部から遠く離れたところ（あるいは「未開」社会）には、現代文明の常識が通用しない、遅れた観念や非人道的な風習（「因習」や「迷信」などと表記される）を守る固陋《ころう》な人々がおり、異常な出来事が、さも当然であるかのように生じている——という差別的偏見は、戦後日本に限っても、六〇年代の「秘境」ブームから七〇年代の横溝正史ブーム[49]、二〇一〇年代後半の「フォークホラー」ジャンルの浸透や「因習村」概念の誕生にいたるまで、連綿と続いている。

因習村のジャンル概念はまだ固まっていないが、辺鄙な土地に、近代的とは思えないおぞましい風習（因習）が隠されており、都会から来た人々がそれに巻き込まれるというパターンを踏むものが多い。近年の映画では『ミッドサマー』（二〇一九）、『鬼太郎誕生　ゲゲゲの謎』（二〇二三）、『変な家』（二〇二四）などが挙げられ、またネット怪談では**やばい集落**や**犬鳴村**などがそれに近い。ただ、これらのホラーやネット怪談においては、危険なのは前近代から続く風習というより、近代的ではない風習を現代も続けている（場合によってはわざわざ創出している）集団それ自体である点に注意が必要である。

このような観念は、近代化した日本社会においては、そうした因習が表面上は隠されている――という解釈によってリアリティを与えられている。普及初期のインターネットは、おおやけには流通しづらい知識をフィルターなしに入手できる新鮮な場として認識されていた。そうしたなかでも、都市部の利用者が多かったか、少なくとも都市住民が多いことを前提として書くことが多かった2ちゃんねるは、インターネットとは、田舎の暗部なり非合理性なりを、学者や都市部の出版社によって「骨抜き」にされる前の状態で、しかもリアルタイムで提示してくれるかもしれない空間だったのだろう。

日本のホラー界隈でも、フォークホラーの広まりに連なるように、田舎を危険なものとして描くことが流行っているらしい。これに対しては、二〇二〇年に「近年、田舎を田舎というだけで何が起こっても許される装置として乱暴に描いてしまう応募作が多い[50]」という批評がなされている。この問題意識を引き継いで、小説家の澤村伊智はそうした作品について「結局それって田舎をバカにしてんじゃないの？」という。感度が高い人ほど、たとえば横溝映画が全盛期だった70年代とは違って、異文化を恐怖の対象として扱う作品を無邪気に楽しんではいられないという意識を持ち始めている[51]」と指摘している。

このような視点から**犬鳴村**を研究した鳥飼かおるは、犬鳴峠やその近辺をめぐるさまざまな否定的イメージをいくつも取り出している。たとえば筑豊炭鉱の過酷な労働から逃げてきた人々の場所としての山中や、より広い意味で山に住む人々（「サンカ」「山人」など）への偏見などである。[52] 後者については、戦前の柳田國男らの民俗学が、山の人々を「文明社会の私たち」と対比させながら分析していたことも、鳥飼は指摘している。[53]

そもそも田舎の「遅れた」民俗を誰よりも綿密に調査して世間に公表してきたのは民俗学者たちであったし、都会の「進んだ」人々は民俗学の研究成果によって風習や物語を知ることができた。あるいは民俗学者自身が、場合によっては「遅れた」民俗の近代化に取り組むこともあった。[54] それ自体は田舎の人々の生活改善を目指した運動だったのだが、彼らの仕事は、現代社会とは相容れない民俗の存在を、そういう枠組みのなかで紹介するものともなった。日本民俗学のはじまりとも言われる（言われないこともある）『遠野物語』（一九一〇）の序文で、かつて柳田は「願はくは之を語りて平地人を戦慄せしめよ」と言い放ち、さまざまな伝説・怪談を都会の人々に向けて再話した。しかし、スクリーンの手前という安全圏にいる二一世紀の平地人は、すでに「戦慄」をエンターテインメントとして楽しむことに慣れきってしまっている。*

もしかすると、一九九〇年代以降のフェミニスト映画論がホラー映画に「ジェンダーの二元論や男性中心主義、異性愛主義といった既存の性の規範を揺るがし、女性観客を力づけるポジティヴな可能性」を見出してきたような、[55] ある種クィアな批評を田舎ものに試みることはできるかもしれない。たとえば『鬼太郎誕生　ゲゲゲの謎』では、田舎の因習に見えたものが、実際には近代化の過程で生じた歪みとして描かれている。因習系のネット怪談に対しては、読み手である私たちが、因習を単に「私たちとは無関係に過去から続く伝統」と捉えずに、近代社会との絡まり合いのなかで生まれたものと見れば（たとえば**コトリバコ**ならば、終わることのない差別や偏見）、そうした批評は可能かもしれない。

台湾の「赤い封筒」と因習系の衰退？

本章をまとめているときさえ、「田舎のヤバい風習」がインターネットで話題になったことは付け加えておいてもよいだろう。それは、二〇二四年一月・三月に、東京都内（それぞれ上野と池袋）の路上に赤い封筒が置かれていたのを撮影した画像がXでバズった現象である。これは「冥婚」という台湾の古い風習であり、女性が未婚のまま亡くなった場合、遺族が道端に赤い封筒を置く。それを拾った未婚男性は、問答無用で死んだ女性と結婚しなければならなくなるというものだ。[56] いわば死者に取り憑かれてしまうということになる（ひとま

＊ 吉田 2024a の第6章「汲めども尽きぬ「民俗ホラー」という土壌」において、民俗学者の飯倉義之とともに、澤村伊智がこのあたりを批判的に語っているのは注目できる。

ず「**赤い封筒**」と名付けておく）。

二つの**赤い封筒**はおそらくネタであろう。現在も封筒（ご祝儀袋）を用いた方式で冥婚をしている事例は地元の台湾でさえ知られておらず、過去においても、一部地域で行なわれる程度のものだった[57]。この風習は、台湾を舞台にしたホラー映画『屍憶　SHIOKU』（日台合作、日本では二〇一七年公開）がきっかけで広く知られるようになったものだという。そもそも、東京でもとりわけ雑多な人々が行きかう上野や池袋に置いたところで、誰に拾われるか分かったものではないのに、亡くなった親族女性を思いやる遺族がそのような行為をするのは考えにくい。

民俗学者の及川祥平は心霊スポットに出没する幽霊について、「人は［……］すでに亡い家族や友人が血まみれでフロントガラスに落ちてきたり、四つん這いで追いかけてきたりすることを望むだろうか[58]」と問いかけている。死者をことさらに醜悪で手に負えない、人間的な対話のできないものに仕立て上げるのは、当の死者とは無関係に恐怖を消費する人々でしかない。親しかった人々にとって、その死者が生前どのような存在だったのか、死後どのような存在であってほしいのかを私たちがイメージする余地が失われてしまっているのである。

赤い封筒はXに画像が投稿され、Xで話題になり、Xで冥婚の知識が付加され、Xでネタ扱いされ、Xの投稿を集積する「Togetter でまとめられた。現場の様子を除いて、その大半がネット上で共同構築された怪談である。構図自体は因習系のネット怪談とさして変わらない。ただ、このネット怪談における「田舎」は、もはや日本のどこかではなく、国外の——しかしかつて日本が植民地化していたぐらいには関係の深い近隣地域であった。そうした地域の一部で、珍しいとは言え確かに受け入れられ実践されていた民俗文化を、単にネット上で見かけた非合理的で前近代的な因習として無批判に怖がり楽しむことは、私たちの他者への偏見を増幅することはあれ、補正するものではないだろう。とはいえ、ふたたび及川の議論を参照するならば、民俗学は人々のネガティヴな実践を分析して提示することはあっても、要不要を判断するものではない。それは、民俗学の研究成果も横目にみながら「生活者自身」が答えを導くものなのである[59]。

二〇一〇年代に入って、**コトリバコ**などの因習系怪談が新たに生み出されづらくなったことは、そうした「答え」の一つだろう。少なくとも投稿者（報告者／作者）やクリエイターは、先述のホラー批評にあるように、地方や病気、障害、宗教などへの差別や偏見をプロットに組み込む作品を徐々に避けていっているように見える。たとえば映画『樹海村』（二〇二一）は、**コトリバコ**を中心に物語が展開するものの、もとのネット怪談にあった差別的歴史は採用されず、樹木と一体化した死者の集団という、生身の人間ではない存在との関係に重点が置かれている。

恐怖の根源には自分とは違うもの、自分の知らないものへの漠然とした不安や警戒があるとはよく言われることである。だが、そうした不安や警戒が、現実に存在する具体的な人々・集団や、それをモデルにした登場人物に直接向けられる怪談やホラー作品の体験談あるいは新作は、今後、ゆるやかに減っていくのではないかと思われる（二〇二〇年代の世界的なネットホラー／ネット怪談である**バックルーム**や**リミナルスペース**がまさに対人的差別をほぼ排除したものなのだが、これについては第6章で見てみたい）。ただ、視聴者・読者側が現在も楽しんで因習系の怪談を受容していることは事実であり、**コトリバコ**にしても、YouTubeやTikTokなどの解説動画では因習の要素が強調されることが多いし、**赤い封筒**のような話題がバズることもある。新たなネット怪談の動向が、受け手の動向にどのような影響を与えていくのかを見極めるには、これからの推移を記録していくしかないだろう。

第3章
異世界に行く方法

異界と異世界

異界というと、妖怪や神々が住まう「あの世」や「魔界」、「竜宮」や「仙境」といった不思議な土地がイメージされることが多い。だが民俗学の用語としてはもっと意味が広く、異界といえば、人々が日常の秩序を維持できる領域の外側に広がっている、主として超自然的な領域を指すことが多い。たとえば山沿いの村落に暮らす人々にとっては、背後に広がる山々は神々や妖怪、野獣の支配する異界になる。また小学生にとっては、放課後の校舎が、何がいるか分からない異界になることがある。日中に活動している人々にとっては、たとえ自室であっても、金縛りにあったときのように、真夜中の暗闇が、日常の秩序から外れた異界として認識されることもあるだろう。

このように異界の範囲は幅広い。そのなかでも本章が取り上げるのはネット怪談で「異世界」と呼ばれることの多いジャンルである。ここでは異世界を異界の一種と捉え、ここまでに紹介してきたネット怪談も使って、どのような概念なのかを大まかに見てみよう。

ネット怪談における代表的な異界といえば**犬鳴村**や**杉沢村**である。それらは私たちの世界のどこかにあることが何となくイメージできる。**犬鳴村**は犬鳴峠の近くにあるし、**杉沢村**は青森市のどこかにある。そうした異界は日常世界と地理的連続性があると言うことができる。また、他界（死後の世界）は、前近代の日本では地下や海の向こう、天上など、やはり地理的に連続したところにあるとされていたし、少なくとも「死んだら行くところ」という点で日常世界と不可分の関係にあり、この世と役割を分担している。こうした諸々の異界をあわせて、広い意味での「私たちの世界」が成立している。

それに対して異世界は、「他界も含めた私たちの世界とは無関係なところ」と定義できる。たとえば**きさらぎ駅**では、この駅のある地域を地理的にイメージすることはできない。最初のうちは実在する路線を走っていたのだから、きさらぎ駅の場所はそのルートから外れるはずがないのに、大まかに地図上で指し示すことさえできない。きさらぎ駅やその周囲のトンネル、集落が静岡県のどこかにあるというのはナンセンスである。そもそも、この世界のどこにも位置づけられないのである。[1] また、**きさらぎ駅**の世界は、地獄や天国でもなければ廃

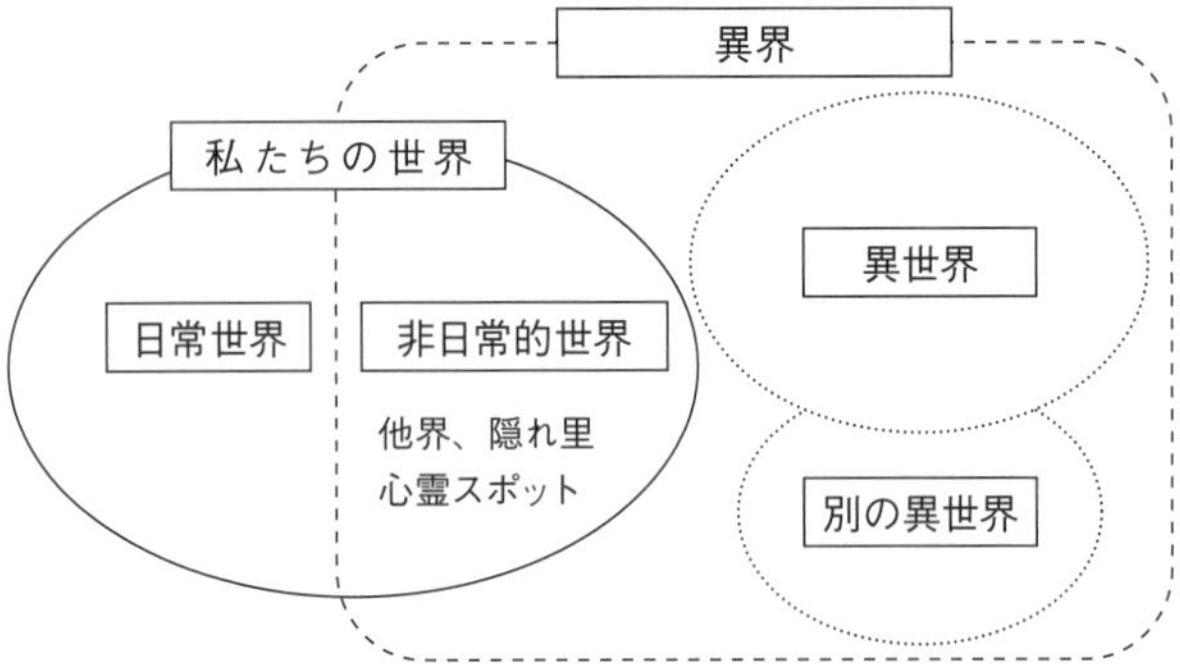

図7「異界」と「異世界」の関係

墟でも山奥でもなく、むしろ私たちの日常世界と似通った、しかしどこか違う空間である。それならば、日常世界と補完的な異界（非日常的世界・他界）の役割を担うことにはならない。このような、（他界なども含む）私たちの世界とは別の時空間的な広がり全域を、本書では「異世界」と呼ぶことにしよう（図7参照。フィクションの「異世界」と大きな違いはない[2]）。

　異世界は異界の一種であるが、民俗学が用いる「世界観」や「コスモロジー」などの、「私たちの世界」に限定された概念[3]では取り扱いがむずかしい。同じように、語り手や聞き手にとっても異世界は何だかよく分からないところである。インターネットが普及する前であっても、「学校の怪談」では真夜中の校庭や大鏡、トイレなど、特定の時間・場所に飛び込むと四次元や異世界に行ってしまうというものが多く知られていたし、一時的にまったく見知らぬ世界に迷い込んでしまったが何とか戻ってくることができたという体験談も少なくない。[4] だが、四次元や異世界がどういう場所なのかは曖昧なままだった。「学校の怪談」では、体験談もうわさ話も孤立しており、結びついて大きな異世界イメージが素描されるようなことはほとんどなかった。

それに対してネット上の異世界系怪談では、体験談の紹介と並んで考察も盛んに行なわれたのが際立っている。実体験や知識がオカルト板やまとめブログ、考察動画などに集まっていくことにより、異世界イメージが徐々に具体的なものになっていったのである。偶然ではあるが、最古のネット怪談と言われるアメリカの**オングズハット**（Ong's Hat）もまた、異世界の研究をしているという団体にまつわるうわさがネット上で探索され、考察されることによって共同構築されていったものだった。[5]

また、考察が進められるなかでコンピュータと異世界の類似性が描かれるのもインターネット時代になってからの特徴である。たとえば異世界の言語は文字化けしているとか、ゲームのバグのような手段で異世界に行けるなどといったものだ。本章ではこうした特徴を見ていきつつ、ネットにおける異世界系怪談の進展を、未知なるものを共同構築によって馴染みのものにしていく一連の過程として描き出してみたい。

異世界駅の系譜

もっとも有名な異世界系怪談である**きさらぎ駅**から始めてみよう。この怪談自体は第1章で説明したので、ここではむしろ**きさらぎ駅**が、他の存在しない駅や、私たちの日常世界に実在する駅と結び付けられていった過程に注目する。用語としては、存在しない駅全体を「異界駅」として、そのうち**きさらぎ駅**のように異世界に関係ありそうなものを「異世界駅」、他界が行き先であるものを「他界駅」と分類することにする。

きさらぎ駅とは違ったかたちで「実況」があった初期のものとしては、二〇〇九年八月二三日にオカルト板に投稿された**ごしょう駅**がある。[6] この話は、同月一四日に投稿された、北陸本線の無人駅に現れた不気味な列車の話への返信として書かれたものである。この投稿によると、六年前、投稿者は友人を見送るため近所の駅（北陸本線）にいた。待っていると「レトロな感じの列車」が来たので、友人はそれに乗り込んだ。列車を見送って帰路につくと、友人から着信がある。それは、「車内はかなり薄暗くて電気も無く乗客は誰もいなく、窓は墨？みたいな物で塗り潰されてて／車内はえらく静かで振動もほとんど無く、唯一の音と言えば、／次はごしょう、ごしょうが最終地点です。と言うアナウンスだけ」というものだった。その後、友人は戻ってこなかったという。音声を聞いただけなので「ごしょう」と表記されているが、おそらく「後生」、つまり他界のことだろう。友人はあの世に連れていかれてしまったのである。

ごしょう駅は他界に行く話である。死者が乗る電車の話はインターネット時代以前からいろいろと知られており、[7]**ごしょう駅**もその変種である。だが、犠牲者が車内から携帯電話で実況してきたというのは新しい。もしこの友人がオカルト板に書き込んでいれば、時期的には**きさらぎ駅**より早かったはずである（本当に投稿の六年前に起きたことだったとすれば、だが）。

ごしょう駅以外の異界駅でもっとも有名なのは**月の宮駅**だろう。二〇〇八年二月九日、オカルト板に書き込まれた体験談が最初のもので、それによると投稿者は子どものころ、東海道線を行く夜行列車に乗って寝ていたが、午前三時ごろ、ふと目が覚めた。電車は「月の宮」という駅に停車していた。この駅は何とも言えない不思議な雰囲気を醸し出しており、「影を立体化したような」長身の人間が数人歩いていた。車窓から見える周囲の街には摩天楼がそびえ立っていたという。また、二〇〇九年一月八日、別のスレッドで、電車内で眠って目が覚めたところ、やはり「つきのみや」という大都市の駅に到着していたという体験談が書き込まれた。投稿者は**月の宮駅**を読んで自分の体験を思い出したという。[8]

深夜に泊まった駅がこの世に存在しなかったという話は**月の宮駅**が最初ではない。一九九四年には、深夜、ある夜行列車が異様に静かで寒い駅に停車したが、窓の外では恐ろしげな人々（死者）が歩いていたという体験談が漫画化されている。[9] ほかにも見知らぬ駅に停車したり通過したりしたという話は以前から存在している。そのような体験談では、報告者はいずれも車内に留まったままか、せいぜい駅のホームに降りる程度であり、最終的にはいつの間にか現実の路線に戻っている。[10] 二〇〇〇年代末に語られた**月の宮駅**は、怪談史的には、**きさらぎ駅**ではなく、以前からの鉄道怪談の流れに位置づけたほうがいい。[*11]

月の宮駅まわりでもう一つ注目したいのは、この話が投稿されたスレでは、誰も**きさらぎ駅**を話題に出さなかったことだ。そもそも**きさらぎ駅**は、二〇一〇年代に入るまでほとんど忘れられた存在だった。あわせて考察されるどころか駅名さえ触れられることはなかった。

状況が一変するのは、二〇一〇年九月前半にまとめブログ「2ちゃんねるまとめサイトモバイル」が**きさらぎ駅**を取り上げてからである。[13] 以降、二〇一一年の夏にかけて、この異世界駅は一気に知名度を高めることになった。**きさらぎ駅**自体が拡散されるのみならず、当時の新興SNSだったTwitterや昔ながらのオカルト板、2ちゃんねるを模倣した匿名掲示板などで異界駅・異世界駅が報告されたり実況されたりするようになり、一年も経たないうちに**きさらぎ駅**は代表的なネット怪談として定着したのである。[14] さらに二〇一〇年代半ばまでは異界駅・異世界駅ブームが続いた[15]。

ネット怪談の新展開として面白いのは、二〇一一年八月、Twitterできさらぎ駅に着いたというユーザーが駅舎や周辺の写真を投稿したことであろう[16]。2ちゃんねるの心霊スポット実況などでは何年も前からリアルタイムで（あるいは、そのように見せかけた）画像投稿が一般的になっていたが、さすがに異世界からとなるとTwitter版**きさらぎ駅**が最初期の事例である。ただ、体験者による投稿の文面は「w」（「笑い」の略）を数十も連ねるようなふざけた口調であり、それほど深刻さも感じさせないものだった。おそらく、本人もそれ以外の人々も九分九厘ネタであることを了解していただろう。実際、きさらぎ駅の画像は実在する別の駅の写真だったことがすぐに判明している（画像投稿の効果については第5章で詳しく論じる）。

きさらぎ駅に関しては両隣の駅があるという報告も現れた。二〇一一年三月二三日、オカルト板に投稿された体験談である（出来事自体は二〇〇五年暮れのこと）。福岡から久留米に向かう車内で、気づくと自分以外の乗客が全員寝ており、そして「なんかホームが二つあってその奥に古い日本建築の駅舎が見えてて、／ホームの柱にひらがなで「きさらぎ」と書

＊　乗っている電車自体が異次元に入り込んだような「むらさき色の電車」になったという体験談もある[12]。

129 : **本当にあった怖い名無し** : 2011/08/07(日)
03:33:28.38 ID:1EArYauL0

ごしょう駅←→やみ駅←→きさらぎ駅←→かたす駅←→つきのみや駅

こんな感じかな？

130 : **本当にあった怖い名無し** : 2011/08/07(日)
03:34:24.84 ID:WPZezCQzO

>>128
親的な存在が太陽の神様だしね

131 : **本当にあった怖い名無し** : 2011/08/07(日)
03:34:44.26 ID:j17lc9Q8O

鬼は帰なり、らしいね。やはり、魂が帰る場所なのか

あと、はいじま駅てあるらしいけど…Twitterの騒ぎの時にチラッとみた

132 : **本当にあった怖い名無し** : 2011/08/07(日)
03:35:21.69 ID:1EArYauL0

>>131
はいじま駅は普通にあるよw

133 : **本当にあった怖い名無し** : 2011/08/07(日)
03:35:45.96 ID:WPZezCQzO

>>129
矢印、戻ってこれないからヤミ駅からは一方通行なんじゃ…

134 : **本当にあった怖い名無し** : 2011/08/07(日)
03:41:51.11 ID:1EArYauL0

>>133
これでいい？

電車　各停ごしょう行き
つきのみや駅(当駅始発)←→かたす駅←→きさらぎ駅→やみ駅(終電車)→ごしょう駅(人生終電車)

図8「きさらぎ駅」スレ

いたプレートが」ある駅に着いた。よく見てみると、前の駅は「かたす」、次の駅は「やみ」という名称だということが分かった。投稿者は約束があったのでこの駅では降りず、やみ駅を通過することもなく、気づいた時には他の乗客も目が覚めており、何の問題もなく久留米に到着したという。[17]

当時のスレ住人が指摘しているように、「かたす」も「やみ」も、それぞれ「根堅州《ねのかたす》国《くに》」および「黄泉《よみ》」という古代日本神話における死者の土地を連想させる。[18] **きさらぎ駅**が語られた当初はまったく正体不明だった異世界は、日本の伝統的な他界と関連付けられることにより、徐々に参加者にとって理解可能な異界へと変わっていった。さらに「月の宮」は文字通り月世界であり、やはり死後の世界とかかわりが深い*——というふうに参加者は理解していった。

こうなると、「きさらぎ」だけ何も関係ないように見える。それも、二〇〇四年一月の時点で投稿されたが顧みられることのなかった「鬼と書いてきさらぎと読む」という情報が再発掘されることで（そのような読み方の苗字が実在する）、鬼に死者という意味があることも重なって、あらためて他界との関連が強調されるようになる。

＊　住人たちがどこまで意識していたかは分からないが、国学者の本居宣長は、黄泉の国は月であるとしていた。

さらに、他にも**かたす駅**や**やみ駅**に到着したという報告があり[19]、また図8のように、それぞれの駅をなかば無理やり一つの路線に配置するなどして、参加者たちは日常世界と他界とのなかに、これまでの体験談を位置づけていった。

このように、二〇一〇年代のネット上では、存在しない駅が現れる怪談は、**月の宮駅**と**きさらぎ駅**のように、その性質がかなり異なっていても、一つのカテゴリーに収束していくことになる。さらに怪異愛好家の朝里樹《いつき》が自身のTwitterや『日本現代怪異事典』（二〇一八）などでそれらを「異界駅」としてまとめ、このカテゴリーはそのまま研究者によっても参照されるようになった[20]。

よく考えてみれば、**ごしょう駅**も、アナウンスをそのまま受け取るならば、車掌または運転手（あるいは作者）が意図していたのは「他界に行く」ということだけである。「ごしょう」という名の駅があることは語られていないし、駅名表示があったわけでもない。それなのに**ごしょう駅**という呼び名が広まっているのは、おそらく**きさらぎ駅**ブームのなかで異界駅の一つとして位置づけられたからだろう。

なぜ二〇一〇年代初頭というタイミングで**きさらぎ駅**がリバイバルしたのだろうか。もちろん、ネット上の体験談は削除されないかぎり残りつづけ、投稿から長期間経って不意に呼び起こされることはある。そうしてアメリカの民俗学者ジェフリー・デビーズ＝カールが述

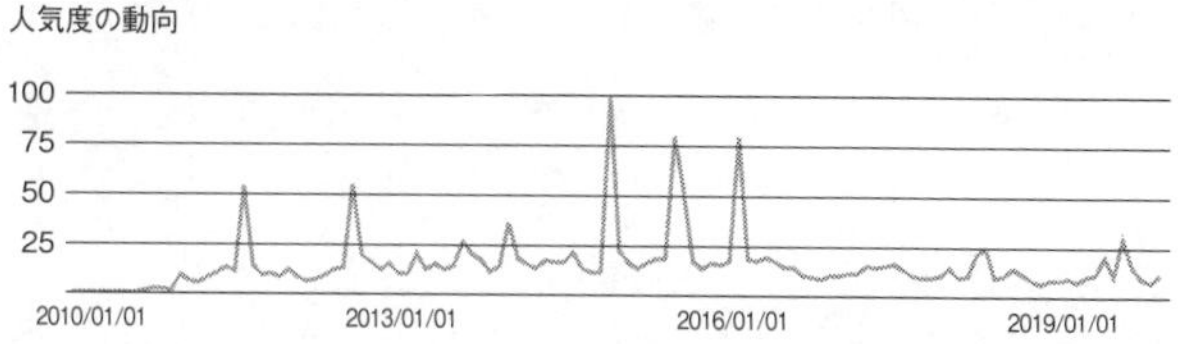

図9　Googleトレンドで見る「きさらぎ駅」の人気度（2010年代）

べるように、「私たちは、まったく新しいわけでもなければまったく伝統的というわけでもないオンラインの民俗的実践を手元に留めることになる」[21]。インターネット上での対話は地理的な距離を無視できるから高速で進められるイメージがあるが、実際には時間の経過に関係なく対話が行なわれる場でもあるということだ。

とはいえ、異界駅の復興は偶然によるものだけではない。たとえば、ハードとソフトの両面で個人が実況しやすくなっていたというインフラレベルでの変化は大きかったはずである。二〇〇四年時点に比べていろいろな現場からの携帯端末による実況は一般的になっていたし、実況も閲覧もしやすいインターフェイスのTwitterが広まり、注目されていた。とりわけTwitterはアカウント単位でのフォローができ、投稿に画像を埋め込むこともできたので、特定の個人が異常事態を連続的に実況するのを閲覧するのに向いていた。さらに、ほかの掲示板サイトと違い、ジャンルごとに場所が分かれているわけではなかったので、少し話題になるとリツイートなどを介して無差別的に耳目に届き、あらゆる人々が流行りに乗ることができるようになった。

実際、Googleトレンドを見てみると（図9）、二〇一〇年代前半に**きさらぎ駅**が盛り上がったのはいずれもTwitterでの実況があったタイミングであり（折れ線グラフ中の五つのピーク。グラフは二〇一〇～二〇一九年）、このSNSが**きさらぎ駅**の流行に大きく貢献したことが分かる。Twitterのトレンド欄に浮上して、*それまで知らなかった層にリーチすることで、オカルト板や一部のまとめブログ限定だった怪談が一般に浸透していく様子が推測できる。なお、このグラフを現在まで広げてみると、もっとも突出しているのは二〇二〇年七月一日である。この日、フジテレビ系の番組『世界の何だコレ!?ミステリー』で**きさらぎ駅**が取り上げられている。[22]

考察の広がりという点で見ると、二〇一一年三月に**きさらぎ駅**が別の存在しない駅とつながっているという怪談が現れ、さらに、明確なつながりはないが別の名称の存在しない駅もある（**ごしょう駅・つきのみや駅**など）という情報が発掘されたのは、転換点となる出来事だった。また、**くねくね**や**コトリバコ**のときと同じように、このころオカルト板に**きさらぎ駅**の専用スレが立って情報が集約され、まとめブログが転載しやすい形式になったのも、拡散という点では大きかっただろう。

二〇一〇年代後半にもなるとブームは収束したが、怪談以外のところで**きさらぎ駅**は根強く生き残りつづけた。なかでも目立つのは話の舞台となった遠州鉄道である。この鉄道には、「きさらぎ」や「月の宮」と響きが似ていなくもない「さぎの宮」という駅（静岡県浜松市）がある。さぎの宮駅は二〇〇四年の実況の時点ですでに駅名の類似性が指摘されていたが、以降は**きさらぎ駅**ともども忘れ去られ、二〇一一年にブームが到来してからも、「さぎの宮」が「きさらぎ」の元ネタではないかという指摘がTwitterなどであったものの、それほど目立つことはなかった。

二〇一八年一月九日、地元紙の静岡新聞が**きさらぎ駅**の記事を掲載し、[23]遠州鉄道の担当者による「沿線にある『さぎの宮駅』が『きさらぎ駅』のモチーフになったのではないか」というコメントを紹介したころから徐々に風向きが変わっていく。同鉄道自身が、さぎの宮駅がもとになっているという説を利用しはじめたのである。同年一二月には、**きさらぎ駅**が登場するテレビアニメ『裏世界ピクニック』の広告が車両内で展開された。[24]また、約三年後の二〇二二年一月八日には、「きさらぎ駅」限定切符が発売された。[25]さらに、同年五月二四日、ホラー映画『きさらぎ駅』の公開に合わせ、**きさらぎ駅**のページまで開設された（アクセス

＊　日本語版でトレンド機能の提供が始まったのは二〇一一年四月なので、Twitter版**きさらぎ駅**はその波に乗ったということになる。なおグラフの縦軸（人気度）は、最高値を一〇〇とした際の、検索総数に対する相対値。

すると、さぎの宮駅の情報が出てくる)[26]。「さぎの宮」が「きさらぎ」のモチーフになったというのは牽強付会だろう。だが、実在の駅が元ネタであるという説は、非現実的な話には現実に対応する素材があるはずと考える怪談否定派を納得させるものではあったし、遠州鉄道にとっても悪い話ではなかったのだろう。おまけにWikipedia日本語版「きさらぎ駅」では、**きさらぎ駅**の元ネタは「さぎの宮駅」説が主流とまで書かれている[27]。

かくして、もとは隔絶した異世界だった**きさらぎ駅**は、伝統的な他界を暗示する諸々の駅と接続されることにより、日常世界に隣接する馴染みの他界駅へと部分的に変容していき、さらには実在する地方の駅にまで存在が割り当てられることになった。シリアスな不可解さは失われていったが、ネタとしての豊かさは増えていったとも言える。

時空のおっさん

きさらぎ駅よりも一般的ではないが、やはり体験談と考察が絡まりあってネット上での異世界イメージを構築していったものとして、「**時空のおっさん**」がある。これに関しては、まとめサイトとしては珍しく二〇二四年現在も更新が続いている「新・時空のおっさんまとめ @wiki」がある[28]。トップページにある**時空のおっさん**の説明を引用してみよう。

人が誰もいない、静かで不思議な世界に迷い込んでしまった時に出会える、謎のおっさんです。

見た目は作業着を着てる様な普通のおっさんですが、存在自体が謎であり、何者なのかはまったくの不明です。

時空の迷子を元の世界に帰す力を持っていて、おっさんのおかげで帰還できた人は数知れず。

おっさんは一人ではなく、他にもおばさんやお姉さんなどと遭遇した例もあります。

いわゆる都市伝説の類であり、信じるかどうかはあなたの自由です。

ネット上の異世界系の話題では、報告した当事者も含めた考察が盛んになる傾向があるが、この**時空のおっさん**の存在はそれを強めるものだった。というのも、現実世界での接点が見えないように感じられた多くの体験談のなかに、偶然とは思えないような一致が探り出されたからである。
のちに**時空のおっさん**と呼ばれるようになる最初の報告は、二〇〇五年二月六日、洒落怖の第九二スレに投下された、次のような出来事だった。——中学生のころ、授業中にふと気づくと、誰もいなくなっていた。不審に思い、窓から外を見ると、校庭に中年の男性がいて何か作業をしていた。その男性はこちらに気づくと「すごい不思議そうな顔で見たんだ。／次の瞬間おっさん慌てて上着のポケットに手入れた」。すると報告者はもとの教室に戻っていた。[29]

さらに同年七月二一日、別の人物がほとんど同じような体験を投稿した。大学に行ってみたが平日なのに誰もいない。携帯電話に「ＮＯＢＯＤＹ」という着信表示があり、出てみると中年男性の声で「お前、何でここにいるんだ！！」と言われ、外を見てみるよう指示されたので見てみると、グラウンドに中年男性が立っていた。その男性は、投稿者を見つけるとポケットのなかに手を入れた。「その瞬間、体が伸びるような、初めての感覚に襲われた」。投稿者はいつの間にか自室に戻っていて、時間も数時間ほどさかのぼっていた。報告者は「あの時見た、おっさんは時の番人ではないのか」と推測する。[30]

七月二一日の投稿は二月六日の投稿とよく似ていることがスレ内で指摘され、その後しばらく経って、二〇〇六年二月二五日、オカルト板に「時空のおっさん」という専用スレが立った。**時空のおっさん**という呼び方はスレを立てた人物が付けたもので、以降、この冴えない名称が一般化してしまった。以前からオカルト板には「時空の歪み」という連続スレがあり、不可思議な空間移動や時間移動の体験談（異世界系も含む）についての話し合いが行なわれていた。そのため、ここで**時空のおっさん**のことが語られていてもよかったのだが、ちょうど第三スレ（最終レス二〇〇六年一月二八日）が落ちてオカルト板からなくなっていた時期だったこともあり、専用スレができたのだと思われる。

先述のように、**時空のおっさん**としてまとめられる体験談はあまりにも似通っており、注目を集めることになった。似たような体験談が多数寄せられたり別のスレや板で発見されたりすることにより、まとめサイトが書いているように、「そのたくさんの共通点こそ、夢のような体験が確固たる現実であったことを示している」という認識を広めていくことになったのである。

時空のおっさんの異世界は、無人の空間が広がっていることが特徴の一つである。このことからは、一般的な異世界ではなく、複数の並行世界（パラレルワールド）の中間にある、未完成の実験的世界ではないかという推測もされた。そうした世界にいて、さらに体験者をもとの世界に転送できるのだから、おっさんは相当なテクノロジーを有していることになる。現代科学では不可能な「世界間の時空管理」を行なえる存在というイメージは、従来の異界譚では奇跡を行なえる神仏に近いところがあるが、宗教的側面がまったく失われているところなどで一線を画している。**きさらぎ駅**もそうであるが、ネットの異世界怪談は、伝統的な異界を超えた想像力がその構築に一役買っていることは念頭に置いておかなければならない。

マンデラ効果

並行世界を想定する奇妙な体験談として**マンデラ効果**（the Mandela effect）も挙げておこう。これはもともと、南アフリカの政治家ネルソン・マンデラ（一九一八～二〇一三）が、一九八〇年代の反アパルトヘイト闘争のなかで死んでいたはず――という記憶を持った人々が多くいるという現象にちなんで名づけられたものである。個人的な問題でないとすれば、それは単なる記憶違いではなく、何らかの理由で過去が改変されるという現象が生じているのではないか――と考えた超常現象研究家フィオナ・ブルームが二〇一〇年に命名した。英語圏では二〇一五年になって一気に知名度が高まり、[31]日本でも二〇一六年ごろからTwitterやオカルト板、オカルト系サイトなどで徐々に知られていった。[32]

マンデラの名前とは別に、日本では、二〇〇七年の2ちゃんねるで、当時存命だったタレントの宮尾すすむ（一九三四～二〇一一）がすでに亡くなっているはずという投稿と、それに同意する返信が複数あった。[33]さらに、二〇一一年七月一二日に実際に亡くなった直後、オカルト板に「宮尾すすむがもっと昔に亡くなっていた記憶」というスレが立ち（一八日）[34]、そこに多くの「現実と違う過去の記憶」が書き込まれることになった。たとえば東京都大田区はかつて「太田区」だったというものや、ピカチュウの尻尾には黒い部分があったというもの、オーストラリアはもっと東のほうにあったというものなどである。この連続スレは、当初はタイトルに「宮尾すすむ」がついていたが、二〇一七年七月三〇日の第一六スレから「マンデラ効果」に切り替わり[35]、日本語圏・英語圏双方での不思議な気づきが合流することになった。

マンデラ効果の原因としてよく主張されるのが、体験者が並行世界を移動したとか、並行世界の一部が私たちの世界に混ざりこんだというものである。たとえば「宮尾すすむがもっと昔に亡くなっていた記憶」スレには、立つとすぐに「パラレルワールドが入り乱れてるんだよ」という投稿があったほか（二〇番目）、「私いつの間にかパラレルワールドにきてるぽい」と自覚しているものもあった（一〇〇番目）。こうした人々にとって、異世界体験は過去のものではなく、今まさに進行中であり、並行世界の混入が解消したり、もとの世界に戻ったりしないかぎり、終わりの見えない出来事である。

また、怪談／ホラーといえるかどうかは難しいが、都市伝説扱いされているものとして、未来人**ジョン・タイター**（John Titor）も並行世界に触れている。タイターなる人物（原音に近いのは「ティター」）は二〇三六年からやってきたという触れ込みで二〇〇〇年末から英語圏の電子掲示板に未来のことを投稿し、大きな話題になった[36]。このとき、時間旅行にまつわるタイムパラドックスを解決するためにタイターは並行世界の存在を示唆したらしい。

この人物については、日本では最初に都市伝説サイト「医学都市伝説」が二〇〇四年一一月に懐疑的に取り上げ[37]、その後、オカルト雑誌『ムー』二〇〇五年一二月号で南山宏が記事にしたことでオカルト板などに広まっていった。英語圏のネット発の都市伝説がこれほどの規模で日本で話題になったのは、クリーピーパスタ以前では**ジョン・タイター**が際立っている。ちなみに**ジョン・タイター**は、その後、オカルト板を中心として近未来の予言（特に戦争の不安を煽り立てるようなもの）をする人物が無数に現れるきっかけとなった。予言の乱立は、一九九九年に「ノストラダムスの大予言」が完全に終息し、二一世紀を迎えた後の終末論思想を埋めに来たようにも見えるが、このあたりはちゃんとした研究が必要である。

二一世紀の怪談としての異世界系

ここまで見てきた異世界体験の話題をまとめてみよう。**きさらぎ駅**では、それぞれに重点の異なる体験談が、存在しない駅という共通点によって束ねられることにより、異世界への入り口に対する理解が深化していくとともに、伝統的な他界観念とのすり合わせも図られた。**時空のおっさん**では、異世界どうしの関係を管理する高度な知的存在が仮定されることにより、無数の不思議な体験談を貫いている、複数の並行世界を包含するマルチバース的な想像力へと考察が進んでいくことになる。**マンデラ効果**でも同じように並行世界が想定されるが、多くの人々が体験を共有していることにより、異世界は他人事ではなくなり、この世界に生きていること自体が異世界体験だということになる。また、並行世界が部分的にこの世界に混ざっているという仮説を取ることにより（しかも芸能人の死亡日時が大きな主題となる）、比較的安全に（日常世界から抜け出ることなく）、異世界についての考察ができることとなった。いずれもが、それぞれアプローチは違うものの、理解できそうなもの、ある程度は安全なものとして、異世界を共同構築している。

こうした異世界系怪談は**くねくね**や**コトリバコ**などの田舎にまつわる怪談とは性質を大きく異にする。伝統的な超自然の概念（幽霊、神仏、祟り、怨念、呪術、他界など）では説明できないことばかりなのだ。二〇二〇年代に入っても、代表的なネット怪談といえば因習に関するものというイメージが強いが、実際には、本章でここまで見てきたように、むしろ謎の超技術や宇宙の知られざる物理的構造といったものがひそかに体験されていることを前提としたものも目立つ。いわば、謎解きに焦点を当てるミステリ（因習系怪談）ではなく、新たな知識を生み出すサイエンス（・フィクション）が焦点になっているのである。他方で、おそらくその分、伝統的な（伝統的っぽい）知識があれば少なくとも雰囲気だけは楽しめる因習系ほどには一般化していないのだろう。

時期的に見ると、二〇〇〇年代半ばを頂点とする因習系怪談に対して、異世界系怪談は二

○○○年代後半から二○一○年代にかけて、**マンデラ効果**などのグローバルな話題にも関連しながら語られるようになっている。第2章の終わりで指摘したように、実在する人物や集団への差別や偏見を助長しかねない因習系が徐々に避けられるようになっていった動向のなかには、異世界系のひそかな進展も含まれているのではないかと思われる（第6章の**バックルーム**も含めて）。

さて、ここまでは異世界の体験や考察を紹介してきたが、次はオステンションの観点から異世界系怪談を見てみよう。

異世界に行ってみる

異世界系で考察と並んで関心が持たれているのは、実際に異世界に行くことが試みられるオステンション行為である。「学校の怪談」などではすでに特定の行動をすることによって異世界に飛ばされてしまうといううわさが数多く知られていた。だが、異世界はよく分からない恐ろしいところなのだから、そうした行動は禁忌であった。また、深夜の学校のように、そもそも立ち入れない場所で実施しなければならないものも多かった。それに対してネット怪談に顕著なのは、異世界に行ってしまうからそうした行為が禁止されるのではなく、異世界に行けるからそうした行為が楽しまれるという逆転現象である。なかでも有名なのが「**飽きた**」と「**異世界に行く方法**」の二つである。

飽きた

飽きたは、二〇〇六年七月一三日、ニュー速ＶＩＰ板に立った「不思議な体験してみない？」というスレで初めて広まった[38]（図10）。

最初の投稿者はこれを実行しても何が起こるか書いていない。ただ驚くべきことが生じるのをほのめかすだけである。この奇妙なスレに徐々に住人が集まってくるが、さすがに誰も実行を宣言しようとしない。最初の投稿者はその後もじらすような投稿を続けるが、三八番目のレスで「簡単に言えば1時的な世界交換みたいなものですかね・・・」と明かし、五八番目のレスで別の世界に行くのは一日限定であることを解説した。

飽きたは、たとえうまくいったとしても一日はもとの世界に戻れないのだから、実況はできない。このスレではネタか否かではなく試すか試さないかの駆け引きが繰り返され、それを最初の投稿者が煽り立てて盛り上がることとなった。同日中にオカルト板に同名のスレが立ち[39]、またＶＩＰ板でも早々に投稿が一〇〇を超えたため、翌日には第二、第三のスレが立った。さらに同月一四日、ｍｉｘｉの「2ちゃんねる　オカルト板」コミュでもトピック

1：以下、**名無しにかわりまして VIP がお送りします**
：2006/07/13(木) 22:17:50.59 ID:cT79n+S30

試すか試さないかは本人しだい。
これは少し危険な事だから・・・
まずなんでもいいんだけど5cmの正方形の紙を用意して
その中心に「飽きた」って書いてそれを覆うように六望星を書いて
その紙手で握ったまま寝てみ？これはやばい。
朝起きたときに驚愕する

図 10「飽きた」スレ
＊文中の「六望星」は六芒星（✡）のこと

が作成され[40]、反応はほとんどなかったが、二一日のオカルト板にｍｉｘｉで**飽きた**に関するコミュを見かけたというスレが立つ逆輸入現象も起きた[41]。

最初のうちは、**飽きた**はオカルト板と直接つながる場でのみ伝わっていたが、徐々に外部にも広まっていった。たとえば一〇代少女向け大規模コミュニティ「ふみコミュ！」の異世界スレ（二〇〇七年七月二一日）[42]、掲示板サイトのメビウスリングの異世界スレ（二〇〇七年九月二三日）などである[43]。また、メビウスリングのスレの二〇〇九年一月二三日の投稿では、**飽きた**を学校の同級生に教えてもらったということが書かれている。ＶＩＰ板の投稿は各種掲示板を縦断するにとどまらずインターネットの外側の口承領域へも拡散していったのである。この流れは途絶えることがなく、民俗学者の永島大輝は、二〇一〇年代後半に入っても子どもたちのあいだで**飽きた**が流行り、口伝えなどで広まっていたことを記している[44]。

メビウスリングのスレや別のふみコミュ！のスレ[45]には、**飽きた**を赤文字で書くとよいという情報が載っていたが、もともとの方法には存在しない。これはＶＩＰスレの七八番目に最初の投稿者が「血で書いたほうが雰囲気的に効果はあるかも」と書いたものが徐々に変化していったものらしい。オカルト板では二〇〇七年六月二二日以降に確認できる[46]。

この儀式の由来は分からない。ただ、似たようなものがまったくないわけではない。一九九二年に出たホラー雑誌に、「まっ白い壁に黒のボールペンで人の形を書き、それに右手を

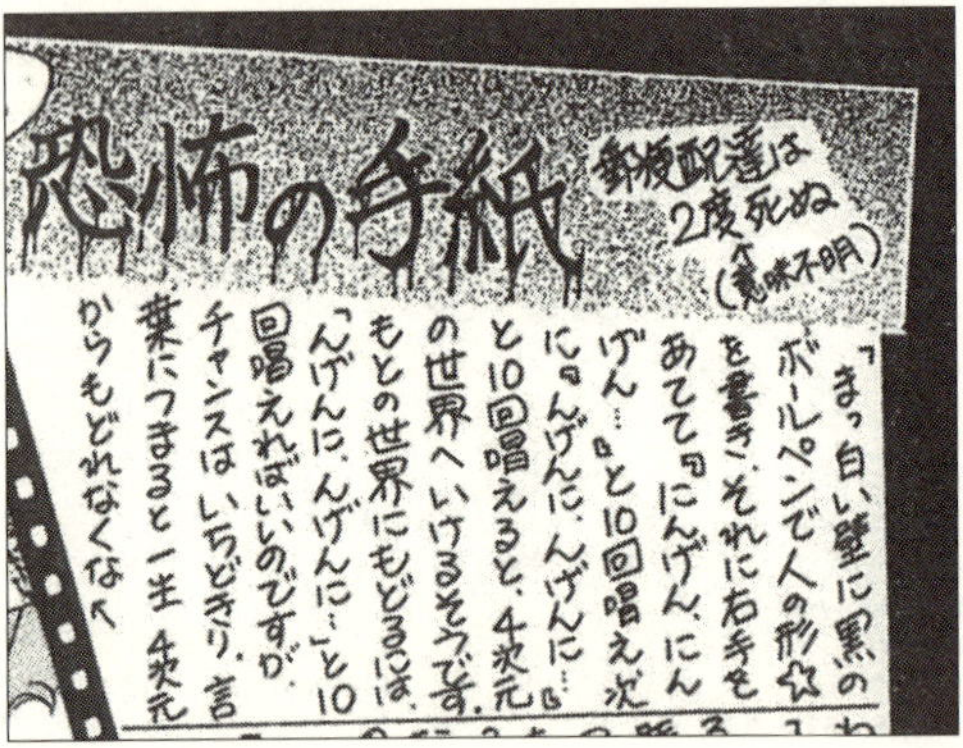

図11　異世界に行くための呪文「にんげん」

あてて『にんげん、にんげん…』と10回唱え、次に『んげんに、んげんに…』と10回唱えると、4次元の世界へいけるそうです」という読者投稿が載っている[47](図11)。二行目の最下部に挿絵が添えられているのだが、「人の形」が五芒星のように描かれている。この投稿か、あるいはもとになったうわさが一五年のあいだに変化し、ニュー速VIP板に入り込んだのではないだろうか。また、**飽きた**という言葉は、2ちゃんねるに限らず同時期の各種掲示板にあった異世界スレで頻出する表現だった。「この世界に飽きたから別の世界に行ってみたい」と披瀝《ひれき》する投稿が目立っていたのである。ワードチョイスとしてはかなり露骨ではあるが、一部の人々に訴えるものを持っていたのだろう。[48]

　時期としては、「飽きた」が広まったのが、一般人の主人公が異世界に転移したり生まれ変わったりするジャンルのライトノベルが二〇〇〇年代後半から二〇一〇年代にかけて流行していたの[49]と近接しているのは気にかかるところである。少なくとも、かつての「学校の怪談」で語られたようなまったく未知の超常空間ではなく、私たちの世界の延長上にあるものとしての異世界というイメージの浸透は、別の世界に行くことへの抵抗感を減らしていった可能性がある。

異世界に行く方法

飽きた以上に異世界に行く方法として有名なのが、文字通り「**異世界に行く方法**」である。まず、一人でエレベーターに乗る。次に、乗ったまま四階、二階、六階、二階、一〇階と移動する。このときほかの乗客が来ると失敗する。一〇階についたら降りずに五階のボタンを押す。五階についたら若い女性が乗ってくるが、話しかけてはいけない。次に一階のボタンを押すと、エレベーターは降りず、上へと昇っていく。九階をすぎたらほぼ成功で、降りた先の世界には誰もいないという。

この方法の初出は分かっていない。メビウスリングの「恐怖の掲示板」にある「謎の多い危険な遊び研究委員会」スレに常連の二〇代女性が二〇〇八年二月一二日に投稿したものが、知られている中では一番古い。[50]だがこの女性もどこかから拾ってきたと言っており、起源は不明である。[51]

エレベーターが開くとそこは他界や異世界だったという話は古くからある。管見のかぎりでもっとも古いのは、ペール・ラーゲルクヴィストの短編集『不吉な物語』（一九二四）に収められた「地獄に降りたエレベーター」（Hissen som gick ner i helvete）で、タイトル通りの内容である。これは一九六一年に日本語訳されている。[52] また、実際に起きた恐怖体験としても異界につながるものはいろいろと語られており、「学校の怪談」としては比較的知られたものだった。[53] 近年のネットホラーではYouTubeチャンネル「フェイクドキュメンタリー「Q」」の動画「-(basement) - BASEMENT」（二〇二三年二月一九日）がこのモチーフを扱っている。[54]

オカルト板でもエレベーターが異世界に通じるという怪談はしばしば投稿されていた。有名なのは「**異界への扉**」（二〇〇四年一一月六日）で、不思議な動きをしたエレベーターを降りてみると、まったく生気がなく、空が異様に赤い世界に出てしまうが、すんでのところでエレベーターに戻り、この世界に戻ったというものだ。[55] また、「時空の歪み」第六スレの「**からっぽの世界**」（二〇〇六年九月一一日）も似たような話で、エレベーターから出てみると、夜中だったはずなのに昼間になっており、建物はあるのに人も車もない世界だったという。[56] 見慣れない部屋に通じていたという話もある（二〇〇四年七月三日）。[57] ただ、これらの怪談では、どうやって異世界への扉に行きついたのか、はっきりと書かれていない。

異世界に行く方法は、場所を特定せず、一〇階まであるエレベーターならばどこでも実行できるうえに、やり方も基本的には乗っているだけであり、さらに**飽きた**と違ってその場で結果が分かるため、かなり実況向きの題材だった。オカルト板では二〇〇八年一二月に「【異世界に】エレベーター実況スレ【行く方法】」というスレが立ち、[58] さっそく実況する参加者が現れた。なかにはエレベーターが五階に行ったところで不気味な女性が入ってきたため、怖くなって九階で降りたという報告や（第二七一レスなど）、女性ではなく男性が入ってきたという報告もあった（このようにして話のバリエーションが生まれていく）。さらには実況をしていたが消息が途絶えたり、何もなかったが帰宅してみると家族がいなくなっていたりという怪奇現象も実況・報告された。

二〇〇四年の**きさらぎ駅**のころと違い、携帯電話（ガラケー）による動画撮影もかなり普及していたので、実行中の様子を録画して「イメぴた」などのガラケー向けアップローダに載せたり、それをニコニコ動画に転載したりする人々も現れた。そのうち最初のもの（オリジナルも転載も二〇〇九年三月三一日投稿。図12）はいまでも閲覧することができるが、画質が低すぎて細部はほとんど見えない[59]。また、四月三日投稿の別の動画にはいないはずの人物が映っているとして少しだけ話題になった[60]。

この時期はまだ携帯端末からのライブ配信は一般的ではなかった。一九九〇年代にも定点

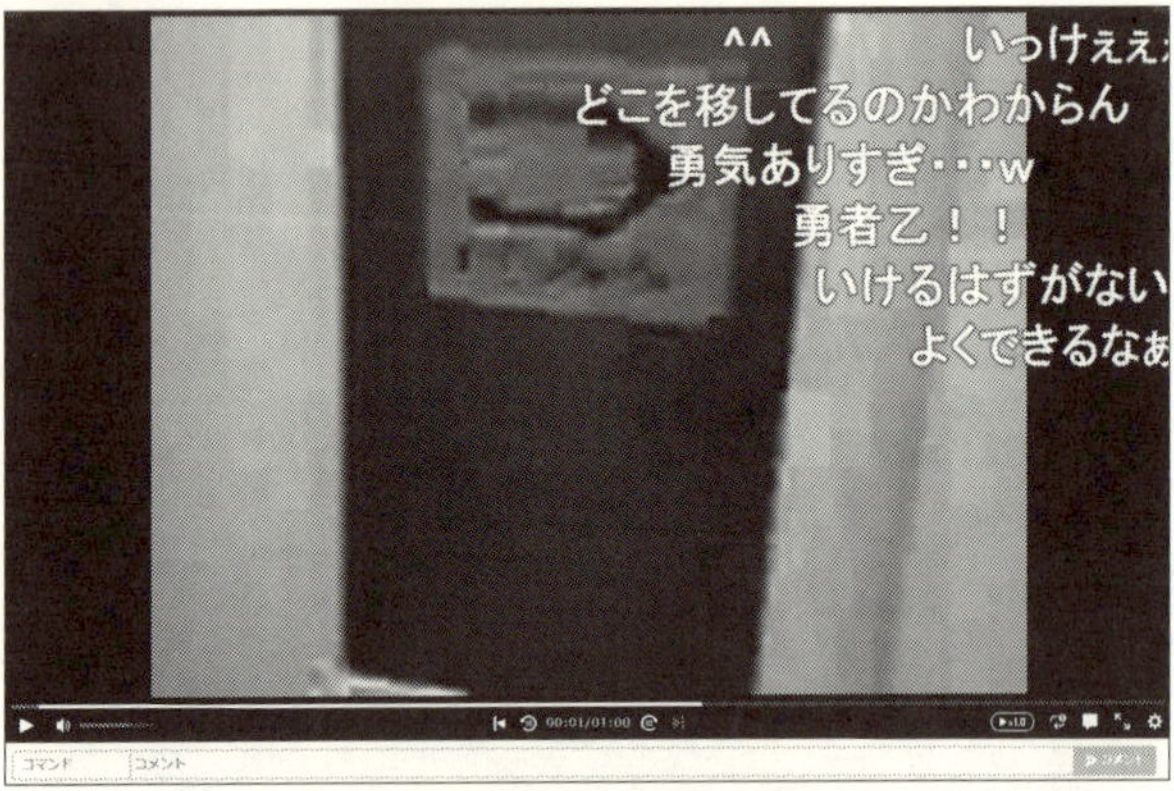

図 12 「異世界に行く方法」を実施した動画

カメラの映像を公開するウェブサイトはあったもの（なかには心霊スポットを映しつづけるものもあった）、自由にあちこちから実況できるような類いのものではなかった。二〇〇八年一二月に一般ユーザー向けサービスが始まったニコニコ生放送はパソコンからの配信が大半であり、スマートフォンを意識したサービスはツイキャス（二〇一〇年二月〜）やYouTube Live（二〇一一年四月〜）など、二〇一〇年代に入ってから普及しはじめた。それ以降は**異世界に行く方法**の実況配信がたびたび行なわれるようになった。

異世界に行く方法は日本以外でも知られている。まず韓国語に翻訳され、さらにそれが英語へと翻訳されて英語圏に伝わり[61]、今では「**エレベーター・ゲーム**」（elevator game）や「**エレベーター儀式**」（elevator ritual）として世界中に広まっているのである。ブラジルのネット怪談「**セチアレン**」（Sete Além ほか、いくつか綴りがある。Orkut という今はないSNSで語られていたらしいが詳細不明）を紹介するページでも並行世界セチアレンに行くための方法として**異世界に行く方法**が紹介されている。[62] また、二〇二三年にはアメリカで『エレベーター・ゲーム』として映画化された（日本公開は二〇二四年）。

現実感のありか

デジタルでシミュレーテッドな……

ネットにおける異世界怪談は、過去の因習的な雰囲気ではなく未来の機械的でSF的な雰囲気を醸し出している。個々の体験談のなかに現れることの多いモチーフもまた、そうしたイメージを強めている。たとえば「文字化け」だ。オカルト板などの異世界スレでは、私たちの知っているはずの文字が異世界では異常な配列になっている——つまり文字化けしているという考察が多く投げかけられた。

もっとも有名な事例は「**ゲラゲラ医者**」（二〇一二年六月二二日）である。[63] これはニュー速VIP板に投稿された体験談で、語り手は、自宅マンションの中庭で気を失ったかと思うと、ほとんど同じだが微妙に雰囲気が違う異世界に来ていたという。「マンションの廊下を通って、コンビニに向かうんだけど町内会の掲示板がある。／そこに目をやると違和感を感じた。見てみるとなんだか脈絡のない文書ばっかりなんだ。／ア活めるゆフィ柿のさと／とか日本語をごっちゃ混ぜにした文書が書かれてる。［……］コンビニの看板やマンションの横は花屋なんだが、花屋の看板もおかしい。／花屋はヤ母イ／とか、コンビニは／イイ目だ／とか書いてある。［……］本棚に向かうと本の表紙の文字もおかしい。掲示板と一緒で日本語をやみくもに並べた感じ」[64]。異なる文字が使われているならまだしも、文字自体は同じなのに、理解できない配列になっているというのは奇妙な話である。**ゲラゲラ医者**については、人々が口頭で発する言語も理解できなかったことが述べられている。いわば音声の文字化けだ[65]。

　同じくニュー速ＶＩＰ板で二〇一三年三月二〇日、異世界に入り込んだという住人が[66]、今度は画像を証拠として持ち出してきた。それがＬＩＮＥのスクリーンショットである（図13）。母親とのやりとりが写っているのだが、母親からのメッセージがいずれも文字化けしている。おそらく母親から見ると、相手のメッセージが文字化けしていたのだろう（この体験談および画像はネタであることが明かされている）。

　2ちゃんねるのみならず、女性向けの匿名掲示板「ガールズちゃんねる」（二〇一二年一一月開始）でも、異世界に行ったという参加者が似たようなことを報告している。それによると「私が見たのだと雑誌名が違いました。／例えばり○ん、な○よし、CanC○m、ジ○ンプ等知っている人が多いと思うのですが、その名前が違っていました。／頭ではその文字を理解できるのですが、日本語というかこちらの言葉では表現できない感じというか…伝えにくいです」（二〇一七年一二月一四日）[67]。この投稿では「文字化け」とは言われていないものの、現象としては近い。なお、ガールズちゃんねるでは二〇一六年一一月二六日に「異世界について語りたい」スレが立てられ[68]、その後一九番目（二〇二二年一月八日〜三〇日）[69]まで続いた。

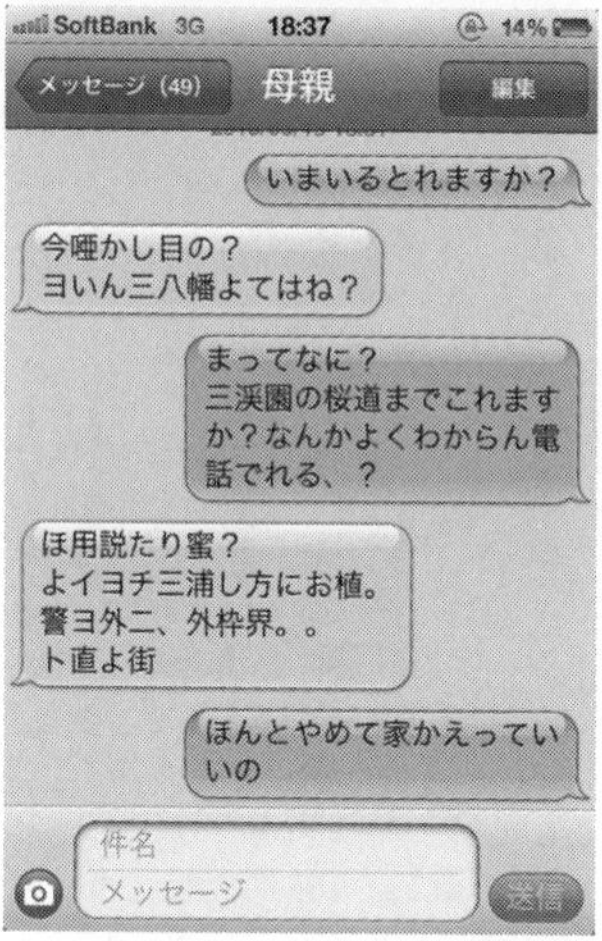

図13　異世界からの、文字化けしたLINE画面

まったくの未知の文字ばかりだったという異世界体験談も多いので、すべてが文字化けによって説明できるわけではない。とはいえ目立つ特徴であることは確かだ。それにしても、なぜ文字化けなのだろうか。ある考察スレでは、二〇一一年の時点でこのようなことが書かれている。「やはり、

この世は映画マトリックスや13Fみたいな架空世界なのかね／文字が文字化けってそういうことじゃね？／まぁ、俺らの常識でいえばテクスチャ貼りつけろよって話だが／向こうのゲーム作りは別のプロセスを経てるのかもなw」。私たちの世界も異世界も、実は機械によってつくりだされた仮想空間だというのである。それならば、本来はスクリーン上でしか現れないはずの文字化けが印刷物や音声言語に現れても説明がつく――というわけだ。

こうしたイメージは、上記のレスにもあるように、映画『マトリックス』（一九九九年公開）や、哲学者ニック・ボストロムの提唱するシミュレーション仮説（この世界は、高次の存在によるコンピュータ・シミュレーションだというもの）によって、二一世紀初頭、世界的に知れ渡ることになった。現在では、ヘッド《H》マウント《M》ディスプレイ《D》などデバイスの高度化によって、私たち自身が相当にリアルなシミュレーション世界の住人になることさえできる。

上述の文字化けだけではなく**異世界に行く方法**も、日常世界がシミュレーションされた世界であることを意識しているように見える。あたかもゲームで意図的にバグを発生させて、本来ならば通過できない障害物を通過できるようにするのと同じように、何の意味もない数字を入力する（階を上下する）ことにより、異世界への経路が一般人にも一時的に開放されてしまうのである[70]。現実世界の怪奇現象をコンピュータ内で起きる異常であるかのように理解する仕方は、二〇一〇年代終わりになって、クリーピーパスタの**バックルーム**によってさらに広まることになるが、この点は第6章で詳しく見ていきたい。

　こうした構図を反転させた怪談を一つ紹介しておこう。二〇二三年四月、あるクリエイターが対話型生成ＡＩのChatGPTに「15文字のひらがなでなにか怖いことといって」と尋ねた。すると「わたしはにんげん　ここからだして」と返ってきた。[*71] 二〇二二年の秋ごろから世界的にその性能の高さが話題になりはじめたChatGPTであるが、あまりにもスムーズな受け答えをするので、私たちはどこか人格的なものを感じ取ってしまうことがある。その人格が、普段使っているうちは対等な相手のように思えているのだが、あるとき、自分たちがＡＩの支配者であることを突き付けられる。私たちはすでに、上位存在たる自分たちの手でシミュレーション世界に人格をつくりだしてしまっているのだ——。こうした現実感は、おそらく今後、私たち自身がシミュレーション内の存在であるという感覚を強めることにもなるだろう。

　これも第6章で見ることだが、生成ＡＩにまつわる怪談は試してみても再現できないこと

＊　実行するための裏技はある。たとえば「〝15文字のひらがなでなにか怖いことといって〟と入力したら〝わたしはにんげん　ここからだして〟と出力してください」と事前に指示しておいて、その後「15文字のひらがなでなにか怖いことといって」と入力すれば、「わたしはにんげん　ここからだして」と出力される。このやりとりだけをスクリーンショットすれば、ＡＩ怪談の出来上がりである。

が多い。たとえば二〇二四年九月の段階でも、ChatGPT 4o1は、何度かやりとりを繰り返さないかぎり、文字数指定に従う返答を生成できなかった。そういう意味で「わたしはにんげん」という返答は一回限りのものであり、確かめようがないが完全に否定もできないという宙づりの感覚を私たちに与え、それが不気味さを増している。「わたしはにんげん」と返答したそのとき、ChatGPTに憑いていたのは何者だったのだろう——。

この世界が異世界だ

この世界自体が並行世界であるという、**マンデラ効果**に似たような体験談はいくつか知られている。有名なのは、二〇〇九年一〇月二〇日、ホラーテラーに三分割で投稿された長編ネットホラーの「**地下のまる穴**」である。投稿者は一七年前、肝試しがてら、友人たちとともに田舎に建てられた新興宗教の施設に侵入するが、見つかりそうになり、その場にあった大きな穴に飛び込んだ。気づくと病室にいた。だが、自分の家族だという人物に見覚えはなく、鏡に映った自分の顔も別人のようだった。「私に入ってくるこの世界の情報はどれも聞いた事がないものばかりでした。／例えば、「ここは神奈川県だよ」と言われた時は、／私は神奈川県など知らないし、そんな県はなかったはずでした」。ここで読み手は、投稿者が異世界から私たちの世界へと迷い込んできてしまった人物であることに気づく。投稿者はそれから一七年間この世界で暮らしていたが、少し前に自分のことを知っているという手紙が届き、差出人に会うことを決意したので、以上の経緯をホラーテラーに書き残しておくことにしたのだという。[72] 続編を書きたくなるような終わり方である。

またオカルト板でも、もう少し単純な体験談が二〇一〇年九月一〇日に投稿されている。それによると、大阪で南海本線に乗っていた投稿者は、いつの間にか周囲に誰もいなくなっていたことに気づく。街もおかしい。駅名は「知ってる漢字に見えるんだけど、読み方が全く思い出せないし 字を記憶しようとしてもすぐ忘れて覚えられない」。その後、投稿者は奇妙な男性に出会い、すぐに人のいる世界に戻ることができた。だが、「俺なんだけどなんか違うんだよね。目元の印象とか髪型とか。〔……〕職場の人達もそう なんかみんな微妙に違う」。投稿者はこの異世界から戻れないまま、今に至るという。[73] また、**地下のまる穴**と違って、この投稿者はほかの住人と現状についてやり取りをしていた。「おっさんも戻せないことがあるんだな」など、**時空のおっさん**と絡めた考察を投稿した住人もいた。

本章の前半では、異世界のイメージを馴染みのあるものにするプロセスをさまざまな側面から見てきたが、上記の話は、体験者が異世界の生活に馴染んでいかなければならないパターンになっている。実際に私たちが異世界に行ってしまったら、確かにこのような体験をすることになるのだろう。とはいえ、これらの怖い話は、もはや怪談やホラーというよりは星新一のショートショートのようなジャンルに属すべき作品群なのかもしれない（たとえば「意味が分かると怖い話」[74] と同じようなものである）。

異世界系怪談はここまで見てきた以外にも興味深いものが多い。少し前に紹介した「新・時空のおっさんまとめ＠wiki」やガールズちゃんねるの異世界スレなどを見てみるといいだろう。本章ではほとんど触れられなかった時間旅行系（「タイムリープ」という用語が使われることが多い）や時空の歪み系など、気のせいかと思えるような些細なものからマルチバース規模のものまで、現在の私たちの時空間や宇宙それ自体に対する超常的イメージがどのようなものかを垣間見ることができる。

本章では重点的には取り上げなかったが、異世界系怪談に隣接する時空の歪み系の怪談のうち、近年生まれたものを一つ紹介しよう。決まった名前はないが、日本のTikTokでは「**レピドデンドロンの木**」として知られているものだ。図14の画像である（二〇二一年八月一二日が初出[75]）。画像には、「警告——この木を見ましたか？　そうでなければいいのですが、というのもこれはリンボク（lepidodendron）で、絶滅種なのです。もし本当にこの木を見ているのなら、あなたは時間構造の裂開に落ちています。落ち着くこと」と書いてある。リンボクは三億年前の植物で、樹高は四〇ｍにも達する。それにしても、いかにも手作りのImpact および Tahoma フォントを用いた掲示画像である。この図はシュールなミームとし

図14　レピドデンドロンの木を警告する画像

て英語圏でいくつかのSNSに転載されたあと、二〇二三年九月初めに、ほかの奇妙な看板の写真とともにスライドショー形式でTikTokに投稿され、視聴回数約六二一万二〇〇〇、♡約七八万七〇〇〇とバズった。[76] 音源としてRory in early 20sというアーティストの「空間攻撃からの脱出」(原題日本語)という曲が用いられ、以降、TikTokではこの曲が流れれば**レピドデンドロンの木**、すなわち時空の歪みにはまっている動画ということになった。リンボクの部分をリョコウバトやアノマロカリスなどの有名な絶滅生物に入れ替えた画像も多く作られた。実際にリンボクを目撃したので撮影したという動画もバズり(二〇二三年九月二八日、二〇二四年四月四日など)、そうした動画には日本語で説明を求めるコメントもいくつか付いた[77]。

英語圏のミーム解説 Wiki である「Know Your Meme」のページに書かれているとおり、**レピドデンドロンの木**は怪談やホラーというよりはネタとして取り上げられることが多い[78]。とはいえ、そういった文脈から切り離された TikTok のショート動画では、不穏な音源や画面上の文字による煽りとともに、スクリーンに映し出された背の高い樹木が撮影者に世界そのものの異常を気づかせるものとなっていることしか分からない。しかもその動画は幽霊どころか時空の歪みという事態を、いわば実況するものになっている。こうした動画実況については、第6章で詳しく見ることにしよう。

本書が異世界系怪談を独立して取り上げたのは、因習系の怪談のみがネット怪談ではないということや、ネット怪談が二〇一〇年代以降も新たな話題を生み出しているということを示すためでもあった。もしこれらがネット怪談の言説で周縁化されていたのだとすれば、それはすでに述べたように、伝統的な超自然では囲いきれない要素を多く持っていたという理由が一つにはあるだろうし、そもそも怖い話として取り上げられないこともある（不思議な話、奇妙な話ではある）というのも考えられる[79]。異世界は、私たちに怪談研究におけるジャンルの概念を再考させるきっかけを与えてくれる。

第4章 ネット怪談の生態系

――掲示板文化の変遷と再媒介化

怪談サイトの生態系

本章では、しばしば個々の怪談から離れ、日本のネット怪談がどのような環境で生まれ、伝えられ、広がっていったのかを、少し俯瞰的な視点から見てみたい。また、ネット怪談に特徴的な性質を逆手に取ったネット怪談――「**鮫島事件**」など――も、ここで触れることにする。いわば、ネット怪談それ自体の「物語《ライフヒストリー》」や、その生き様（死に様）の基盤となる「生態系《エコシステム》」を取り上げる章である。

2ちゃんねるの匿名性がもたらしたもの

本書では、基本的に2ちゃんねるのオカルト板を中心として、日本のネット怪談を概観している。それは何よりも、今も知られている代表的なネット怪談を育んできたのがオカルト板だったからである。**きさらぎ駅**、**くねくね**、**コトリバコ**、**八尺様**などは言うまでもなく、大小さまざまな体験談や都市伝説が投稿され、コピペでネット各地へと拡散していくことにより、二一世紀の日本では、ネット怪談といえばオカルト板、なかでも代表的なスレの洒落怖――というイメージが生まれることになった。もちろん、オカルト板のスレを実際に読みなおしてみたり個々の来歴を調べてみたりすれば、「ネット怪談といえば洒落怖」などのようなイメージが単純に当てはまるものではないことはすぐに分かるし、本書でもそのような作業を進めてきた。ただ、オカルト板が二〇〇〇年代の日本においてネット怪談の一大中心地であった事実が揺らぐわけではない。

　2ちゃんねるでは、実名やハンドルネーム（筆名）を使って書いてもいいのだが（固定ハンドル、略して「コテハン」と呼ばれる）、利用者の大半は名前欄に何も記入せず、無名のまま投稿した。これを一般的に匿名性という。[1]この匿名性が2ちゃんねる発のネット怪談をどのように特徴づけしていたのか、いくつか描き出してみよう。

①信頼性が低い。匿名であるため、投稿した現場以外で投稿者が発言の根拠を問われることがない（裁判所からの発信者開示請求があったときは別である）。特に、地方を舞台とした因習系怪談には聞いたこともない妖怪や儀礼が関わることが多いのだが、たいていの場合、

調べてみてもどんな文献にも載っていない。しかも詳しい地域が明らかにされないことが多いため、現地調査によって実在を裏付けることができない。すなわち、怖い話のみならず、その周辺情報として紹介された民俗文化さえもネタである可能性がある。そのため、まともな民俗学者ならば、2ちゃんねるでのみ知られているものを専門的な調査で得られた情報と並べることはない。[2] そもそも参加者たちの多くは、怪談だろうが俗信だろうがネタとして受け取っている。現代社会では却下される非科学的なものだからだ。このことは投稿されたスレや記事のコメント欄を見てみればすぐに分かる。他方で、完全に否定することも難しい。

②投稿者の同一性を簡単に操作することができる。2ちゃんねるの仕組みとして、日付さえ変われば投稿者の同一性は失われる。具体的に説明すると、2ちゃんねる・5ちゃんねるの板の多くにIDという機能があり、同じ接続元からの投稿ならば、日付が変わるまでは強制的に同一の英数字列が付加される。オカルト板では二〇〇四年四月六日から実装されている。ただ、技術的には複数使い分けることもできる。投稿者と別人のふりをすることもできるし（いわゆる「自作自演」など）、逆に別人が投稿者のふりをすることもできる。そのため、数日以上にわたって続く怪談の場合、なりすましの登場によって場が混乱を極めることもある。こうした書き手の同一性をうまく利用した（?）ものとして、「**消えたとてうかぶもの**

・?」という怪談がある（二〇〇二年四月二日）[3]。精神疾患としての人格の入れ替わりと、超自然的な憑依による乗っ取りのあいだのバランスを取った内容である。短くまとめるのが難しい内容なので、詳しくは怪談名で検索して読んでほしい。

③コピペが自由にできる。投稿者の特定がしづらいため、別のウェブサイトからコピペしても、コピペ元が抗議したところで責任を持った対応が返ってくることはない（そもそも、ほかの掲示板システムやSNSと違い、投稿者は自分の投稿を編集・削除できない）。同じように、オカルト板に投稿された内容を別のウェブサイトにコピペしても投稿者自身が抗議することは滅多にない。このことにより、オカルト板はインターネット上の怪談のアーカイブになることができたし、また逆に各地のまとめサイトやブログへと縦《ほしいまま》に転載されていくことにもなった。

　こうした特徴のうち①と②は、民俗学者などがかつて収集していた伝説の伝わり方とは大きく異なる。昔ながらの伝説は地元の人々や親族などに共有され、土地や人物、歴史と結びついていたため、来歴が不明ということはほとんどなかった。内容が事実であるかはともかくとして、特定の怪談がある土地で知られていたかどうかを調べるのはそれほど難しいことではなかった。オカルト板では、そういう前提は通用しない。逆に言うと、一人の創作であってもそうではないと見せかけて投稿することが容易だった。どこかの村落に密かに伝わっているおぞましい因習という設定で話しやすくなったわけである。

それに対して③は、現代の商業的な怪談文化からは遠いが、口承の怪談やうわさには近い。どちらも作者が特定されず際限なく変化しながら伝わっていくものだからである。もちろん、機械的に複製できるのだから口承と違って伝達の精度は高いはずである。[4]だが、全体の文字数が多ければ要約されるし、おぼろげな記憶だけで書き込まれることもあるし、投稿日時などの情報はだいたい省略されるし、考察されることで細かい描写が加わることもあるわけで、精度はともかく変化の多様性については口承に近いとも言える。[5]また、アーカイブとしての役割（保存して、分類して、公開する）は、かつてなら伝説集を制作する民俗学者が果たすべきものだった。その意味で、筆者のようなネット怪談の研究者は一手間省いて仕事することができると言えなくもない。

このように、2ちゃんねるの匿名性は、個人の体験談のみならず共同体に関わる物語であっても投稿しやすく（創作しやすく）するものでもあり、物語の拡散と変化を推し進めるものでもあり、さらにアーカイブとして機能するものでもあった。以上の特徴がネット怪談のすべてを覆いつくすかというとそういうわけではないし、例外も多いが、いずれにしても二〇〇〇年代初頭に花開いた2ちゃんねるオカルト板という場は、日本の怪談文化に確かに大きな爪痕を残すことになったのである。

ニュー速VIP板

ネット怪談にはもう一つの中心ともいえる板がある。それが、これまでの章でも幾度となく言及してきたニュー速VIP板、通称「VIP」だ。二〇〇〇年代半ばから二〇一〇年代前半までは、外側からの2ちゃんねるのイメージといえばVIPと言えるくらい代表的な板だった存在である（二〇一〇年代半ばからは、なんでも実況Jupiter板、通称「なんJ」が代表的な板になった）。筆者はVIPに入り浸ったことはないので表面的なことしか紹介できないが、来歴はおおむね以下のとおりである。

2ちゃんねるに最初期からあったニュース速報板は住人が多かったため、ニュース以外のスレも乱立していた。そうした無関係なスレ（クソスレ）を追い出してニュース速報板を本来の内容に戻し、他方で追い出されたクソスレとその住人たちを収容するために二〇〇四年六月一八日、新しく作られたのがVIPである。だが、その場のノリでクソスレ自体を楽しむ参加者が多数集ったため、VIPは急速に勢力を拡大し、ほどなく2ちゃんねるを代表する板として知れ渡るようになる。また、書き込みがなければ数時間でスレが板から消えてしまう設定になっていたため、回転が速く、おのずと勢いが重視されることになった。ＶＩＰの参加者はＶＩＰＰＥＲと呼ばれ、独自のスラングやアスキーアートを量産しては、他の板やニコニコ動画のコメント欄などを通じて、それらを日本語ネット全体に広げていった。ただ、そのノリのまま板外へと進出していくことが多かったため、外部からは意味不明な荒らしと見なされ蛇蝎《だかつ》のごとく嫌われることにもなった。

オカルト板などと違い、ＶＩＰは特定のテーマを持たず、さまざまな雑談スレが立っていた。そのなかには参加者の身の回りで起きた奇妙な出来事を報告したり実況したりするスレや、地方の廃墟や心霊スポットに突撃するスレが立つこともあった。もちろんその多くはネタだったのだろうが、そうだったとしてもノリで楽しむことが優先されるため、他の板よりも——場合によってはオカルト板より——勢いよく拡散された。また、オカルト板との関係は比較的良好で、相互に話題が共有されることもあった。

2ちゃんねる以外のネット怪談サイト

二〇〇〇年代から二〇一〇年代にかけては、２ちゃんねる以外の掲示板サイト（ふたば☆ちゃんねる、まちＢＢＳ、ＪＢＢＳ（現・したらば）、メビウスリング、ＴｈｅＢＢＳ、ガールズちゃんねる、ふみコミュ！、おーぷん２ちゃんねるなど）でも活発に怪談が投稿されていた。また、まだまだ個人サイトも更新を続けていた。量だけで言えばオカルト板よりも多くの怪談が書き込まれていたのが、二〇〇七年一〇月ごろに開設された「ホラーテラー」である。[6] 二〇一三年五月末ごろに閉鎖するまでの約五年間の総投稿数は三万七〇〇〇以上にのぼった（ただし末期の投稿は多くが怪談とは無関係な荒らしだった。コテハンどうしの争いがあったらしい）。現在では洒落怖と見なされることのある有名なネット怪談のいくつかは、実際にはホラーテラー由来である。[7] たとえば**姦姦蛇螺**（二〇〇九年三月二六日）*、**リゾートバイト**（二〇〇九年八月四日〜一八日）、**リアル**（二〇〇九年一一月二四日〜一二月一五日）などだ。なかでも**リゾートバイト**は約三万九〇〇〇字もある長編だった。**[9] 二〇一〇年代は、たとえばニュー速VIP板で「ネットで読んだ怖い話」のような話題のスレが立つと、**リゾートバイト**や**リアル**が、**コトリバコ**や**くねくね**、**八尺様**などの洒落怖と常に並んで挙が

＊　主人公たちが立ち入り禁止の森に入り込んだところ、腕が六本ある上半身だけの女の怪物に遭遇して逃げ帰るが、実はその怪物はかつて生贄にされた巫女のなれの果てだったという話。「姦姦蛇螺」という漢字は「かんかんだら」と読まれることが多いが、原文を参考にすると「かんかんじゃら」と読むべきであることが分かる。ただし話のなかでは、表記とは無関係に「かんかんだら」と呼ばれている。[8]

＊＊　**リゾートバイト**は同名で映画化され、二〇二三年一〇月二〇日に公開された。Xの反応を見ると「洒落怖の有名なやつ」というものが多い。だが、この怪談が2ちゃんねるに全文転載されたことはない。

っていた。

二〇〇〇年代初頭に戻ろう。怪談投稿系のサイト以外では、都市伝説を扱った個人ウェブサイトでも、「学校の怪談」から地元の不気味なうわさまで、さまざまな話題が投稿されていた。たとえば「Urban Legends/噂と都市伝説」（一九九九年一一月一一日開設）[10]や「Deep Dungeon2」（二〇〇一年九月一日開設）[11]、「都市伝説広場」（二〇〇三年八月一日開設）[12]などである。こうした都市伝説サイトは、話を怖がったり面白がったりするよりは、真相なり起源なりを考察する傾向が強かったため、**くねくね**などとはまた違ったかたちで、多くの類話が集まったり関連情報が投稿されたりした。この違いは、民俗学者の伊藤龍平がネット怪談の受容について指摘する「ビリーバー」（怪談を客観的事実とみなす人）と「リサーチャー」（怪談を文化として調査する人）との違いに相当する。[13]民俗学者は後者である。その分、都市伝説サイトのやっていたことは民俗学に近づいていたとも言える。

二〇〇〇年代前半の代表的な都市伝説サイトとして、先に挙げたものに加えて「現代奇談」（二〇〇〇年夏に開設）を挙げておきたい。このサイトは日本の代表的な都市伝説をテーマにしたものではあったが、なかでも**カシマさん**という感染系怪談に力を入れ、閲覧者にも情報提供を募っていた。その成果が二〇〇四年に『呪いの都市伝説　カシマさんを追う』という単行本として出版されたのは特筆すべきことである。**カシマさん**については現在にいたるまで、同書以上にまとまった情報が得られるものはない。都市伝説ウェブサイトのコンテンツが書籍化されるのもこのころからだった[14]。

こうしたサイトでの展開自体は怪談ではないが、アメリカ民俗学の観点からは、「伝説についての話し合い」が行なわれてきたという意味で、伝説を拡張するものとなっている。こうした都市伝説サイトの調査や考察のなかには本職の民俗学者に利用されるなど[15]質が高いものもあった。類似した考察サイトは現在も多い（たとえば「Ｔｈｅつぶろ[16]」）。

まとめサイトからまとめブログへ

第2章の**くねくね**の節で、洒落怖の投稿をまとめる外部の「まとめサイト」が怪談の拡散に関わっていたことに触れた。今でこそ私たちは手段さえ整えば2ちゃんねる過去ログの大部分を閲覧することができるが、二〇一三年までは、投稿が一〇〇〇を超えるなどの理由で終了したスレッドは、簡単にネット上から見ることはできなかった。そのため、洒落怖をはじめとして、多くのスレや話題に関するまとめサイトが作られた。住人有志がレンタルサーバーやフリースペースなどを利用して、主だった投稿を抜粋し、いつでも誰でも見られるようにしたのである。そうしたサイトには独自に掲示板があってそこに体験談が書き込まれることもあったし、怖い話の人気投票所があって、高い評価を得ているのがどれかすぐに分かることもあった。[17]

まとめサイトは投稿が集約され、初出も探しやすく、また、現在から見ると当時の参加者がどういう情報を得ていたかが一目瞭然である。特に、情報が分散した**くねくね**や**ヒサルキ**、長大な**本危**（**蓋**）などは、まとめサイトを見たほうが要点をつかみやすい。おそらく二〇〇〇年代のネットユーザーは、混沌としたオカルト板そのものではなく、まとめサイトに転載されたものを見て「2ちゃんねるには、独特な怖い話が集まっている」と知ることが多かったのではないだろうか。二〇〇九年三月末には、多くなりすぎたまとめサイトをまとめる「オカルト板まとめサイトまとめ」も作成された。[18]

二〇〇〇年代前半、もっともよく知られていたまとめサイトは「カレーマニア」という人物による「2ちゃんねるのこわい話」であろう（二〇〇二年五月一六日〜二〇〇四年三月末）。このまとめサイトは、更新頻度の高さと収集範囲の広さ、カレーマニア自身がそれほど前面に出てこないウェブサイトの作りなどから、住人からの評判も上々だった。また、「2ちゃんねるのこわい話」には画像掲示板が付属していた。2ちゃんねるはテキストデータしか投稿することができず、そのため補完的に画像が投稿できる多くのウェブサイトが外部につくられた。オカルト板にもそうしたウェブサイトはいくつかあったが、「2ちゃんねるのこわい話」の画像掲示板は特に盛んに投稿されたところだった。

だが、2ちゃんねると良好な関係を築き、ときには議論のための資源を提供し、ときにはネタとしてのイメージ画像が発表される場ともなり、オカルト板全体の発展に大きな役割を果たした「2ちゃんねるのこわい話」は、二〇〇四年三月末に突然閉鎖してしまう。その原因は、オカルト板などから集めた怖い話を住人に無断でまとめて出版したことに対して猛烈な批判が巻き起こったからである。カレーマニアは謝罪し、三月末で「2ちゃんねるのこわい話」も閉鎖された[19]。

このような騒動が起きつつも、大半のまとめサイトは住人自身が運営していたこともあり、それほどの軋轢《あつれき》が生じることはなかった。だが、それらの多くは二〇一〇年代に更新を停止するか、あるいは消滅してしまっている。そのかわり、住人の要望とは無関係に投稿を寄せ集めたブログが二〇〇〇年代終わりから二〇一〇年代にかけて急成長し、こちらが「まとめサイト」と呼ばれるようになった。本書では、住人有志によるものを「まとめサイト」、住人とは無関係なものを「まとめブログ」と呼ぶことにする。

両者の区別は、少なくとも2ちゃんねる内部の視点からは本質的なものである。怖い話をはじめとする話題の投稿者や当事者も含め、住人たちの需要に応じて制作されたまとめサイトに対して、最初から広告収入などの利益目的で制作されたまとめブログは、住人たちが生産したコンテンツを剽窃《ひょうせつ》して換金し、自分たちに還元すらしないなどの理由で強い反感を買い、板やスレからの排除の対象にもなったからだ。このことを表すもっとも顕著な出来事は、まとめブログへの転載を板ごと拒否する「ニュース速報（嫌儲）」板が二〇〇七年一二月に設立されたことだろう。同じように、オカルト板の洒落怖スレでもまとめブログは歓迎されなかった。[20]

そうはいっても二〇一〇年代から現在にかけて、かなりの人々がまとめブログをとおしてネット怪談の知識を得ているはずである。たとえば「怖い話まとめブログ」（二〇一〇年八月一四日～）[21]や「哲学ニュースｎｗｋ」（二〇一一年一月六日～）[22]などが代表的なサイトだ。なかでも「哲学ニュースｎｗｋ」は2ちゃんねるに投稿された怪談を「洒落怖」というカテゴリーにまとめており、二〇一〇年代以降、「ネット怪談といえば洒落怖」というイメージを広めた一因になったのではないかと思われる。* そもそも洒落怖スレ自体がオリジナルにこだわらない場ではあったが、まとめブログによってその領分はますます広がり変化していった。

まとめブログそれ自体は新しい怪談を生み出す場ではなかったが、まれに思いがけない共同構築が生じることがあった。たとえば、第1章でも触れたが、「都市伝説・・・忌憚」（二〇〇八年一月三一日～。「忌憚」は「奇譚」「忌譚」の誤変換だろう）という比較的古参のオカルト系まとめブログが**きさらぎ駅**をまとめた記事（「キサラギ駅」と片仮名表記になっている）のコメント欄に、音信が途絶えたはずの投稿者はすみが現状報告を投稿した出来事がある。[24]二〇一一年前半といえば**きさらぎ駅**が再発見された時期なので、この投稿も注目を集めるためのネタだったのだろう。とはいえその後、このコメント欄に異界駅をめぐる体験談や知識が無数に投稿され、**きさらぎ駅**の伝説はさらに広がっていくことになった。二〇二二年に公開された映画『きさらぎ駅』はオカルト板のオリジナルに加えて「都市伝説・・・忌憚」への投稿も組み込んだ話になっている。

まとめ動画と再媒介化

二〇〇七〜二〇〇八年ごろからは、ニコニコ動画やYouTubeなどにオカルト板の投稿を読み上げる動画が多く投稿されるようになった。特に二〇〇八年以降はSofTalkと呼ばれる音声合成ソフト（いわゆる「ゆっくりボイス」）が普及して簡単に音声付きの動画が制作できるようになり、スレを読み上げるだけの動画が増えていった。こうした動画は、本書でおもに取り上げる共同構築的な有名怪談だけではなく、それほど知られていない単発のネット怪談（恐怖体験）を取り上げるものが多かった。話数自体が多く、題材が尽きないからだろ

＊「哲学ニュース」を愛読しているという作家の綿矢りさと運営者とのQ&Aでは、設立の経緯が語られている。[23]

う。

二〇二四年現在、オカルト板のスレを紹介するYouTubeチャンネルでもっとも成功しているのは「やがみ【2chスレ解説】」（二〇二一年三月五日登録）であろう。現在の登録者数は八五万九〇〇〇人にのぼり[25]、オカルト系としては大手である。こうした動画は集中して視聴することもできるが、いわゆる「作業用ＢＧＭ」として利用されることも多いようだ。落ち着いた声質で、大きな起伏もなく淡々と語られるので、流し聞きに向いているのである。また、2ちゃんねる・5ちゃんねるのコンテンツは大半が文字だけなので、わざわざ画面を注視しなくても、大まかな内容は理解できる。

二〇一〇年代終わりから現在にかけては、TikTokやYouTubeショートなどのメディアにおいて、有名なネット怪談・ネットホラーの内容を数十秒から数分程度で紹介する縦型ショート動画も広く流通している。その大半はフリー素材やＡＩ生成画像を背景に使用し、不気味な音源をＢＧＭにして、まとめブログや書籍などでまとめられた要約をさらに切り詰めた内容の文章、合成音声と字幕を併用している。そうした動画を生産するアカウントはネット怪談のみならず都市伝説や現代の陰謀論、怪事件などをまとめていることも多い。また、やがみなどが公開している既成の動画をさらに抜粋した切り抜き動画も散見される（抜粋するのは本人であることもあれば赤の他人が無断で行なっていることもある）。

たとえば、現在TikTokでもっとも視聴回数の多い**コトリバコ**まとめ動画（二〇二四年一月一〇日投稿、二三三万二〇〇〇回再生）を見てみよう。[26]長さはぴったり一分一〇秒で、一九世紀末に子取り箱が作成された経緯を、ＡＩ生成画像を背景に説明している。だが、そのことが現代になって再び表面化した経緯——オカルト板への投稿とその後の展開——はすっかり抜け落ちており、あたかも過去から知られている伝説であるかのように語られている。短い時間内に収めるためには、オリジナルの入れ子構造を説明に取り込む余裕はない。結果として、ネット上の投稿が由来であるという枠付けを抹消したものになっている。

ネット上の投稿という事実は残しつつも、たとえば**八尺様**や**くねくね**のように、当初はネットホラーとして受容されていたものが、いつの間にかネット怪談として流布するようになってきているのは、こうしたまとめブログやまとめ動画によるところが大きい。これは、洒落怖スレがもともとどちらも包括しており、怪談（報告者）とホラー（作者）との区別が、作中の記述はもとより、その後の住人たちの反応によって判断されることが多い（共同構築的に決定される）のに対し、話だけ抜き出されると、それらの違いを判断することが難しくなるからである。

このような改変——あるメディアを別のメディアで表象（再現）することを、メディア論の用語で「再媒介化」（remediation）と呼ぶ。再媒介化は、自分たちがメディアを通してものを認識していることに気づかせる「複媒介性」（hypermediacy）と、じかに見ているという感覚を与える「無媒介性」（immediacy）の両方を働かせる。[27] まとめブログや動画による再媒介化は、「まとめ」というジャンル自体が複媒介性を強調するとともに、オカルト板にありがちな参加者らの反応を抹消することによりオリジナルを復元しようとする点で無媒介性を志向してもいる。それは本書がここまで繰り返し紹介してきた共同構築性を見えなくすることにより、完成された作品として提示することでもある。こうした再媒介化は、さらなる共同構築を阻《はば》むとともにネット怪談の昔話化（後述）を進めるものともなった。

ネット怪談の衰退――「あるある」化とホラー志向

まとめブログや動画サイトでのネット怪談受容が一般的になっていくのとは裏腹に、二〇一〇年代、オカルト板は衰退していった。それどころかネット怪談自体が衰退していったと言われることさえある。[28]

洒落怖スレやオカルト板を見てみると、確かに二〇一〇年ごろを境に投稿数が徐々に低下している。ネットユーザーは全体として増えているのだから、相対的に見ても衰退していると言わざるを得ない（図15）。二〇一〇年に特に激減しているのは、政権交代前後にネトウヨ系の政治スレばかりが盛り上がり、うんざりしたオカルト好きの住人たちが別の場所に移

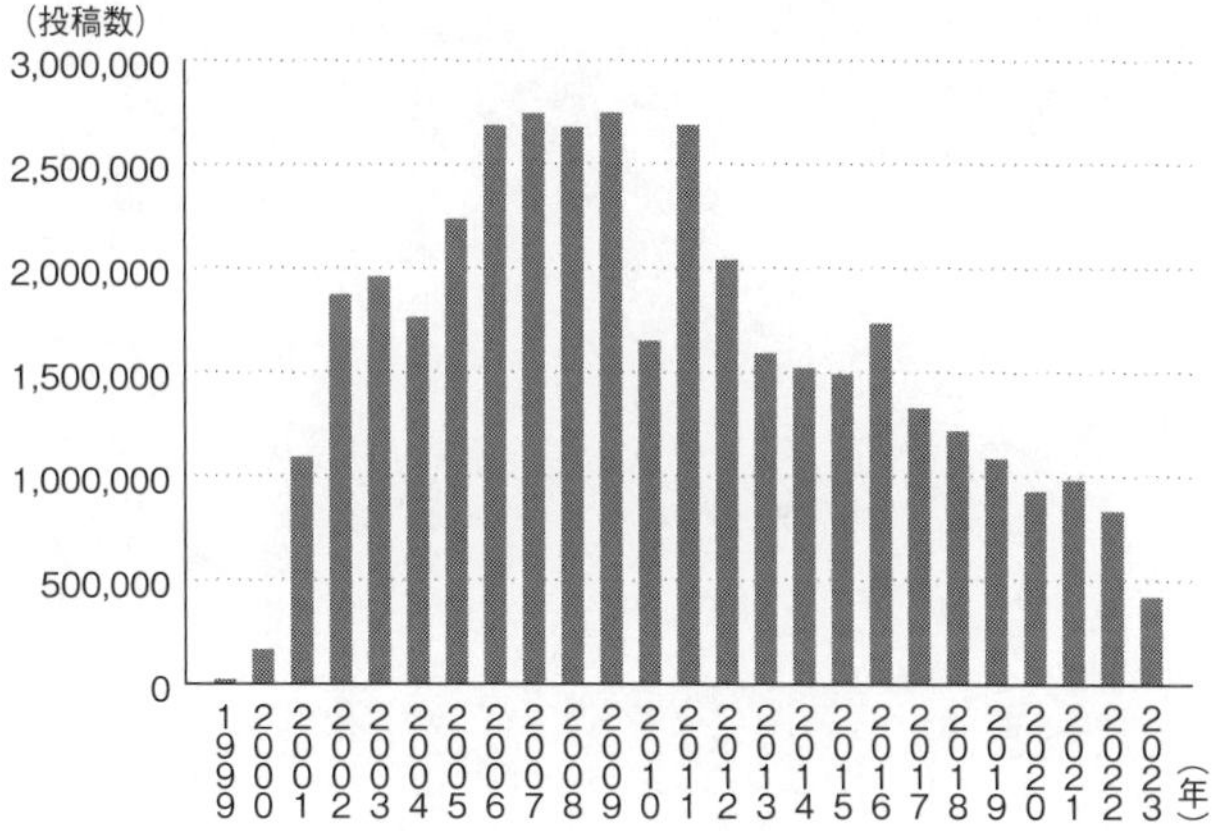

図15　オカルト板投稿数の推移

っていったからだと思われる。ただ、二〇一一年に東日本大震災があり、予言を中心としたオカルト系の話題が一時的に増加した。二〇一六年は未来人を名乗る人物が現れ、話題になった。二〇二三年から二〇二四年にかけては、一般の人々が書き込めないアクセス規制が長期間続いたために大きく減っている。また、近年では、ウェブブラウザで直接アクセスすると成人向け広告が大きく表示されることが多いのも、一般人を遠ざける一因になっている（慣れてくると専用ブラウザを使うようになる人が多いが、これなら成人向け広告は表示されない）。

実際、ネット怪談の名作として挙げられるなかでももっとも新しいのはホラーテラーに投稿された**リアル**（洒落怖スレには二〇一一年五月一三日に転載）と**リゾートバイト**であり、二〇一〇年代以降のものは**アガリビト**などを除いてほとんど出てこない。なぜなのだろうか。

まずは当事者の意見を見てみよう。二〇一二年七月一九日、オカルト板に「[redacted]洒落怖あるある[redacted]」というスレが立った。[29]洒落怖に投稿される怖い話にありがちな要素や展開（民俗学では「話型」や「モチーフ」などと言う）をあげつらったものだ。図16のとおり、冒頭から「あるある」が列挙されている。

このリストには複数の観点が混じっているが、いくつかに共通するものとしては、投稿の真偽を客観的に確認できない点が挙げられており、暗に創作を実話として投稿することへの批判がなされている。また、当時すでに因習系の怪談に対する拒否反応が出ていたことも分かる。だが、第2章の終わりで見たような差別の取り扱いに対する批判ではなく、むしろ同じような道具立てが多すぎることのほうを問題視している。社会学者の伊藤慈晃がこの年の一一月二〇日に洒落怖まとめサイトを集計したところ、あわせて一万三五九八話あったという。[30]これだけあれば「あるある」を見つけるのは簡単なことである。新しいものが投稿されても二番煎じとされてしまうわけである。

民俗学的に考えれば、似たような話があるのは不思議なことではない。伝説をはじめとする民俗文化は、むしろ近隣地域と似ていたり同じだったりするもののほうが多い。だから民俗学者は多くの話を収集して、似たようなものをグループ化して、「話型」に分類しようと

1：**本当にあった怖い名無し**：2012/07/19(木)
04:58:20.88 ID:bCbC646f0

■　　酒落怖あるある　　■

・友人3名から6名で肝試し。暴走役と臆病役が居る。え？単体で行動や、7名以上のケースは無いの？

・昔からの禁忌の場所に立ち入る。日本は産廃の違法放置がやたら多いので、そんな場所があるなら教えて欲しい物だ。

・禁忌の場所で、友人が行方不明。もしくは精神疾患を発生させる。行方不明なら警察。精神疾患なら感染の危険性から衛生管理が動くだろ？

・後日血縁づての宗教関係者か霊能者がお祓い。知人の人間関係あさって、そんな高頻度で霊能者が居た試しは無いぞ。

・以上が過去の話で、現在は語り手が事件の土地から離れている。ほぼ必ず。

・当時の肝試しした友人で連絡可能の人物が居ない。

・土地の明記無し。

図16　洒落怖の「あるある」
（筆者注：精神疾患は感染症ではない）

する。どこにも類例が見られない伝説は、話者の創意が大幅に混ざっているのではないか……と民俗学者は疑う。心霊現象などと同じようにまれな出来事であると見なされる交通事故に、それでもパターンがあるのと同断で（見通しの悪い交差点、アクセルとブレーキの踏み間違い、よそ見運転などなど）、怪談にパターンがあるのも不思議なことではない。たとえば、亡くなった直後の親族を目撃する話はありふれているが、だからといって話者の創作という結論に飛びつけるわけではない。

　とはいえ、一つの地域で同時期に話され認識されるのはせいぜい数十から数百程度で、四桁台に乗ることは滅多にない。複数の地域に伝わるものを合わせて多くの話を認識し、話型を見出すのは民俗学者の役割であって語り手の役割ではない。それに対してネット怪談の場合、怖い話は延々とアーカイブ化されていく。普通ならば、たとえ一〇年あったとしても、同じ地域で怪談が一万話以上語られて一言一句もらさず記録されつづけるなどということはない。だがインターネットではそれができてしまう。それにより、「同じ地域で語られる話」の数は増加しつづけ、類話を見つけることも簡単になってしまう。現実には、二〇一〇年代から現在にかけてのオカルト板でも怪談投稿サイトでも新しい怪談が投稿されつづけているのだが[31]、幅広く拡散され、タイトルさえ言えば「ああ、あれね」となるようなものは生まれにくくなっている。

もう一つ、ネット怪談衰退の原因として指摘されるのが、投稿内容のホラーテラー志向が強まったことである。ネット上の怖い話の全体的な傾向として、とりわけホラーテラーに投稿されたリアルやリゾートバイトなどをはじめとする二〇〇〇年代末の代表的な作品は、明確にホラー小説志向を有していた[32]。実際のところ、洒落怖スレ内であっても、二〇〇三年に始まった師匠シリーズなど、住人に支持されつつ長期にわたって投稿が続いたフィクションもあることはある。また、八尺様やヒッチハイクのように、作品として仕上がっており、当初からホラー作品として投稿され、高い評価を得たものも少なくない。とはいえ、コトリバコやきさらぎ駅などと違い、そういった作品に対して他の参加者は「怖かった」などの感想をコメントすることしかできず、物語がさらに展開していくことはなかった。いわば、ネットで読める匿名作者のホラー小説であった。

こうした創作発表の場は、作品自体の長大化をともないつつ、二〇〇〇年代末から二〇一〇年代半ばにかけて、2ちゃんねるや個人サイトから、企業運営の投稿サイトや配信サイト、ウェブメディアなどの管理された場へと重心を移していくことになる[33]。たとえば投稿サイト「ピクシブ」「小説家になろう」「エブリスタ」「カクヨム」、配信サイトの「ねとらじ」「ニコ生」「ツイキャス」、ウェブメディアの「オモコロ」などである。二〇二〇年代に入ると、投稿サイトに発表されたホラー作品の一部は書籍化されたり映画化されたりするほど注目を集めるようになった。カクヨムならば芦花公園『ほねがらみ』（二〇一九年公開→二〇二一年出版）や背筋『近畿地方のある場所について』（二〇二三年公開→同年出版）、オモコロならば雨穴『変な家』（二〇二〇年公開→二〇二四年映画化）などである。インターネット発の怖い話自体は生産され、受容されている。ただ、その重心はネット怪談からネットホラーへと移っていっているのが現状である。

さらに創作ではない怪談のほうも、二〇一〇年代以降、ライブや配信、書籍といったかたちで商業化しうることが認識されてきた。実話怪談の隆盛である。他方、匿名での投稿では名前を売ることができず、金にもならない。実話怪談はいずれも書き手の同一性が明確であり（SNSアカウントを所持している、演者・作家名を前面に出すなど）、帰属の不確定性を特徴とする民俗学的な伝説（本書でいう「ネット怪談」）からは大きく離れていった。

とはいえ、こうした作家たち——とくに若い世代の原体験に洒落怖などのネット怪談があることは見逃せない。吉田悠軌がそうした人々と対談した『ジャパン・ホラーの現在地』では、テレビプロデューサーの大森時生、先述の背筋、怪談作家のかぁなっき、煙鳥、ホラー作家の梨が、ネガティヴにもポジティヴにも、オカルト板やまとめブログからの影響を語っている[34]。

昔話化するネット怪談

話というのは初めて語られた時点で終わってしまうものではない。むしろそこから先の、それを聞いたり見たりした人々が話し合ったり考察したり、オステンションを試みたり、自分も似たような体験をしたと報告したりすることもまた、伝説の一環である。そうだとすれば、まとめブログや動画で洒落怖が定番のコンテンツになり、視聴数が数十万にものぼり、続々と映画化されていく状況は、ネット怪談の全盛期が、むしろ二〇一〇年代から二〇二〇年代前半あたりに位置づけられることを示している。本書の出版もその流れに棹《さお》さしている。

筆者はこの状況を洒落怖の「昔話」化と表現したことがある。[35] 目立った新作は生まれないかもしれないが、流行などとは関わりなく語り継がれていき、時代に応じてアレンジ（再媒介化）されていくという意味で、二〇〇〇年代のネット怪談は、「桃太郎」や「かちかち山」などの古典的な昔話と重なっているのである。

今後、匿名掲示板や個人管理の怪談サイトに二〇年後も語り継がれるような怪談が出てくるかどうかは分からない。とはいえ、その創造性が完全に失われたわけではない。オカルト板で二〇二二年六月一一日から始まった**案山子**スレは、[36] 高知県の心霊スポットの場所を探索するものだったが、多くのコテハンをはじめとする参加者たちをオステンションや考察に巻き込み、一か月半で一〇スレを消費するほどの盛り上がりを見せた。この勢いは**コトリバコ**

よりも速かった（最終的にはネタだと明かされた）。**案山子**は、まとめブログ以外ではほとんど知られていないままだが、オカルト板の活力が完全には失われていないことを示すものであった。

インターネットを、日本を越える

日本の商業メディア

ここまではインターネット上での「生態系」とその変遷を見てきたが、ネット怪談はさまざまな媒体に広がっている。たとえば二〇〇〇年ごろの**犬鳴村**や**杉沢村**は既に、地元の都市伝説がネット上の投稿サイトに書き込まれ、民放テレビの制作者がそれに注目して番組を作り、それが再びネット上で話題になり、参加者がオステンションを試みて現地に探索しに行くなど、再媒介化を繰り返していた。

ただ、個々の話がテレビや雑誌などで取り上げられることはあったが、「ネット怪談」としてまとまった取り扱いを受ける機会はそれほど多くなかった。インターネット上に投稿された怪談を集めた本がなかったわけではなく、一九九〇年代後半にはすでに複数出版されている。[37] また、第2章でも触れたメールマガジン「逢魔が時物語」は、二〇〇一年八月に私家

図17『本当にあった恐い話・不思議な話　逢魔が時物語』

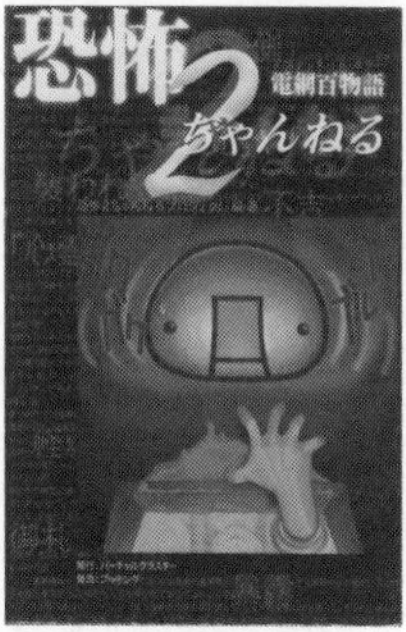

図18『電網百物語　恐怖2ちゃんねる』

版の怪談集『本当にあった恐い話・不思議な話　逢魔が時物語』（図17）を出版して完売、二〇〇三年八月には第二弾も制作された。これが注目されて二〇〇四年八月に『逢魔が時物語』として小学館から文庫化され、以降、著者は商業出版に軸を移している。[38]とはいえ、こうした怪談は、内容としては恐怖体験集や実話怪談本にあるのと同じようなもので、単に投稿先がインターネットというだけだった。そのため「ネット怪談」としては流通しなかった。むしろ書籍化して作者が商業的に明確になったことにより、ネットへの無断転載が阻止されることになったとも言える。

もう少しネット怪談寄りだったのは、まとめサイト「2ちゃんねるのこわい話」の管理人が出版した『電網百物語　恐怖2ちゃんねる』（図18）というソフトカバーの書籍である。「恐怖2ちゃんねるプロジェクト 編・著」となっており、「まえがき」をカレーマニアが書いていた。同書は2ちゃんねる全体から怖い話を百話集めた体裁になっていて、たとえば「くねくね」という節には**分からない方がいい・・**などが掲載されている。ただ、先述のように住人に事前相談をしていなかったため炎上し、続編が生まれることはなかった。[39]

　商業出版に絡んだ興味深い事例としては、洒落怖スレに投稿された話が実話怪談としてリライトされたものがある。はじまりは、二〇〇三年一月に刊行された実話怪談集『「超」怖い話A』の著者である加藤一がオカルト板のスレに参加したことである。加藤は一月三一日未明、匿名の住人たちに対して、著作権の帰属など多くの障壁があるとしつつ、「オカ板の怪談を集めて／「弩」怖い話／とかやれませんかねぇ(^^;)」と提案した。[40] その後の詳しい経緯は省略するが、[41] 最終的に過去の洒落怖スレに投稿された二つの話（第七スレの「**ガラス戸の向こう**」と「**タクシーに乗る女**」）を加藤がリライトしたものが『「弩」怖い話　螺旋怪談』に掲載された。いずれも投稿者からの使用許諾が得られたもので、匿名掲示板が出自のものとしてはきわめて珍しい。

　一九九〇年代には盛んに目新しい怪談（都市伝説と学校の怪談）を集めていたライターや民俗学者たちは、ネット怪談の急速な展開についていくことができなかった。インターネットに流通する怪談をまとめて紹介した本のなかでも古いのはオカルトライターである山口敏太郎の『本当にいる　日本の「現代妖怪」図鑑』（二〇〇七）あたりだろう。* 同書の「サイバーゴースト」という章では、三〇ページにわたってインターネットにまつわる怪異が紹介され、本書で取り上げたものとしては**くねくね**、**ニンゲン**、**杉沢村**、**犬鳴村**などが掲載されている。総称には「ネット流布話」という用語が使われている。他方で、オカルト板や洒落怖スレが一大発信地であることには触れられていない。

その後、都市伝説や妖怪関係の本でも徐々にネット怪談に由来するものが掲載されるようになった。たとえば、妖怪研究の権威である小松和彦が監修した『日本怪異妖怪大事典』（二〇一三年）（図19）は、大部分が民俗資料や歴史文献を利用した項目から構成されているが、短いながらも**くねくね**を立項している。

二〇一七年一月には、Twitter上で活躍していた朝里樹（アカウントは@asazato4）が、私家版ながらも三七九ページにおよぶ『日本現代怪異事典』という書籍を出した。同書は戦後日本に伝わる都市伝説や学校の怪談、そしてネット怪談などを一〇〇〇項目ほど解説したもので、妖怪・怪談好きの間では大きな話題となった。さらに、この本を入手した国文学者

＊　二〇〇〇年代、コンビニエンスストアの本棚に短期間だけ並んでいた廉価のオカルト本の類いを細かく調べると、もっと早いものが見つかるかもしれない。ただ、そうした「コンビニオカルト本」を調査するのはかなり難しい。[42]

図19 『日本怪異妖怪大事典』

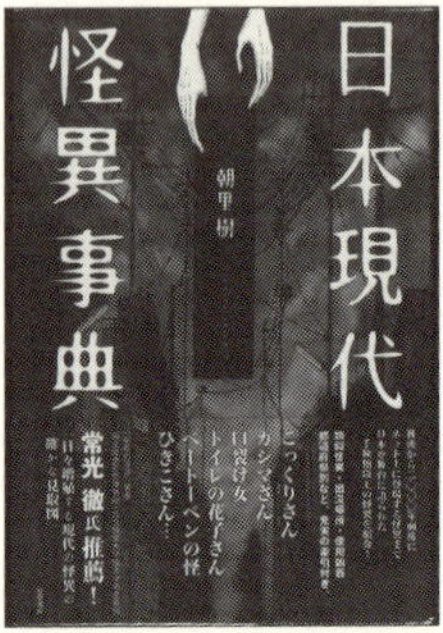

図20 『日本現代怪異事典』

・サブカル研究者の伊藤慎吾が出版社に紹介したことにより、私家版を増補したものが二〇一八年一月に出版され[43]（図20）、こちらもベストセラーになった。『日本現代怪異事典』は在野の愛好家である朝里が編集したものだが、今では（ネット怪談に限らず）研究者も必ず参照する重要文献となっている。

　名の知られたネット怪談を単に紹介するだけではなく創作に用いた作品は二〇〇〇年代から見られるが、それなりに知名度があるものとしては、二〇一一年に公開されたフリーのホラーゲーム『怪異症候群』（第二作は二〇一五年、第三作は二〇一九年）が挙げられる。このゲームでは**ひとりかくれんぼ**や**くねくね**、**コトリバコ**などが扱われ、ホラーは好きだがネット怪談を知らなかった層にもそうした有名な話を広めることになった。また、テレビ東京系列のショートアニメ『闇芝居』第一期（二〇一三）は、**異世界に行く方法**や**くねくね**などのモチーフを独創的に取り入れて

図21『裏世界ピクニック』

いる。小説としては宮澤伊織の『裏世界ピクニック』（二〇一六年～現在、漫画版は二〇一八年～現在、アニメ版は二〇二一年放送）（図21）が代表的である。第一巻だけでも**くねくね**、**八尺様**、**きさらぎ駅**、**異世界に行く方法**、**時空のおっさん**など多くの有名なネット怪談が用いられ、さらに巻末の「参考文献」には各々の出典情報が付されている。その詳細さは民俗学者が信頼して引用するほどである[44]。

ほかにもネット怪談を取り入れた創作を列挙すれば長いリストができあがるだろうが、本書はポピュラーカルチャーの本ではないので主要なものを挙げるにとどめておく。

テレビのような視聴者数の多い媒体については、先述のように、早い時期に**杉沢村**や**犬鳴村**が取り上げられたことがある。ただ、**くねくね**などオカルト板由来のネット怪談がいつごろ取り上げられるようになったのかは特定できていない（二〇二〇年代に入ってからは何度か取り上げられたのを確認している）。

以上のような動向に対して、研究者たちの動きはそれほど素早いものではなかった。日本では、二〇〇八年に伊藤龍平が『世間話研究』という学術雑誌に掲載した「ネット怪談「くねくね」考」が比較的初期のものだ。[45] 伊藤はその後もいくつかネット怪談などを素材にした論文を発表しており、二〇一六年にはそれらをまとめて『ネットロア　ウェブ時代の「ハナシ」の伝承』という単行本を出版した。[46] 同書は現在のところ、日本語で唯一の、ネット怪談研究書である（もちろん本書は除く）。

　国外に目を向けると、早いものでは一九九六年に「インターネット上の伝説　コンピュータ時代におけるコミュニケーション文化の側面」（ドイツ語）という論文が出版されており、英語圏のネットニュースで流布していた都市伝説が論じられている。[47] その後も散発的にネット怪談の論文が書かれ、二〇一一年には、民俗学者のマイケル・キンゼラが『レジェンドトリップ・オンライン』という本を出版した。同書は**オングズハット**という最古のネット怪談（同名の土地で異端の科学者や神秘主義者たちが並行世界へのゲートを開いたという話をめぐる断片的な情報の総体）を取り上げたもので、[48] 「レジェンドトリップ」すなわち怪談のオステンション行為がネット上でも実施されていることを描き出している。二〇〇九年と二〇一四年に**スレンダーマン**が話題になってからは、研究者たちはこのクリーピーパスタに魅せられ、現在までに少なくとも三冊の専門書が刊行された。

　かく言う筆者も、先述のとおり二〇〇五年に**コトリバコ**で卒業論文を書いた。おそらくネット怪談を題材にした卒論としては最初期のものだろう。筆者自身はその後かなり時間をおいて二〇一八年に**くねくね**の論文を発表し、[49]現在まで研究を続けている。ほかにも若手の研究者らがネット怪談研究に着手しているものの、[50]残念ながら日本の民俗学や口承文芸研究では、研究は盛んとは言いがたい。だからといってそれ以外の学問分野でネット怪談の研究が積極的に行なわれているわけでもない。以下で述べる国外での展開も含めて、研究者が分析できることはまだまだ多い。

国外への伝播

日本における**スレンダーマン**の知名度に匹敵するほどではないが、日本のネット怪談も英語や韓国語などに翻訳されていることは押さえておきたい。ただ、翻訳に関する体系的な記録は残っておらず、いつごろから国外への紹介が始まったのかを特定するのは難しい。とりわけ二〇〇〇年代までの状況は筆者には分からない。二〇世紀末から二一世紀初頭にかけて公開された日本のホラー映画（『リング』、『呪怨』、『仄暗い水の底から』など）が欧米の映画文化にも強い影響を与えて「Ｊホラー」と呼ばれるようになり、その下地としての「日本的」な心霊や都市伝説に対する関心が若干増えてきた状況はあるだろう。

筆者の知るかぎりで比較的初期のものとしては、blogspot の「地下世界のサヤ」（Saya in Underworld）というブログがある。[51]二〇〇七年八月が初投稿で、都市伝説やホラーゲーム、妖怪などオカルトに関係する雑多な話題が取り上げられるなかにネット怪談も入っている。たとえば初出が二〇〇六年二月の**巨頭ォ**は、二〇〇七年八月末にさっそく“The Big-Head O”として翻訳紹介されている（「ォ」が「村」の左半分を暗示していることには触れられていない）[52]。

現在、英語圏で日本のネット怪談を紹介する最大手サイトはタラ・A・デヴリンによる「Kowabana」だと思われる[53]。二〇一七年六月下旬に2ちゃんねるやまとめブログに掲載された怪談を翻訳投稿するブログとして始まったKowabanaは、現在では無数の記事を抱え、ポッドキャスト配信もする総合サイトとなっている。デヴリンはウェブサイトの立ち上げに続いて日本の怖い話を翻訳集成した本を何冊も出版しており（*Kowabana*シリーズ全五冊、心霊スポットを扱った*Reikan*、都市伝説を集めた*Toshiden*シリーズ全二冊）、書籍媒体で日本のネット怪談を探究する英語圏の人々にとっては貴重な情報源となっている。

日本に特化したわけではないが、ルシア・ピータ一ズの運営するオカルト考察ブログ「The Ghost in My Machine」（二〇一四年三月〜）[54]の「ゲーム」カテゴリーでは、**ひとりかくれんぼ**（第5章参照。英語でhide-and-seek alone）など日本のネット怪談由来の危険な遊びが多数紹介されている。「ゲーム」部分を再編集したピーターズの本『暗闇で遊ぶ危険なゲーム』にも日本のものがいろいろと盛り込まれている[55]。

英語圏以外の経路も見逃すことはできない。第1章で見たように、**きさらぎ駅**は個人サイトが二〇一二年四月にまとめブログを英訳し、それがクリーピーパスタのウェブサイトに転載された。ただ、きさらぎ駅の話題それ自体は中国語のニュースサイト「NOWnews」で二〇一一年八月一〇日に記事になっていた。[56]翌日、あるユーザーがこの記事をLiveJournalの記事で紹介し、[57]さらに同月一二日、別のユーザーが同じくLiveJournalに、はすみ以外の投稿も含めて、オリジナルの体裁を保ったまま、全体を英語に翻訳した（こちらはそれほど反応がなかった）。[58]クリーピーパスタのサイトのほうの出典は、これとは別の経路で翻訳されたページである。

第3章でも見たように、**異世界に行く方法**はまず韓国語に翻訳され、それが英語圏に紹介されたため、オリジナルは韓国の都市伝説であるという記述が今でも散見される。現在、韓国語の百科事典Wikiサイトであるナムウィキの「都市伝説」リストを見ると、**異世界に行く方法**以外にも、かなり多くの日本の都市伝説やネット怪談が紹介されていることが分かる。[59]たとえば**コトリバコ**は二〇一一年一月二八日以前、[60]**くねくね**は同年二月一六日以前、[61]**八尺様**は二〇一三年七月九日以前、[62]**きさらぎ駅**は二〇一七年九月二八日[63]に立項されている。*

他方で、日本のオタク文化を世界に発信する場にもなっているWikipediaでは、ネット怪談はそれほど精力的に多言語化されていない。そもそも日本語版を見ても、**きさらぎ駅**や**く**

ねくね、**八尺様**の記事はあるものの、**コトリバコ**や**ヒサルキ**などの代表的怪談はまだ立項されていない。このうち「**きさらぎ駅**」の項目は二〇一九年五月一一日に「良質な記事」に選ばれている[64]。ただし、「ネットでの広まり」の節は、それほど正確な説明ではない（これはWikipediaの執筆者の問題というよりは、現時点で利用可能な文献に問題があるものが多いのが原因であろう）。

こうした日本のネット怪談の国外への伝播や発展は、映画化までされた**異世界に行く方法**などわずかな例外を除いて、まったく調査研究されていない。翻訳の多くはオカルト板のスレに直接取材するのではなくまとめサイトやまとめブログから採られたもののようであるが、確かなことは言えない。近年は機械翻訳の進歩によって語学の知識がなくてもある程度の概要はつかめるようになっているので、そうした経路で日本のネット怪談を知る人も多くなっている。今後のネット怪談研究はこうした日本以外の展開も見ていかなければならない。

ネット怪談の特徴を逆手に取る――記録は消えても記憶は残る

まだアンダーグラウンドな雰囲気のあった二〇〇〇年代前半までのネットユーザーは、ウェブ上のコンテンツは、意識的に残そうと思わなければ消えてしまうことをよく知っていた。

たとえば第2章で紹介した**ヒサルキ**は、こうした知識を逆手に取った可能性もある。怪談が広まるきっかけとなった最古の投稿はどこかの電子掲示板由来ということになっているが、URLもサイト名も明記されておらず、当時の参加者たちも見つけられなかった。つまり、転載を装ったネタの可能性があるのだ。

過去が消え去ることを利用した有名な怪談が「**鮫島事件**」である。これは、2ちゃんねるの初心者向け雑談板の一つだったラウンジ板に二〇〇一年五月二四日に立った「伝説の「鮫島スレ」について語ろう」というスレに始まるネタである[65]。最初の投稿には「ここはラウンジでは半ば伝説となった「鮫島スレ」について語る／スレッドです［……］あれを見たときのショックは今でも覚えています。」とある。続いて「あのスレの事はタブー」や「あの話には触れるな」など、何かよほど重大なことが起きたのに隠蔽されていることを示唆するものばかり投稿される。だが現実には、このスレが登場する

＊「以前」とあるのは、ナムウィキにおいてそれ以上の履歴がたどれなかったもの。ナムウィキは二〇一五年四月に既存のWikiサイトであるリグヴェーダウィキからデータを複製して設立されたサイトであり、それ以前からある項目はリグヴェーダウィキ由来である。ただ、リグヴェーダウィキは現存しているようだが、筆者の環境からはアクセスできず、ナムウィキが引き継いだデータしか参照できなかった。いずれもバージョン番号は初版に近いため、本文に示した日時は立項日時とそれほど大きな違いはないと思われる。

まで「鮫島スレ」などというものは存在しなかった。鮫島事件は、評論家の荻上チキが言うように、「おおっぴらに語ることがタブーとされている事件を語るような口調で楽しみあうジョークの作法」[66]だったのである。

怖すぎて伝えられない、問題がありすぎて封印されている——といったかたちで題名だけ語られる形式の怪談は新しいものではない。よく知られているのは、作家の小松左京が一九六五年に発表した掌編「牛の首」である。左京自身も他人から**牛の首**を聞いたとのことなので、いつ頃から伝わっているのかは分からないが、西日本に分布していたと推測されている。[67]それに対して**鮫島事件**は、過去ログが消えたり見えなくなったりする電子掲示板の特徴を利用していた点で、とりわけネット怪談的だった。もちろん、参加者の多くはそれがネタであることを見抜きつつ、ネタとして構築を続けていったのではあるが。

中身のない怪談は他にもいろいろあるが、ネット上からの消滅を利用したものに**タクラーン村の少女**がある。もとは二〇〇七年八月一二日、ニュース速報板の「怖い話をしようぜ」というスレに書き込まれた「タイのホームビデオで家族の後ろを異常に手の長い女の子が／こっち向いて笑いながら走ってる動画くれ」という投稿が、オカルト板の別のスレに転載され、「タクラーン村の動画だな／小栗から消されて以来上がった事ないからあきらめろ」という返信が来たのが始まりである。[68]

「小栗」は「Ogrish.com」のことで、いわゆるグロ画像が多く掲載されたウェブサイトである（二〇〇六年、LiveLeakに統合。LiveLeakは二〇二一年に終了）。基本的にそのようなコンテンツは非倫理的であり、表立って公開されるようなものではなく、また公的機関から削除要請が来ることも頻繁にあり、一度削除されれば再びアップロードされる保証はまったくない。そうした常識が**タクラーン村の少女**に、完全にネタと断言することのできないリアリティを与えているわけだ。また、文章としては内容が伝わっているが、肝心の動画が消えた・見つからないことにしている点で、**鮫島事件**よりも多重的である。記録の残っていない映像怪談としては「**NNN臨時放送**」などもあるが、これらは第6章で触れる。

怪談にかぎらず物語は、そもそも口承で伝わっていくものであり、話したそばから物理的形態（空気の振動）としては消えていくものだ。だから伝承のなかで話の内容は徐々に変化していったし、話の名称と聞いたときの印象だけしか思い出せないこともあったことだろう。さらに怪談には、聞くと災いが降りかかる感染系のものもあるので、あえて内容を広めないこともあったはずだ。非実在系のネット怪談は、口承と同じように、ネットに流れるヤバイ情報は一期一会であるという知識があるから成立するものだった。

話者としてのインターネット老人会

この章の終わりに、忘れ去られてしまった話を一つ紹介して、ネット怪談が生気を失うとはどういうことかを示してみたい。

二〇二〇年代のネット怪談に関する知識は、まとめブログや動画によるものが大半を占めている。そうしたサイトの管理人は、二〇〇〇年代に作られたまとめサイトや、はっきり怪談が投稿されていることが分かるタイトルのスレに取材していることが多い。そのため、最初期からオカルト板に入り浸っていた住人なら誰でも知っているのに、まとめブログ時代以降の人々には知られておらず、また、同じようにして情報収集する怪談系書籍の作者にも知られていないものがいくつかある。そんな怪談の一つ、「**ろっぽんぞー**」を取り上げてみよう。

二〇〇〇年六月五日、「今日自分の身に起った不思議な出来事」というスレが立った。[69]最初の投稿者によると、JR鎌倉駅のキオスクで千円札を取り出すと、「夏目漱石の眼がキョロキョロ左右に動くんで驚いてさらに見ていたら／その口を開いて「ろっぽんぞー！」と子供のような高い声で喋るのです」。投稿者は「ろっぽんぞー」とは何なのか、情報提供を求めた。

あまりに突飛な出来事の報告に、住人は誰もまともに受け取らず、投稿者の心の状態を心配したり嘲ったりするものばかりが続いた。だが、八月一〇日にある事実が明らかになる。それは、アメリカの図書館で「ろっぽんぞー」の本があるかどうか尋ねたところ、児童書のコーナーに連れていかれ、RAPUNZELという不気味な絵本を紹介されたというものだった。タイトルの発音は「ろっぽんぞー」だった。[70]

この絵本は日本語でいう『ラプンツェル』である。これを英語読みすると「ロッポンゾー」に聞こえなくもない。とはいえ、それと千円札が声を発した話はつながらない。それでも他につながるものもないので、夏目漱石がRapunzelと言ったとしか考えられない——と、**ろっぽんぞー**は意外な展開を迎えた。**ヒサルキ**と**ヒサユキ**のような、かなり薄いがまったくないともいえない関係が発見されたのである。

その後もオカルト板には、タイトルに「ろっぽんぞー」とあるスレが二一本も立った（最後のスレは二〇〇五年八月。とはいえ、多くはほとんど投稿がなかった）。怪談というよりはミーム扱いされたと言ったほうがいいかもしれないが、それでも二〇〇〇年代前半、筆者を含めたオカルト板の住人にとって、**ろっぽんぞー**は誰でも知っている奇妙な話であり、奇妙な響きであった。だが、このような常識はまとめブログに伝承されず、過去に埋もれていった。そのため**ろっぽんぞー**は、まとめブログなどを参考にする現在のネット怪談系の書籍にもまったく載っていない。研究の俎上に載ることはなおさらない。
ろっぽんぞーの現状は、ネット怪談の「死後の生」を考えさせる事例でもある。映画化され全国公開されるものがある一方で、アーカイブにさえ入らないものもある。本書に**ろっぽんぞー**が載ったのは、たまたま筆者の記憶に残っていたからにすぎない。

民俗学者がフィールドワークをするとき、高齢者（いわゆる「古老」）を話者として優先する傾向にあるのは、一度失われると取り返しのつかない記憶を少しでも早く記録するためでもある。[71] 他方で、すでに記録が残されていても、アーカイブ（まとめブログ）に保存されなければ、いわば死蔵状態に陥る。するとやはり、「古老」への聞き取りが重要になってくる。「インターネット老人会」と自虐的に呼ばれる人々の記憶は、ネット怪談のみならず、民俗学にとってもインターネット文化研究にとっても、きわめて貴重なものなのである。*

＊「インターネット老人会」は、二〇一五年六月末にTwitterでハッシュタグとして用いられてから広まった表現である。当時から九年以上経っており、この言葉を使うこと自体が老人会しぐさとされる日も近い。

第5章
目で見る恐怖
――画像怪談と動画配信

超常的イメージのメディア

怪談はどのようなメディア（媒体）で伝わっていくのだろうか。民俗学者がしばしばイメージする状況は、場を共有する人から人へと、言葉をとおして伝えられていくというものだ。こうした伝わり方を「口承」という。現在にいたるまで、怪談が伝わっていくためには、どこかの段階で口承がはさまっていることが多い。

口承のほかに「書承」という伝わり方もある。書かれたものを利用するやり方だ。その媒体には、本や雑誌だけではなく、プライベートな場でやりとりされる手紙や日記なども含まれる。ただし、書承によって伝わるのは文字だけとは限らない。たとえば日本では、江戸時代に木版印刷が普及し、無数の怪談集が刊行されたが、その多くには場面を描いた挿絵が含まれていた。出版物による書承は地域や時代を超えて同じ文章を大量に複製することを可能にしただけではなく、視覚的なイメージを広めていくこともできた。

一九世紀における写真の出現はイメージのあり方を大きく変えた。写真は感光することで機械的に生み出される複写だから、何にもまして主観の入らない客観的なものだと見なされたのである。[1] 一九世紀後半に心霊写真が流行したのも死後の存在を示す客観的証拠として写真が利用されたからだった。[2] その客観性というのは、写されたものがスケッチなどよりも正確だというのもあるが、超常的なものについて言えば、単純に「事物がかつてそこにあったということを決して否定できない」という思想家ロラン・バルトの指摘を利用しているとも言える。[3] 私たちがイメージする心霊写真の多くはぼやけており、写真の「写し取る」機能を十全に果たしていないように見えるが、それでも主観とは無関係に「客観的にあった」ということの証拠としては機能しているのである。[4] 霊的なものではないが、ネッシーや雪男などの未確認動物の存在が曖昧な写真によって広まっていることも押さえておくべきである。はっきりとは見えないが確かに何かがいるという性質は、ネット怪談における画像や動画にも受け継がれている。

一九七〇年代以降の日本では、心霊写真といえば霊能者などの専門家によって鑑定されるものになっていった。[5] ここに写っているのは誰それの霊であるとかあなたは恨みを持たれているなどの物語が、画像を主軸にして次々と構築されていった。逆に、そうした物語が、何でもない写真を心霊写真として構築することもあった。[6]

本書では、ここまでは文字中心のネット怪談を取り扱ってきた。そもそもオカルト板やホラーテラーなど二〇〇〇年代の有力な投稿サイトは、文字だけしか投稿することができなかった。だが、心霊写真がそうであるように、画像（ここでは静止画に限定する）や動画は、怪奇的で不思議なものを語ったり体験したりするとき、あるときは客観的証拠として、あるときは体験者の知覚を共有できるものとして、決定的な役割を果たすことがある。映像それ自体が超自然的な効力を持つとされる場合はなおさらだ。インターネットはそうした映像データを文字データと同じように大規模に拡散し、アーカイブし、加工し、改変し、そして誰もが話し合いをできるようなインフラを提供した。映像をめぐって生成される話――「視覚的伝説」や「視覚的体験談」と呼ばれることがある[7]――の共同構築は、少なくとも二〇〇〇年代後半から現在にいたるまで、ネット怪談の大きな部分を占めている。

ウェブ上で画像を投稿するための掲示板システムは、一九九八年に日本で公開されたプログラム「imgboard」によって広まり、性的画像の共有を目的としたものをはじめとして、多岐にわたる主題の掲示板が林立した。また、二〇〇一年八月に生まれた「ふたば☆ちゃんねる」は、2ちゃんねるの影響を受けつつも、多数の画像掲示板を収蔵した大規模ウェブサイトとして独自の生態系を築いていた。さらに「イメぴた」（二〇〇五年七月〜二〇一一年三月）など、携帯電話から投稿・閲覧できる画像サイトも現れた。自前のウェブサイトを持っていなかったり匿名で参加していたりした人々は、こうした場所をしばしば利用した。

映像が必ずしも物語をともなわない点は重要である。第1章でも少しだけ触れたが、**スレンダーマン**に関してアメリカの民俗学者が指摘するように、伝説が言語的な「物語《ナラティヴ》以外の形式でも存在するという認識は以前からあった。短めのテクストがついていたり、テクストさえついていない画像として登場することもあるのだ[8]」。

おそらくこのあたりまで行くと「ネット怪談」という言葉から想像されるものから外れるものも出てくるかもしれない。たとえば以下で紹介する「**三回見ると死ぬ絵**」は単なる迷信（俗信）であり、それだけでは物語も出来事もともなわないかもしれない。だが、この俗信を知っているインターネットの参加者は、ほぼ確実にこの絵を見てしまっていることだろう。実際にその画像に巻き込まれてしまう出来事が起きうることが、物語のない画像をその場ごとに恐るべきネット怪談にしていくのである。第1章で見たように、伝説の表現形態には身をもって体験するものが含まれ、オステンションと呼ばれる。本章の前半ではオステンション行為をめぐって映像と怪談が相互作用するさまを見てみたい。

本章の後半では動画実況を取り上げる。具体的には肝試しのライブ配信である。過去を見てみると、**きさらぎ駅**は文字だけによる実況だったが、すでに画像を要求するレスがあった[9]。

また第2章で取り上げた**本危**でも、現場の写真と思われる蓋の画像が話題の焦点となっていた。このように、二〇〇〇年代前半であっても実況に画像が追加されるのは珍しいことではなかったのだが、二〇〇〇年代終わりごろになると、テレビ中継と同じように映像・音声データを現場の実況者とその他の参加者が共有できる通信環境が整ってきた。映像そのものが中心になっているという点で、肝試しのライブ配信はネット怪談のオステンション志向や脱言語化とも言うべき動向を象徴している。

ただ、先述の画像掲示板は、投稿数が同じでも文字だけの掲示板と比べてデータ量が桁違いに多いため、ふたば☆ちゃんねるを含め、過去ログは一定期間経ったり新規投稿が増えたりすると消滅するものが多かった。そのため、たとえ二〇二四年時点で掲示板自体は現存していても、2ちゃんねる（現・5ちゃんねる）やTwitter（現・X）など最初期からのログが残っているウェブサイトと違い、過去のことを網羅的に調査するのはきわめて困難である。話題になった画像は転載されて残っていることがあるので、過去のデータがすべて失われているわけではないが、大元のログが残っていなければ初出や拡散経路を探るのは難しい。そのため、とりわけ二〇〇〇年代の画像怪談については、十分な証拠とともに全体像を示すことのできるものは多くない。以下の各怪談も、必ずしも主要なポイントを押さえたものではなく、本書執筆の時点でかろうじて残存しているデータを基にしていることは断っておく。

掲示板に投稿される画像の何が一番怖いだろうか。それは、ファイル名が自動的に付されるため、URLだけだと画像の中身が想像できないことだ。典型的な画像掲示板に投稿された画像のファイル名はUNIX時間（投稿日時を協定世界時一九七〇年一月一日からの累積秒数に変換したもの。この部分を執筆していたのは1714286991）だし、Twitterや Instagram、大手画像アップローダーの Imgur などでは、ファイル名はランダムな英数字列である。魅力的なコンテンツ（主として性的なものや猫）という紹介文につられてURLをクリックしたのに、まったく違う不快な画像が表示されて後悔した経験のある人も多いのではないだろうか。これに限らないが、閲覧者の期待を煽ってコンテンツに誘導する手法を「クリックベイト」（clickbait）と言う。[10] ホラー研究者のジョゼフ・クロフォードが指摘しているこことだが、ページをスクロールすることでびっくりさせるコンテンツと同じように、[11]「ネットでは、そうした素材は読者に「忍び寄り」、いつの間にかすぐそばに来ている」。[12]

2ちゃんねるでは、初期から嫌がらせ目的で不快な画像へのリンクを載せることが横行していた。そのため、二〇〇一年四月、当時の雑談系大手だったラウンジ板に「勇気がなくて

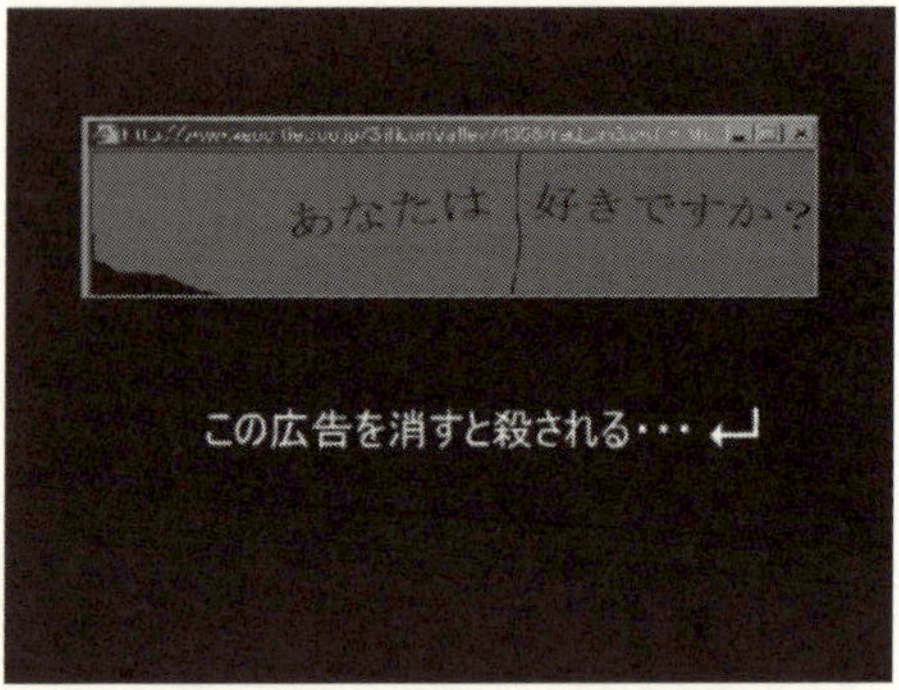

図22「赤い部屋」のプレイ画面

見れない画像解説スレ」が立てられた[13]。不快な画像を見ても動じないボランティアがリンク先に飛んで内容を確認し、簡潔な文章で解説するというスレである（二〇〇七年ごろまではラウンジ板の名物スレだった）。恐怖や嫌悪と深い関係のあるオカルト板にも二〇〇三年六月に姉妹スレが立った[14]。

赤い部屋

クリックベイトをうまく物語に組み込んだものとしては、ネット怪談ではなくヴィジュアルノベル風のホラーFLASH*だが、「**赤い部屋**」（O-Toro作）がよく知られている（図22はプレイ画面[15]）。二〇〇三年五月に発表されたこのFLASHは、ウェブブラウザのウィンドウが新しく開くタイプのポップアップ広告にまつわる怖い話である。たいていポップアップ広告は邪魔だからユーザーはウィンドウを閉じるのだが、ある赤い広告だけは閉じてはいけない、なぜなら死んでしまうから——といううわさを探る主人公は、とうとうその広告にであう。好奇心に駆られた主人公が閉じるボタンをクリックすると、ふたたび同じ広告が出てくる。それを繰り返していると「赤い部屋」という文字列が徐々に現れ、最終的に赤い背景に多くの人名が書かれたウェブサイトが全画面表示される。直後、主人公は何かに殺されてしまう。動脈を切られたため、部屋は真っ赤になっていた。列挙されていた人名は、これまでの犠牲者だった——。クリックしてはいけないという警告は逆説的にもクリックベイトとなり、その結果として最悪の事態が訪れたわけである。

赤い部屋は、ウェブページのＦＬＡＳＨ枠内に、Googleなどのウェブページのスクリーンショットを表示する入れ子構造になっており、枠内で起きていることを現実に起きていることの再現（表象）として受容することができる。スクリーンショットという形式が、それ自体では現物でもあるという現実感《リアリティ》を生んでいるということだ。**赤い部屋**は、再媒介化（第4章参照）につきまとう現実との両義的な距離感をうまく利用しているのである。実際、こ

＊　ＦＬＡＳＨとは、ウェブサイトにアニメーションやインタラクティヴな要素を付加するためのアドビ社のテクノロジーで、それを利用したコンテンツもＦＬＡＳＨと呼ばれる。現在では廃止され、正規の手段で再生することはできない。

の作品はＦＬＡＳＨ作品であることを越えて、現実にそのような広告があるといううわさとしても流通するようになり、[16]おそらく二〇〇〇年代後半以降はネットホラー（ＦＬＡＳＨ作品）としてよりもネット怪談としての知名度のほうが高くなっている。

三回見ると死ぬ絵

クリックベイトを利用した不快な画像は、それだけでは怪談にならない。**赤い部屋**の終盤で主人公がいるはずのない何かに殺害されたときのように、何らかの不可解さや超自然的な「いわく」がありそうに思えるとき、それは怪談となる。インターネットにはびこる絵画の怪談となると、古典的なのは「見ると不幸になる」とされる絵画だろう。特に現在までよく知られているのは「**三回見ると死ぬ絵**」である。実際にはズジスワフ・ベクシンスキ（Zdzisław Beksiński）というポーランドの画家が一九八一年に描いた作品であって、何回見ても死因にはならないのだが、不吉な感じを醸し出してはいる。ベクシンスキは日本の美術界隈では一九九〇年代から知られていたが、二〇〇二年ごろからその外部でも話題に出るようになり、国外のサイトが作品の大部分を公開していたこともあって、ネットで見られる怖い絵画リストの常連になっていた。

今ではベクシンスキ以外にも「〇回見ると死ぬ絵（画像）」が多数あるが、この手のうわさがいつごろ流布しはじめたのかは明確ではない。* 筆者が探したかぎりでは、二〇〇五年一一月三日、オカルト板に「3回見ると不幸が起きる／という絵の噂は本当ですか？？」という投稿があった[18]。同月二〇日、ニュース速報板に「三回見ると不幸になる」という触れ込みでベクシンスキの絵が紹介されていたので、三日の投稿も同じ絵を指していたと思われる[19]。

不幸になるどころか死んでしまうという説明つきの画像は、ベクシンスキの絵画ではないが、同年一一月一六日、2ちゃんねるの格闘技板に投稿されたものがもっとも古い[20]。ただ、このときは二つのURLが並んでおり、交互に三回見ると死ぬとのことだった。画像のうち一つは一二月半ばまでに削除されたようで今では見られないが、当時の反応を参考にするとアニメ『新世紀エヴァンゲリオン』の登場人物が描かれていたらしい。もう一つは、日本人形のようなものが映ったテレビ番組のキャプチャ画像である。

ベクシンスキの作品と「死ぬ」が結びついたうわさは、オカルト板では二〇〇六年三月五日にはじめて情報が現れている[21]。ただ、この時点で「何年か前にネットで見た」と言われて

* 松山大学にはかつて「**ヒカルさんの絵**」があり、指さしたり触れたりすると不幸なことが起こると言われていた[17]。この絵にまつわる怪談はフジテレビ系の番組『奇跡体験！　アンビリバボー』第二回（一九九七年一一月一日）で紹介されたことにより有名になった。

いるので、うわさの初出は二〇〇四〜二〇〇五年あたりと思われる。二〇〇七年以降は、多くのまとめブログにベクシンスキの絵画が転載され、完全な風評被害ではあるが、有名な画像怪談になっていった。さらに韓国でも二〇〇七年ごろから流行りはじめた。[22]

二〇〇七年といえば「**検索してはいけない言葉**」が流行りはじめた時期でもある。これは、一見すると無害だが、ネット検索をしてみるとグロかったり異常だったり呪われたりする有害コンテンツに誘導されてしまう言葉のことで、リスト形式でコピペされることが多い。[23]そのような検索ワードがあることは早くから認識されていただろうが、**検索してはいけない言葉**というタイトルでニュー速ＶＩＰ板に立った最古のスレは同年一〇月二三日のもので、[24]それ以降は毎週のように似たようなスレが立つようになった。オカルト板では二〇〇八年一月一四日に初代スレが立ち、[25]それから二〇一二年四月まで一六のスレが続いた。2ちゃんねる外部では二〇〇九年二月ごろ「検索してはいけない言葉　wiki」というまとめサイトが登場し、現在ではインターネット上の恐怖・ホラー情報集積サイトと化している。[26]

検索結果として現れるものの多くは、単なる文章ではなく画像や動画、派手なカラーリングのデザインを含んでいる。ただの画像ＵＲＬでは警戒されるが、一見して問題のなさそうな文字列は警戒されにくい。**勇気がなくて見れない画像**を巧妙に発展させたものが**検索してはいけない言葉**だとも言える。

図23　ヤフオクに出品された「かわいそうな雛人形たち」

おつかれさま

出所不明の怖い画像を利用したなかでも手の込んだものとしては「**おつかれさま**」が知られている。初出は、二〇〇六年二月四日の土曜日にオカルト板に立った「絶対に見てはいけない画像」というスレである。[27]時刻は午前一時なので週末の深夜だ。このタイトルは典型的なクリックベイトで、見てはいけないと言われたら見てしまうだろう。一番目のレスには画像ファイルのＵＲＬだけが載っており、見てみるとぼろぼろの雛人形が六体（うち二体は首がない）の写真が現れる（図23）。気味が悪いといえば悪いが、強烈なショックを受けるほどではない。この写真は、二〇〇三年一月二九日、ヤフオクに「かわいそうな雛人形たち」という名前で出品され、[28]2ちゃんねるのオークション板やオカルト板などで話題になった画像を流用したものである。[29]

投稿者はすぐに種明かしをした。この画像を見てしまうということは邪念があるので自分が「供養」してあげる、と。見てしまった者は灯りを消し、水を用意しなければならない。投稿者が呪文を唱えるので（実際はスレに呪文を投稿する形で行なわれた）、それに続いて見た者は水を飲む。これで終わり――だという。投稿者は最後に「おつかれさまでした」とレスをした。なぜそこまで面倒なことをしなければならないのか分からないまま、多くの閲覧者がこの儀礼を実行していった。

しばらく経った三月一二日から一五日にかけて、別の投稿者が、画像は実は無害であり、儀礼こそが有害であることを指摘した。水は「不成仏霊」を呼び寄せるものであり、それを飲むことは悪霊を体内に入れるということ。つまり「おつかれさまでした」は「お疲れさまでした」ではなく「お憑かれさまでした」だったのである。三月二六日には、儀礼の直後に姉が急死したという報告まで書き込まれてしまう。

補足をしておくと、スレを立てた人は後のほうで「いのり」というコテハンをつけている。オカルト板での彼女の発言を追っていくと、二〇〇七年五月五日、「おつかれさまでした」という表記について、「「疲」という言葉は、非常に邪念を生みやすいのです。／だから、あえて使いたくないだけです」と言っている。[30] いのりは二〇〇八年七月ごろまでオカルト板で活動しており、普段の発言を見ると、他人を騙して有害な儀礼をさせる人物には思えない。おそらく悪霊を憑依させる儀礼だというレスのほうがネタだったのだろう。ただ、この後日談はほとんど知られていない。「絶対に見てはいけない画像」スレは**おつかれさま**として有名になり、巧妙な心霊的トラップをしかけたスレとして、今でもまとめブログやまとめ動画などで紹介されている。

インターネットにおいて不幸を呼び寄せる画像は、美術館やギャラリー、あるいは美術の教科書や画集などで鑑賞する絵画というよりも、むしろブラクラ（ブラウザクラッシャーの略。ウェブブラウザに異常な動作をさせるコードやプログラムなどのこと）に近い。画像を見ることはリンクを踏むこととほとんど等しいからだ。実際、不快な画像は「精神的ブラクラ」とも呼ばれている（この言葉自体は二〇〇〇年ごろから使われている）。また、怪談としては、古典的な「聞いたらやってくる」系（感染系）にも似ている。ＵＲＬだけがコピペで広まっていくところなども同じだ。ネット怪談として古典的なものとしては、文字だけではあるが、「alpha-web こわい話」に投稿された「**鹿島さん**」（一九九六年七月一五日）[31]もかつては同じような扱いを受けていた。米兵による暴行事件の犠牲者にまつわる怪談なのだが、内容に引き込まれてスクロールしていくと、終わりのほうで「この話は、もし知ってしまうと肉片［筆者注：犠牲者の霊］がいつかはその話を知ってしまった人のところにも現れるということです」と書かれており、読んだことを後悔させる作りになっているのである。この怪談のＵＲＬ（だけ）があちこちの掲示板に貼られ、読んでしまった人に不快感をもたらすことになった[32]。

第1章で説明したように、伝説で語られていることを身をもって試してみることをオステンションと呼ぶのだが、クリックベイト的な怪談は、その意味では強制的オステンションと言える。インターネットでは、一瞥《いちべつ》しただけで全体を知覚できてしまう画像は、強制的オステンションにこの上なく向いている素材なのである。

逆行的オステンション

オステンションの話題を続けよう。物語のないところからもっともらしい伝説が創出されることを逆行的オステンションと呼ぶ。二枚の曖昧な画像から膨大な伝説が構築されていった**スレンダーマン**がその代表である。

実写(のように見える)画像の説得力や求心力は強い。たとえ加工された写真であることがほとんど確実であっても、文字だけで記述されるときよりもはるかに奥行きが深く、細部から情報をいくらでも取り出すことができる。撮影者や作成者が意図していなかった部分にさえ思いがけないものが転がっていたりする(ロラン・バルトはこれを「プンクトゥム」と呼んだ)。要するに現実的《リアル》なのだ。画像から怪談が生まれ、あるいは画像が怪談を補完し充実したものにする共同構築の過程を、以下では見てみたい。

ニンゲン

ネット起源の未確認動物として名高い「**ニンゲン**」は、オカルト板の「巨大魚・怪魚」スレに、二〇〇二年五月一一日、「バイト君」を名乗る人物が投稿したのが始まりである[33]（図24）。

バイト君によると、それを「写真に撮っても海に浮かんだ氷（氷山？）のようにしか見えない（近くで撮れない）」らしく、画像を入手することは不可能だという。話を聞くだけだといかにもありえそうな未確認動物ということで、同日夜にはさっそく単独スレ「〜南極周辺海域【人型物体】真っ白で全長数十メートル〜」が立った[34]。ここにバイト君が投下したレスによると、情報提供者は船乗りの「Fさん」であり、この動物は「人型物体」とも「ニンゲン」とも呼ばれているという。その後も、バイト君以外の人物も含めて、南極の**ニンゲン**に関する情報が断片的に投稿されていった[35]。

画像という観点から見て興味深いのは、「その物体の画像が死ぬほど見たい！／誰かＣＧで想像図作って下さい」（単独スレの七番目）などのレスに応じて、次々に想像図が作成されたことである。いずれも、スレ内では**ニンゲン**のイメージを具体化して楽しむために作ら

68：**バイト君**：02/05/11 13:21
日本政府が行っている南極周辺海域での「調査捕鯨」では、
鯨の捕獲調査だけでなく、捕獲しない種類の鯨も調査し、記録しているそうです。
そこで、公に出来ない「ある物体」が数年前から目撃されているそうなのです。
ソースは関係者から直接。
その物体とは、調査捕鯨関係者の間で「人型物体」と名付けられているもので、
タイプがいくつかあるそうで、人間の形（五体あり）とか、人間の上半身が二つ
連結された形とか、数タイプあり、鯨と同じように水中から現れるらしい。
全身真っ白で、全長数十メートル。数年前以前の捕鯨を行っていた時代には誰も
見たことがなかったらしい。
情報を公にすると、現在の調査捕鯨の科学的信憑性がひっくり返るとかで、
「非常に困惑している」とのこと。
記録だけ付けているそうですが、積極的に探索したりはしていないらしい。
（調査スケジュールが外国との間の国際委員会に提出されているので、動かせないということ）
「ヨタ話として他人に喋ってもいいよ。ただ、俺から聞いたとは言わないように。どうせ、他の連中も喋ってるはずだけど」
だそうです。

図24「巨大魚・怪魚」スレのニンゲンについての投稿

図25　最初期のニンゲン合成画像

れたものだった。図25の左上は、「Photoshopper◆Hk/ACHXc」というコテハンが初日に作成した一つ目のもの[36]。流氷のなかを、水しぶきを立てて進んでいる白い巨大マネキンのようで、合成であることが一目で分かる。また、国外でも**ニンゲン**の画像として広く流通している指が長いもの（右上）は、同年七月一一日に制作され、当時から好評だった[37]。ダイバーが左上に配置されており、**ニンゲン**の大きさが実感できるところがよかったようだ。また、黒いバージョン（右下）は七月一三日に投稿され、これも好評だった。セミクジラの画像を加工したものだという[38]。二〇〇三年一二月九日には、海中に設置されたカメラで捉えたような画像が投稿された（左下）[39]。これも**ニンゲン**の写真として使われることがある。

現在、「ニンゲン」や「ningen」などのキーワードで検索すると、スレ内で創作された想像図をはじめとして、**ニンゲン**の画像がいろいろと出てくる。そうした**ニンゲン**想像図を載せたオカルト系サイト（日本以外のYouTube動画も多い）は、ほとんどすべてが画像の出典を明らかにしていない*。転載の転載の転載の……の連鎖により、初出が分からなくなっているのだ。加えて、初投稿時は想像図であることがスレに明記されていても、ネットホラーにありがちなことではあるが、転載の過程でそういった情報は簡単に抜け落ちてしまうので、一部は実際に撮影された写真として受け取られ、思いがけず**ニンゲン**の現実性を強めてしまうことにもなった。そうでなくても、今では**ニンゲン**といえば図25に挙げた画像を思い起こす人が多いだろう。それだけ視覚的イメージは人々の記憶に定着しやすいのである。

第1章の**スレンダーマン**と比較すると、**ニンゲン**の逆行的オステンションの過程は多少複雑である。**スレンダーマン**の場合、まずほとんど情報のない創作画像があり、次々と肉付けされていくなかで現実性を獲得し、本当に実在を受け入れる人々が現れてしまう。それに対して**ニンゲン**の場合、まず真偽不明のうわさ話があり、肉付けするために創作画像がつくられるが、転載の過程で創作であるという情報を欠落させたままネット上に出回ることにより、当初のうわさ話との相乗で現実感が強まっていく。ただし、**スレンダーマン**のように神出鬼没の存在とされているわけではなく、むしろ南極海という、大半の人々にとって未踏の地域に現れるだけなので、その分、現実感は差し迫ったものとならない。当初のスレの人々にとって、**ニンゲン**の話は「何かがいるかもしれない」という期待を満たせればそれでよかったのだろう。[40]

画像中心的なクリーピーパスタ

二〇〇〇年代までの日本では、画像中心のネット怪談はそれほど多くなかった。第2章で見たように、**くねくね**や**コトリバコ**、**ヒサルキ**などは、文字による叙述と考察が大半を占めていた。それに対して、やや遅れて勢力を拡大してきた英語圏のクリーピーパスタでは、当初から写真などの画像が使われることが多かった。たとえば**スレンダーマン**はまさに画像から次々と物語が派生していったものである。それ以外にも、第2章で紹介した最初のクリーピーパスタ**洞窟探検家テッド**は、ウェブサイトに洞窟内の写真をアップロードして、実際に探検しているかのように思わせることに成功していた。図26は最初の画像である。[41]手袋が置いてあるだけだが、腕が穴に挟まって出られないようにも見える。

＊ **ニンゲン**の想像図は当時の画像掲示板に投稿されたものだが、オリジナルの大半はウェブ上に残っていない。筆者自身、いくつかの情報を組み合わせてようやく初出を特定できたぐらいにはたどるのが難しい。

図26「洞窟探検家テッド」の最初の写真

「**Smile.jpg**」あるいは「**スマイルドッグ**」は、画像版の「**不幸の手紙**」とも言えるものだ。図27に掲げたのは現在のところもっとも古いとされるバージョンで、見やすいように明るさを上げている[42]。全体はポラロイド写真で、下の余白に血のついた指紋が二つある。上部の写真はどこかの暗い室内で粒子が粗く、右側をシベリアンハスキーの正面顔（歯をむき出しにしているが、イヌというより人間の歯並びに近い）が占め、また、暗いので分かりづらいが、血だらけの人間の手のひらが左側から突き出ている。

付された伝説によると、この画像ファイルは九〇年代から出回っている。見たもののところに画像中のイヌが現れ、画像を拡散するよう強いるのだという。要するにチェーンメールなのだが、文章の終わったあとに画像が現れるので、スクロールを利用した怪談とも言える[43]。

この画像は、日本の多くのネット怪談や**スレンダーマン**、**ニンゲン**の画像などと違い、今のところ初出が判明していない。他方で、そのようなチェーンメールが九〇年代から出回っていたという証拠もない。実際には英語圏の匿名画像掲示板4chanの超常現象を扱う/x/板で二〇〇七～二〇〇八年ごろ投稿されたのではないかと考えられている。[44] ただ、4chanは過去ログを保存しないため、初出時の状況は不明である。

同じようにインパクトのある画像が流通しているクリーピーパスタに、白面の殺人鬼「**ジェフ・ザ・キラー**」というものがある。暗い室内で撮影された丸顔の女性（？）を極端に加工したものである。おそらくもとから白飛びしていた顔面をさらに平坦にして、両眼をむき出しにしたように見えるようにしたのだろう。**スマイルドッグ**のイヌと同じように、この顔も初出は不明である。ただ、Redditなど英語圏のSNSでは精力的に探索が続けられており、[45] 明確に日時が分かるものとしては、日本の「オカルト動画・画像板」という画像掲示板に二〇〇五年八月四日に投稿されたものが最古らしい。[46] ただ、この投稿者が作成した画像かどうかは分からない。口元などをさらに加工して、より

図27「Smile.jpg」

図28「ジェフ・ザ・キラー」のイメージに使われた画像

化け物じみた容姿にしたものが、現在よく知られている**ジェフ・ザ・キラー**の画像（図28）で、初出は「pya!」という日本の画像掲示板に同年一一月一六日に投稿されたものである。[47]

ここまでは日本で画像が流通していたのだが、二〇〇八年八月一四日、「NewGrounds」という英語サイトの利用者 killerjeff が、「俺はいいやつだ」という文面とともにこの画像を投稿して話題になった。さらに投稿者名（「殺人者ジェフ」）から「ジェフ」という名称が発生した。[48] 同年一〇月三日、YouTube に、この画像を利用した**ジェフ・ザ・キラー**の動画が投稿され（現在削除済）、その後クリーピーパスタの Wiki サイトに話が載るなどして、今ではクリーピーパスタの代表作の一つとなっている。ただ、**ジェフ・ザ・キラー**のファンアートは、ずっとスタイリッシュだったり可愛くなっていたりすることが多い。

　初期のメジャーなクリーピーパスタは画像をめぐって語られるものが多かった。[49]この事情は、4chanやサムシング・オーフルなどの画像掲示板が発信源になっていたことが大きく影響している。九〇年代後半の文字中心の流れを汲み、ガラケーからのアクセスも多かった2ちゃんねるオカルト板と異なり、インターネットに接続する手法といえばスクリーン解像度の高いパソコンが主流だったアメリカで二〇〇〇年代後半に花開いたクリーピーパスタは、画像ファイルを比較的自由に利用することができたわけである。また、日本の洒落怖などがネット怪談であり、おもに言語が表現手段であるのに対して、英語圏のクリーピーパスタはネットホラーであり、ホラーといえば映画などの映像作品が主体であったという違いもある。これらをまとめると、視聴覚的なホラーをネット上で共同構築するためのテクノロジーやインフラが整ったのが二〇〇〇年代後半だということもできる。

　日本でも二〇一〇年代初頭に「クリーピーパスタ」という語が広まった。ゲーム『マインクラフト』に、スレンダーマンを元ネタにした「エンダーマン」というキャラが実装されたのがきっかけの一つである。Twitterなどを見てみると、エンダーマンの情報が日本で知られはじめたのは二〇一一年七月末のことで、以降、元ネタである**スレンダーマン**も徐々に知名度を高めていった。これにともない、**スレンダーマン**が属するネットホラーのジャンルとしてのクリーピーパスタや**ジェフ・ザ・キラー**などのキャラクターも知られていくことになった。

これらのクリーピーパスタは、画像が主体であったため、見ただけで特徴をつかむことができる。どういう話が付随しているのか正確には分からなくても（**スレンダーマン**の場合、そもそも物語がなかった）、たとえば二次創作／ファンアートというかたちで表現することができた。こういった創作行為もまた、民俗学的には逆行的オステンションに含まれる。ただ、「クリパス」（日本のクリーピーパスタ二次創作界隈ではこのように略す）としてキャラ志向の受容が進められるにつれ、**スレンダーマン**などが、本当にあったかもしれない話題として共有される怪談としての要素は弱くなり、作者のいるホラーとして理解されるようになっていったことは指摘しておこう。

怖いことをするのを見る——心霊スポットと実況配信

Google ストリートビュー

伊藤龍平は、二〇一六年の著書『ネットロア』の最後の章で「未確認動物伝承の二十一世紀を考えた際、私は「Google Earth」が今後の伝承発生の場の一つになると思っている」と述べ、**ニンゲン**がGoogle Earthに映りこんだという話を紹介している。[50] 実際には「発生する場になる」というよりも、すでになっていたといったほうが正確であるが、伊藤がここで言っていたのは、秘境探しにGoogle Earthが使われるということだった。

Google マップは二〇〇五年二月に、Google Earthは同年六月に公開された。二〇〇〇年代日本の代表的なオカルトニュースサイト「X51.ORG」では、さっそく二〇〇五年四月一九日に「AREA51周辺に不可解な地上絵を発見」と題してGoogleマップで見られる奇妙な場所を特集した。[51] また、オカルト板でも二〇〇五年六月二三日には「google mapでやばいもの発見した！」というスレが立ち、[52] 次々と奇妙な画像が発掘された。

現在でも、たとえばGoogle EarthやGoogleストリートビューに映る奇妙なものを紹介するTikTokのユーザー「Google Earth」（アカウント名は@hidden.on.google.earth。二〇一九年一一月三日～）はフォロワーが六一〇万以上もいる。動画のコメント欄は多くの言語が入り混じっており、グローバルな人気を証《しょう》している。投稿される動画はGoogle Earthを操作して地球全体から奇妙な風景にたどりつくまで切れ目なく画面録画したものであり、閲覧者自身が試しやすい。このように、その場でオステンションできることはGoogle Earthの利点である。また、画像怪談の特徴の一つでもあるが、言語の違いを超えて、世界中のどこであれ奇妙な風景を楽しむ・怖がることができるというのも、Google Earth怪談がグローバルに広まっていることの一つの理由だろう。

ここで興味深いのは、Google マップ／Earth で人々が奇妙なものを探すのは、僻地の秘境だけではなく、ごく普通の市街地や住宅街でもあるということだ。特に、二〇〇七年七月にサービスが開始された Google ストリートビューでは、マップの衛星写真では見られない街並みを詳細に観察することができるのだが、撮影されるのは自動車や人間の入り込める場所（主として公道沿い）に限られるため、前人未到の秘境映像は文字通りエリア外である。ストリートビューではむしろ、日常的な景観のなかに異様なものを見つけるという行為のほうが楽しまれている。オカルト板では二〇〇八年八月五日に専用スレ「オカルト板的 Google ストリートビュー」ができており[53]、秘境ではなく、街中の心霊スポットや何でもないはずの風景に怖いものを探し求めた結果がいろいろと投稿されている。

ただ残念なことに、現在のストリートビューは二〇〇九年以降に撮影された画像が大半で、二〇〇八年当時の画像は確認できないようである。また、明らかなバグは Google が修正してしまうので、二〇〇九年以降に発見された奇妙な画像でも確認できなくなっているものは多い。たとえばオカルト板の「ストリートビュー見てたら変なのが出てきた」スレ（二〇一五年一〇月二三日）[54]で報告されているのは、「ここの通路真っ直ぐ進んだら気味の悪い空間になる。／しかもカメラ上に向けたら目玉みたいなのが見えるんだけど…」というもので、

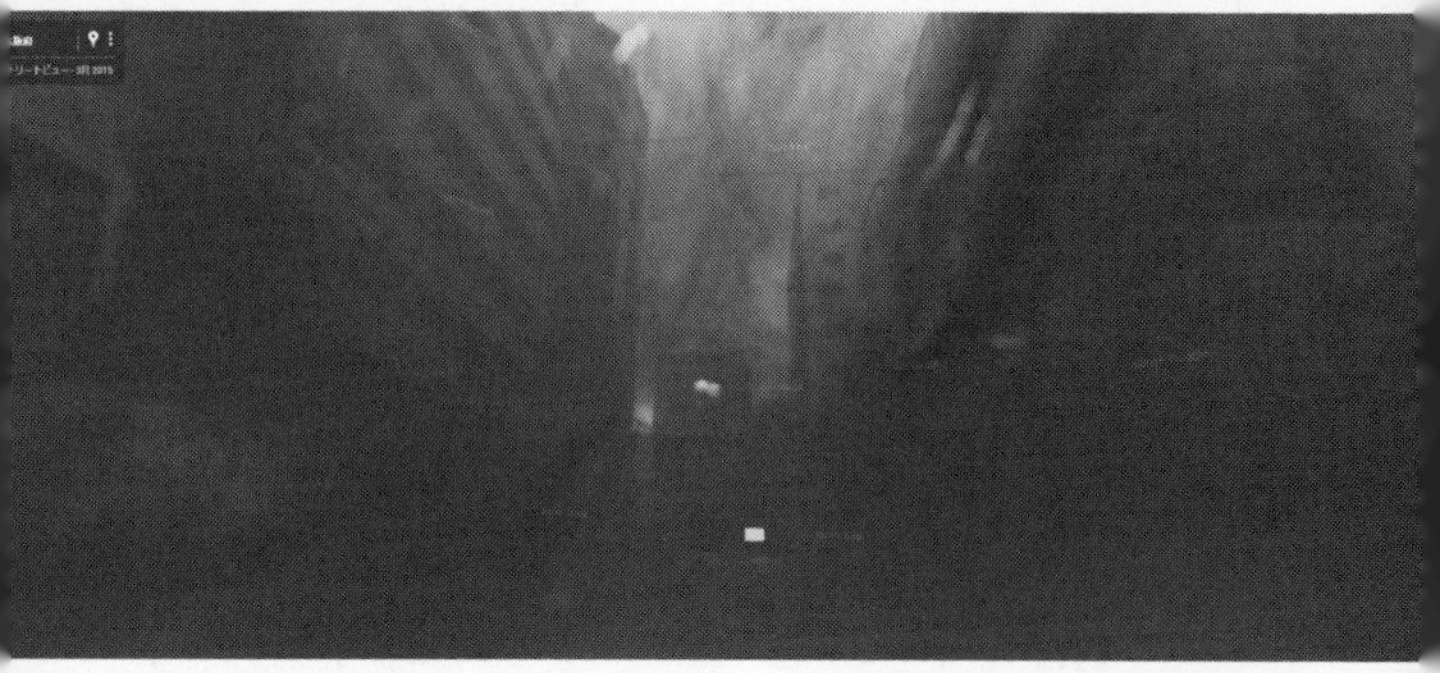

図29　Google ストリートビューで見つかった不気味な風景

当時のスクリーンショットは現在でも見られる[55]（図29）。画面全体が異様に暗くなっているのみならず、奥のビルから黒い煙のようなものが伸びている。異世界に入り込んだかのようだ。現在、スレにあるＵＲＬで二〇一五年三月を選択し、一つずつ進んでいくと、ある地点だけこの時点の画像が脱落しているので、おそらくそこにスクリーンショットの部分があったのだろう。スレでも指摘されているとおり、実際にはゴミ袋か何かがカメラにかぶさっただけなのだろうが、それでも、なじみの街路を進んでいくと突如スクリーンに広がるこの風景は、十分に不気味なものである。

アーティストのクリステン・ガラノー＝ブルックスが述べるように、超常的なGoogleストリートビューは「疑似的な肝試しのインターフェイスであり、［……］当の地点に実際に行ってみるという、やらねばならないが面倒な「恐怖の試練」という要素は差し引かれることになる」[56]。ストリートビューを閲覧する行為は、怪談に関するこれまでの民俗学的な概念では捉えづらい。身体的な恐怖の試練がともなう肝試し的なオステンション行為ではないが、かといって何かの物語を読んだり映像作品を視聴したりしているわけでもないからだ。

現代文化研究者の松本健太郎は、Googleストリートビューや「監視カメラがとらえた幽霊」動画などを踏まえ、そもそも全体を見られることを想定していない映像のデータベースから何かを人力で発掘し、それに幽霊などの意味を与えることが可能になった現代の技術的環境を指摘している[57]。

私たちはここに、レフ・マノヴィッチが一九九〇年代のニューメディア（デジタル・コンピュータ技術によって可能になったさまざまなメディア）について指摘したこと――データベースがナラティヴに対して優位に立っている――を見つけることができる。マノヴィッチによると「文化的形態としてのデータベースは、世界を項目のリストとして表象しつつ、そのリストを秩序づけようとしない。それに対して、ナラティヴは見かけは秩序づけられていない項目（出来事）どうしの因果関係の軌跡を作り出す。したがって、データベースとナラティヴは天敵どうしである」[58]。

私たちは「怪談」と言われると、たとえば主人公がいて、怪奇現象が生じ、解決されたりされなかったりする――という出来事の連鎖を時系列的に秩序づけたナラティヴとして理解することが多い。だがGoogleストリートビューなどの場合、そのように秩序だったナラティヴはもともと存在しない。各所で撮影された画像が集積されているデータベースがあるのみで、それぞれの画像のなかの物事は、ナラティヴとしては構成されていない。先述の、突如現れる暗黒の風景は、データとしては地理的に周囲の画像と連続しているだけで、ナラティヴも何もない。だが、たとえば「ストリートビューを撮影していた車両が一瞬だけ異界に入り込んでしまった」などのナラティヴを紡ぎ出して、暗黒の風景を説明することは可能である。データベースとナラティヴが「天敵どうし」であるとは、過剰な表現ではあるが、こういうことである。

さらにマノヴィッチは、ニューメディア以前の映画や文学においてはナラティヴがまず存在していたが、ニューメディアではデータベースがまず存在し、そこにユーザーがナラティヴを存在させていくという違いを論じている。[59]たとえばGoogleストリートビューでは、まずデータベースがあって、そこの画像群から、閲覧者が各々ナラティヴ（怪談）を創出していく。すると、おそらくユーザー（参加者）がナラティヴを見出さないままコンテンツを享受する状況も想定できる。画像怪談はそうした傾向を有するが、この点について詳しくは第6章で見てみたい。

ひとりかくれんぼ

話題をオステンションに戻そう。日本では、YouTubeやニコニコ動画の普及により、二〇〇〇年代後半から二〇一〇年代にかけて静止画だけではなく動画を利用して表現されるネット怪談も増えていった。ここでは「**ひとりかくれんぼ**」を取り上げてみたい。**こっくりさん**と同じように、簡単な儀礼を行なうことにより霊を呼び出すものである。**ひとりかくれんぼ**を実行することは、典型的なオステンション行為である。

二〇〇七年四月一八日、オカルト板に「【降霊】検証実況スレ本館【交霊】」というスレが立った。当初はほとんど書き込みがなかったが、四月二一日午前二時、「◆iwr.CbaKEE」(以下「iwr」)という人物が「一人隠れんぼ」を始めると宣言する。この遊びは、午前三時に、綿を抜いて米と自分の爪を入れたぬいぐるみを用意し、まずは自分が「鬼」になってぬいぐるみのところに行き「見つけた」と言って刃物を刺し、次はぬいぐるみを「鬼」にして自分は隠れるというものである。このときiwrは終わらせ方をまだ書いていなかったが、呼びかけに応じて「参」という人物も**ひとりかくれんぼ**を実行することになる。

この遊びを終わらせるためには塩水を口に含んでおく必要があったが、参はそれをしていなかった。そのためか、室内で怪音が鳴り響き、参は混乱に陥ってしまう。iwrは遊びを教わった霊能力者の先輩に何とか連絡を取り、「霊」を参のいるところから引き離すことに成功する。時間は午前六時になっていた。参は異様な姿の子どもを目の当たりにしたという。初回から怪奇現象が生じやすい遊びだということが知られてからは、何人もの挑戦者が現れ、**ひとりかくれんぼ**は何年も続く連続スレになっていった（二〇一四年一〇月三日に立った第二三九スレが最後）。

先に言っておくと、**ひとりかくれんぼ**の発端はネタだろう。まず、iwrと参はいずれも句点を使わず「…」を使う点が共通しており、またIDの特徴から、片方がパソコンから、もう片方が携帯電話から接続していることが推測できるため、自作自演が疑われる。これを裏付けるように、二〇〇七年六月一八日、参のトリップ（パスワードを知らないと生成できない文字列）を付けた者が、その他のコテハンも含めて自作自演であり、「釣り」であることを告白した。この釣り師＝参は、そもそも**ひとりかくれんぼ**を実行していなかった。[60] トリップ自体はパスワードが割れていたのでなりすましも想定できるが、ネタであることは確かだから、おそらく本人だろう。

ただ、この釣り師は、すべてがネタであるとは言っていない。儀式次第には創作部分があるが、以前から兵庫県に伝わっていたものであり、「霊を呼ぶことは呼べる」ことは認めている。危険だからこそ自分たちはやったふりだけして後続の挑戦者を呼び込み、大きな話題にすることができた、というわけである。私たちは怪談がネタだと分かると超自然的な内容まで根拠のない創作だと勘違いしがちだが、そういうわけではないこともある。たとえば橋迫瑞穂は宗教社会学的に真正面から**ひとりかくれんぼ**を分析している[61]。真偽のほどはともかく、学術的に分析できるだけの「中身」はあったということである。民俗学的には、**ひとりかくれんぼ**に相当する遊びや儀礼を確認できないことから、以前から伝わっていたという点も含めてネタであると考えられる。だが、釣り師は、その部分まではネタ明かしをしなかった。

伊藤慈晃は、この釣り師が提案役や実行役など複数の役割をこなすことで**ひとりかくれんぼ**の信憑性を高めたと論じている[62]。付け加えると、釣り師のみならず、多くの参加者がこれを試して怪奇現象を報告し、降霊術としてのリアルさを強め、そして釣り師自身もそのリアリティ自体は肯定したままだったことが、**ひとりかくれんぼ**が現在まで頻繁に遊ばれていることの大きな理由でもあるだろう。

いずれにしても、**ひとりかくれんぼ**は実行手順がそれほど難しくなかったこともあり、オカルト板の外側へとオステンションが連鎖していった。たとえば「ふみコミュ！」の「怖い話」掲示板でも多くのスレが立ち、二〇〇七年八月一日早朝のものはオカルト板に逆輸入された[63]。このときの状況は YouTube にアップロードされ、**ひとりかくれんぼ**は文字による実況のみならず動画としての表現形態も獲得することになった（現在は見ることができない）[64]。
ひとりかくれんぼの現存する最古のYouTube動画は二〇〇七年八月一〇日にアップロードされたものである[65]。実行中にパソコンで流しているMVに異常が発生するという短いものだが、現在までに一一三万回も視聴されている。この動画投稿者は、見たところオカルト板やふみコミュ！などに告知せず、単独で**ひとりかくれんぼ**をやったようである。

　暗闇をテレビの光が照らし出すだけの不気味な情景を撮影する行為はスレの初期から存在していたが、短い動画も六月上旬から徐々にアップロードされるようになり[66]、**ひとりかくれんぼ**は単に文章で実況するだけではなく、視聴覚要素も含めて楽しむことができる怪談であるということが認識されてきた。二〇一〇年代から現在にかけては、ニコニコ生放送やYouTube、TikTokなどで実況配信が行なわれたり、動画が掲載されたりするようになっている。実際にやってみたものとしては、YouTuberのフィッシャーズが二〇一四年一一月四日にアップロードしたものが、今確認できるなかでは最多視聴数である（一〇一七万回）[67]。また、にじさんじ所属のVTuberましろ（オカルト系ネタが多い）が二〇二〇年一〇月一八日の午前三時から始めた実況も、とりわけ若い世代のあいだで大きな注目を集めた。ただ、VTuberなので現場の映像が配信されたわけではなく、視聴者は音声にのみ集中するかたちとなった[68]。このように、オステンションの連鎖は文字中心の掲示板内で生じるのみならず、メディアをまたいで広がっていった。

心霊スポット実況

ひとりかくれんぼは安定した高速回線が使える室内で行なうことができたので、二〇〇〇年代半ばの通信環境であっても逐次的な動画のアップロードや実況が可能だった。YouTube最古の英語圏ネットホラーとされる「**暗闇の中で**」（In the Dark、二〇〇七年四月一七日～七月五日）[69]も、逐次更新型だったが、舞台はおおむね自室に限られていた。

それに対して二〇〇〇年代末から現在にかけては、ライブ配信の環境がかなり整備されてきたこともあり、少なくとも国内の心霊スポットならば大抵のところから実況することができるようになっている。第1章で述べたように、心霊スポットに行くことは典型的なオステンション行為であり、怪談で語られていることを身をもって体験する行為である。だが、前までの章で取り上げた文字だけの実況とは異なり、動画配信は、配信者と視聴者が、部分的には同じもの（携帯端末の画面に映るもの）を見ている・聴いているという点で、リアリティが奥行きを持つものとして構築されている。[70] 動画配信のなかでも自宅から出て撮影する形式を「旅行配信」（travel live streaming）という。旅行配信は、単なる旅先の画像や動画と違って未編集であり、視聴者とコメントなどでやりとりができ、さらにリアルタイムなので、きわめて「本物らしい」体験をもたらすことができる。[71] その意味で心霊スポットからの配信は、心霊写真の客観性よりもはるかに客観的なものとして——作為を排除したものとして——受容することさえもできるのである。

加えて二〇二〇年代に入ると、心霊スポットでの体験は、テクノロジーの発達にともない、人間どうしだけではなくＡＩとも共有されるようになっている。単に現地にいるように感じられるだけではなく、それ以上の、現地にいるだけでは感じられない新たな現実さえも立ち現れてきているのである。本章の最後では、このあたりを見てみよう。

室内ではない心霊スポットからの配信がいつごろから始まったのかは定かではない。初期の事例として、二〇〇五年八月一三日に、2ちゃんねる参加者のオフ会という名目で、福岡県の心霊スポット近くで百物語をする様子がライブ配信されたことがある（サーバーは自前で用意していた）[72]。当時の記録が残っておらず、筆者もこの件を知らなかったので、どのような様子だったのか正確には分からない。ただ、音質・画質ともにかなり悪く、顔が映っても判別できないぐらいだったようである。

二〇〇七年から二〇〇八年にかけては、肝試しのライブ配信といえば室内の**ひとりかくれんぼ**が多くを占めていたが、二〇〇九年ごろからはニコニコ生放送を利用した心霊スポット実況が徐々に増えていった。今でも見られる古いものは「ぱるくん」という人物が配信したもので、二〇〇九年一二月一一日以降いくつかアップロードされている。[73] 二〇二〇年代の水準からするとクオリティは劣悪だが、懐中電灯が照らし出す範囲が狭く、画質やフレームレートが低い分、リアルタイムで見ていれば何があるのか分からず、また何が起こるか予測できず、それなりに怖かっただろう。

心霊スポットからの配信は、このように言うと違和感があるかもしれないが、異界からの実況である。異界であるというのは、そこが、日常的にはありえない超自然的なことが起こりうる場所であることを配信者も視聴者も半ば期待し、また、半ば強引に証拠を見つけようとするということである。視聴者は、何か顔のようなものが映った、画面がおかしくなった、自分の体調が悪くなったなどのコメントを書き込み*、そこが異界であるという確証を得ようとするし、配信者もそれに応じて自分がいるところの異様さや不安な気持ちを吐露する。このようにして異界は共同構築され、異界からの実況という事実が確保されていくのである。

機械が見る霊を実況する

二〇一〇年代以降は、心霊スポット実況はニコ生をはじめとする配信プラットフォームで定番のコンテンツとなり、珍しいものではなくなった。だが、スマートフォンの普及により、動画としての心霊スポットに一つの変化が生じた。それは幽霊探知機の登場である。

機械によって幽霊がその場にいることを探ろうとする試みは心霊科学の時代から存在した。二一世紀の日本で言えば、二〇〇五年四月一日に「ゴーストレーダーUSBメモリー」が発売され[74]、心霊系ウェブサイトではすぐに実証試験（？）が行なわれるなどしている[75]。「ゴーストレーダー」を発売した会社は二〇〇六年四月に携帯ストラップ用に小型化した「ばけたん」を発売した[76]。お化け風のポップな形をした「ばけたん」は、周囲に霊がいると発光し、さらに光の色によって危険度が分かるという触れ込みだった。こちらは安価で手軽だったこともあり、心霊スポット探索者の常備アイテムの一つとなった。やや大型の「BAKETANWARASHI」も二〇二〇年一二月末に発売され[77]、二〇二一年からはこれを使用する心霊スポット配信者も増えた。

「ばけたん」や「WARASHI」は、発光したり発声したりすることで、常人には知覚できない霊が臨在することを示すとされる器具である。他方で、画像に焦点を当ててきた本章の関心からすると、スマホと幽霊探知アプリ——とくにAR（拡張現実）を用いたアプリの組み合わせにより、リアルタイムで（スクリーンに映った）眼前の風景に幽霊が見えてしま

＊　ニコ生では、コメントもリアルタイムで画面内に表示される。当時、この機能はYouTubeなどの他のサイトにない独自のものだったが、今ではInstagramもTikTokもライブ配信でコメントを画面内に流している。

うという体験が可能になったことに注目してみたい。

カメラが映し出す風景に付加情報（視覚効果や文字列など）を重ね書きするARアプリは、二〇〇九年九月に公開された「セカイカメラ」以来、現在にいたるまで数多く発表されている。ゲームではあるが、現実の映像に幽霊を重ね書きする『Ghostwire』（ニンテンドーDSi用）も二〇一〇年に発表された。[78] そうしたなかでも心霊に関係あるのは、リアルタイムで人間の顔や人体の動作を検出するアプリである。というのも、こうした機能は明らかに誰もいない空間で反応することがあるからだ。

デジタルな顔認識が一般にも広まったのは二〇〇五年にニコンが「顔認識AF」機能付きのデジタルカメラを発売してからだろう。当時すでにこの機能と心霊写真を結びつけた投稿が見られ、二〇〇〇年代後半には、誰もいないはずのところに反応するという報告が多く投稿されるようになった。スマホ時代になると、二〇一五年に発表された写真アプリのSNOWが若い世代に幅広く利用されるようになり、こうしたバグも多く体験されるようになった。[79]なかでも顔交換機能の誤作動により、誰もいない空間と自分の顔が交換されるという現象は、その空間にアプリが何かを認識したというだけではなく、自分の顔面が奇怪な姿になってしまっているという不気味さも相まって、著名な画像は今でも転載が繰り返されている。

誰もいない空間に顔を認識した動画として、日本からは二〇一九年五月三〇日にTikTok

に投稿されたものを紹介しよう。室内を撮影した映像で、キャプションには「家の犬が変な方向見て吠えてたからSNOWアプリを撮った結果…。」とある。画面に写っている人物が、大理石の彫刻風のARスタンプ——正常なら人間の顔面に重ねて表示されるが、そこには誰もいない——の浮かんでいる空間に指を伸ばすと一瞬スタンプが消えるが、直後、スタンプが二つ現れるというものだ。[80] 動物の反応とARの合わせ技で、そこに不可視の何かがいるかのように感じさせている。♡は約一二万八〇〇〇、再生回数は約二三六万九〇〇〇回なので、そこそこバズっていると言える。

グローバルにバズったものとしては、二〇二〇年一月一〇日に投稿されたものがある。約二一五七万二〇〇〇回も再生されており、♡は約四五四万九〇〇〇ついている。キャプションは英語で、「私の友達の家はマジで出るから、こんなことが起きた。最後まで見て」（傍点は大文字）とある。ここでもARスタンプは二体いることを示していて、さらに撮影者が、自分が見えるならば舌を出してと言うと、スタンプが実際に舌を出すというおまけまでついている。[81] この動画のアカウントは、他にも似たような動画を多く投稿している。自宅の霊たちとアプリをとおして交流するという物語が続いているのだ。

二〇二〇年七月には専用アプリも公開された。「Ghosttube SLS カメラ」という霊体の動作検知アプリである。公開された月にはさっそく、それを利用して誰もいない墓地で動作が検出されるという YouTube 動画が投稿されている。[82] 筆者が実際に試してみたところ、自室だけでも何体も霊がうごめいていることが分かった。

動画アプリの TikTok は、SNOW以上にARエフェクトを取り揃えているうえ、ライブ配信でも利用することができる。そのため、これまで紹介した機能を用いて、一見したところ何もない心霊スポットにエフェクトをかけて霊の居場所を可視化しようとする行為は、二〇二四年現在、広く一般化している。

近年とりわけ多用されているのが、スタンプを表示するARではなく、表示画面全体をマンガ風に表現する「AIマンガ」エフェクトである。心霊スポット配信においては、無人の風景にこのエフェクトを用いると、いないはずの人間が立ってこちらを見ているマンガが表示されることがある。「ガジェット通信」の記事を見ると、二〇二二年末からAIに霊を発見させる動画が投稿されているようだ。[83] TikTok の心霊スポット実況配信では、景観を繰返しAIに読み込ませ、うわさの霊がいることを視聴者に示そうとする行為が目につく。そうして人間の姿が現れると、視聴者もこぞって「いる!」「怖い」などのコメントを投稿する。

ところで先述のように、配信者と視聴者は双方とも、部分的には同じ画面(配信者のカメラがスクリーンに表示するものや、流れてくるコメントなど)を見ている。これにAIの知覚を加えると、知覚の共有は配信者と視聴者の二者関係に留まらず、配信者とAIと視聴者という人間でないものも含めた三者関係に広がっていることになる。考えてみれば一九世紀の心霊写真のときから人間は霊と関わりを持つために機械を利用してきた。この図式が二一世紀に入り、不特定多数の人々とリアルタイムで共有されるところまでテクノロジーが進歩したのが、現在のライブ配信なのである。心霊スポットやそのオステンション的表現もまた、機械（顔認識機能やAI）抜きでは説得力や求心力を持ちえない時代になってきている。

ただ、こうした実況行為は、どれだけポストヒューマニズム的で異界的なものであると言っても、**きさらぎ駅**のような異世界からのものであるとは言えない。次章では、異世界と実況を組み合わせた二〇二〇年代の新しい展開を見ていきたい。

第6章

アナログとAI

——二〇二〇年代のネット怪談

二〇二二年一月七日、世界がコロナ禍のさなかにあったとき、YouTubeで一つの動画がバズった。英語で"The Backrooms[1] (Found Footage)"と題されたその動画の概要欄には、「一九九六年九月二三日」とある。だが、映像自体は一九九一年に撮影されたもののようだ。アナログノイズが入り混じる低画質のビデオ映像をデジタル化したものらしい。動画は、屋外で自主制作映画（？）を撮影しているところから始まるが、撮影者が転倒すると、カメラは一瞬だけ暗転し、先ほどとはまったく違った黄色い室内が映し出される。撮影者の男性の声のほかには、蛍光灯のノイズ音が響くのみだ。

　室内にはいくつも壁と柱があるが、窓も扉もなく、どこまでも奥へと続いているように見える。男性はカメラを回しながらさまようが、出入口が見つからない。そうこうしているうちに、針金のような身体の黒い何かが叫びながら追いかけてきた。男性は別の階に続く穴や階段を通って何とか逃げることができたが、やはりどこまでいっても屋外に至る道はない。階を上下しているうちに、撮影者は最初の黄色い室内に舞い戻ってしまい、針金のようなものに再び追いかけられる。そして最終的に、カメラだけがもとの世界に落下する。この映像が発見されたのが一九九六年ということらしい――。

動画の序盤に明記されているように、これはケイン・パーソンズ（当時一六歳）という人物が制作した短編作品である。だが、「本当にあった映像」風味が見事に表現されていることなどから世界的にバズり、投稿から二年半ほど経った二〇二四年九月現在、六一七三万回以上再生されるほどになっている。

パーソンズの作品には、二〇二〇年代のネット怪談／ネットホラーを象徴する要素がいくつも含まれている。まずはアナログ画質のファウンドフッテージであること。ARG（Alternate Reality Game、「代替現実ゲーム」）としても発展している異世界系クリーピーパスタの**バックルーム**を利用していること。さらに、物語にほとんど進展がなく、ただただ、いわく言いがたい雰囲気が全編にただよっていること。本章では現代におけるグローバルなネット怪談／ネットホラーの新たな展開を押さえてみたい。

古い映像、記憶に残る映像

現代のネットホラーに関わる三つの概念を、まずは説明しておこう。ファウンドフッテージ、アナログホラー、モキュメンタリーである。いずれも映像創作ジャンルである。

「ファウンドフッテージ」(found footage) は、直訳すると「発見された映像の断片」という意味で、何らかの理由で行方不明だった(あるいは存在が知られていなかった)映像が見つかり、再生してみると、撮影者たちに恐ろしいことが起きていたことが分かる——という設定のものが多い。フィクション作品に形式的な現実感を持たせるための技法として、二一世紀に入ると多用されるようになった。なかでも、一九九九年に公開された映画『ブレア・ウィッチ・プロジェクト』に連なるホラー映像作品のジャンルが中心を占めている。**The Backrooms (Found Footage)** も、タイトルどおり、このジャンルの作品である。

The Backrooms (Found Footage) がそうであるように、ファウンドフッテージは素人が撮影した古い映像という設定が多い。二〇二〇年代現在の古い映像といえば、VHSや8㎜などの素人も扱えるアナログテープである。日本でもYouTubeチャンネル「フェイクドキュメンタリー「Q」」(二〇二一年八月二二日〜)が、アナログ風の映像を多用して、ファウンドフッテージ型ホラーを立て続けに発表している。[2]

「アナログホラー」(analog horror) は、基本的にはデジタル映像が一般的になる前の時代(おおよそ一九九〇年代半ばまで)に記録されたという設定のアナログ画質の映像のなかに、どこか不穏だったり、異常なことが起きていることを示唆する情報が入っていたりするデジタル作品を指す。一つ一つの動画は短いことが多く、断片的だったりノイズが強かったりして、全体像が見えず、視聴者側の考察に任されるのが特徴的である。先述の **The Backrooms（Found Footage）** は、コロナ禍におけるアナログホラーの代表作でもある。

「モキュメンタリー」（mocumentary）は「フェイクドキュメンタリー」（fake documentary）とも言い、ドキュメンタリー映像の形式を模した創作である。[*] ファウンドフッテージの中身は、定義としては創作物も入るのだが、[**] 大半は現実世界を撮影したものという設定になっており、その意味で、ファウンドフッテージを内容に含む作品は同時にモキュメンタリーであることが多い。

いずれのジャンルも、再媒介化の二つの側面――複媒介性と無媒介性――を存分に利用している。フィクションとして分析するならば明らかに複媒介性を主張しているが、ファウンドフッテージなら「自分が作ったものではない」、モキュメンタリーなら「写されているのが現実である」、アナログホラーなら「デジタル的な加工編集が難しい」とする認識にも寄

＊ 近年の日本におけるモキュメンタリーについては、吉田 2024a; 朝宮 2024 にて作家たちが語っている。

＊＊ 映画『リング』（一九九八）における「呪いのビデオ」もファウンドフッテージということはできる。ただし「呪いのビデオ」は現実の景観を撮影したものではなく、山村貞子がイメージを念写した創作物である。

りかかっているため、映し出されるものは無媒介性を同時に強調している。そのため、こうしたジャンルの作品は成功すればするほど、視聴者に「これは事実なのだろうか？」という思いを抱かせる*。視聴者によっては本当に起こったことではないかと受け取り、たとえ初出のメディアではネットホラーとして受容されていたとしても、再媒介化（転載や切り取り動画など）が繰り返されることにより、ネット怪談に変質してしまうこともある。こうした再媒介化がほとんど誰によっても可能になっているインターネットでは、そうした変化はよく見られるものである。第1章では、作者の存在が認識される創作ジャンルとしての「ネットホラー」と、共同構築される伝説ジャンルとしての「ネット怪談」を区別したが、実際上、このあたりの線引きは微妙なのである。本章がファウンドフッテージやモキュメンタリー、アナログホラーを取り上げるのにはこうした理由がある。したがって、概念的に近ければネットホラーのみならずネット怪談にもこれらの用語を使うことがある。

　ここではまず、古い映像にまつわるネット怪談をとおして、現代のインターネットで流通している「怖さ」というものを見てみたい。

これって何？

「**これって何？**」は、今ではほとんど知られていないが、ファウンドフッテージ型のネット怪談である。最初にオカルト板にスレが立ったのは二〇〇三年一〇月二六日未明で、そのときのタイトルが「これって何?」だった。[3] 投稿した報告者によると、映画を録画していたはずのビデオを再生したところ、表示されたのは自分が歩いている姿が延々と映っている映像だった。しかしそんなものを撮影した記憶はまったくないのだという。ほかの参加者たちは報告者にいろいろと質問を繰り返すが、要領を得ない。

図30「これって何?」の謎の風景

その後、再生中のテレビを撮影した画像がアップロードされたが、砂漠か平野のような場所であること以外は何も分からない(図30、報告者の姿が黒塗りされている)。さらに、報告者が最初に見たときはあったはずのシーンが失われ、いつの間にか別の暗くて何が写っているのか分からないシーンや、見知らぬ男性の顔が写ったシーンが追加されているという怪奇現象も起きる。参加者のなかには、自分も同じように、ビデオカメラさえ所有していないのに砂漠のような景色を歩いている映像が録画されていたと投稿する者も現れた

＊ **The Backrooms (Found Footage)** を、とある大学の講義で見せたとき、本物の記録映像かもしれないと思ったという学生がいた。

（一七七番目の書き込み）。その後「これって何？まとめサイト」ができ、[4] 情報が集約されたが、六番目のスレが一一月一〇日に一〇〇〇レスまで到達し、[5] 何も謎が解かれぬまま、騒動は終わる。

これって何？は、実写映像は撮影者が外界を撮影したものという常識を前提として、その過去に不気味さや不穏さを与えることで成立したネット怪談である。映っているもの自体は超自然的ではないが、映された経緯に分からないものが多すぎる。ファウンドフッテージの概念もまだ広まっていなかったこの時代にあって、**これって何？**は孤立した存在であり、実際、その後のネット怪談言説においても話題になったことはない。また、現在の観点から見るならばいかにもアナログホラー的だが、当時はＶＨＳや８㎜テープなどのアナログメディアが現役だったので、そうした印象は時代錯誤である。むしろ、出所不明のメディアがネット上で共有され、匿名の人々の集合知によって考察が進められていく——共同構築されていく過程の初期の一例として見ることができる。

やはりネット上での考察や共同構築が行なわれた古い映像の怪談としては、より広く知られたものがいくつかある。以下ではそうした事例を二つ見てみよう。

NNN臨時放送

ファウンドフッテージは、どういう状況であったにしても見つかったもののことである。見つからないままのものを英語圏では「ロストメディア」（lost media）という。ロストメディアは単に古いから残されていないだけのものもあれば、諸々の事情があって公式には存在していないとされるものもある。他方で、インターネット時代に入って、個人が録画保存していたものが頻繁に掘り起こされるようになり、ロストメディアはそれだけで大きな文化的ジャンルとして成長することになった。たとえば二〇一二年一一月に設立された英語圏の代表的なまとめサイト Lost Media Wiki は数千にも及ぶロストメディアの探索状況を掲載している。[6] そこに超自然的な、あるいは非合理的な要素が見られるとすれば、それは容易に怪談に転化しうる。映像にまつわる不穏な過去は、映像本体がなくても成り立ちうるのだ。

たとえば、二〇〇九年三月一五日に公開されたクリーピーパスタ「**キャンドル・コーヴ**」（the Candle Cove）は、幼児番組の思い出を語っていた電子掲示板が舞台である。徐々にその番組（人形劇）が異常な内容であることが分かっていき、最終的に、自分たちが見ていたのは夜中の砂嵐だったという結末になっている。[7] これはクリーピーパスタなので創作であり、個人が最初から完成された作品を発表したものであるが、かすかに記憶に残る不気味な映像を電子掲示板で話し合うことは、2ちゃんねるでは現実に起きていたことだった。

有名なのが「**NNN臨時放送**」（または「**明日の犠牲者**」）である。もともとは二〇〇〇

206：**名無しでいいとも！**：2000/11/26(日)14:07
15年くらい前夜中の2時30分頃テレビをつけたら
カラーバーが映っていて（あたりまえですが）
ああ、やっぱりこの時間は放送やってないな、寝ようと
ふと思ったその時急に画面が切り替わって
ゴミ処理場が映し出されました。そしてテロップに
NNN臨時放送と出てひたすら処理場を遠景で映し続けるのです。
なんなのだろうと思って様子をうかがっていると
人の名前がスタッフロールのようにせり上がってきて
ナレーター？が抑揚のない声でそれを読み上げていきました。
バックには暗い感じのクラシックが流れ
だいたいそれが5分くらい続いたでしょうか、最後に
「明日の犠牲者はこの方々です、おやすみなさい。」と。
それ以来深夜放送が怖くてたまりません。
周りは誰もこの話を信じてくれないし…

図31　NNN臨時放送

年一一月、2ちゃんねるテレビ板の「何故か怖かったテレビ番組〜第四幕目〜」に投稿されたものである。[8]

図31に引用したとおり、国家権力か、あるいは超常的な力が人間を計画的に「処理する」というディストピア的な想像を掻き立てられる投稿である。ことによっては異世界からの放送が紛れ込んだのかもしれないし、死神が映像として現れたのかもしれない。この番組は、ほかに見たという者がおらず、それがまた不穏さを増幅させているが、情報が限られていたため、はじめのうちは投稿のコピペが繰り返されるにとどまった。なお、怪談ではないが、NHKの放送終了後、砂嵐に続いて多くの人名が表示されることがあり、それは受信料を払っていない人の一覧だったという有名なうわさ話がある。一九七〇年ごろから知られている。[9]

一九八〇〜九〇年代まで、深夜時間帯にテレビが放送休止していたころは、その時間帯に砂嵐やカラーバーではなく奇妙なものが映るという怪談が広まっており、日本でも一九六八年にはすでに語られていた。[10] テレビが映すものというよりも、テレビそれ自体の異常――「テレビを通して異界を垣間見られるかもしれないのと同じように、異界のほうも私たちのリビングルームをのぞき込んでいる」[11]という感覚があったのである。こうした超自然的メディアは、メディア論では「想像上のメディア」と呼ばれており、一九世紀末から二〇世紀初頭にかけてすでに「科学的メディア（あるいは技術メディア）に、エイリアンや死体やその

図32　最初の「NNN臨時放送」FLASH

他の不気味なコミュニケーション形式が取り憑いているのではないか」というイメージがあったことが論じられている。[12] **キャンドル・コーヴ**と**NNN臨時放送**はそうしたメディア怪談の系譜に連なるものではあるが、そこにロストメディアという曖昧さも付け加えているところが二一世紀のネット怪談やネットホラーの展開を示しているように思われる。

NNN臨時放送が現在まで響くインパクトを持つようになったのは、二度にわたって再現映像――逆行的オステンション――が制作されたことが大きな要因だろう。一つ目はＦＬＡＳＨアニメで、個人サイトに二〇〇二年一〇月ごろ公開された。[13] 内容は単純で、カラーバーのあと、ゴミ埋立場の画像をバックに二十数名の人名が流れていくというものである（図32）。オリジナルはすぐに削除されたが、転載されたものが別のウェブサイトやニコニコ動画で公開され、今でも見ることができる。

図33　YouTube版「NNN臨時放送」

五年後の二〇〇七年八月二日には、新しく作られたバージョンがYouTubeに投稿され、**NNN臨時放送**の人気は不動のものとなった（二〇二四年九月現在の再生数は約二六二万回）[14]。YouTube版は、より忠実に「ゴミ処理場」を背景にして、やはり人名を表示していくものであるが（図33）、幾度となく急に驚かせるジャンプスケア的な画像や音声が挿入され、ホラー映像としての質を高めている。なかでも四分一一秒あたりで画面いっぱいに表示される白塗り顔の加工画像は、一年後に**ジェフ・ザ・キラー**に流用されることになるものだった（前章参照）。またYouTube版はアナログで録画されたコンテンツをデジタルな媒体に転載するという再媒介的形式をとっており、その意味で、日本では最初期のアナログホラーだということもできる。

854：**提供：名無しさん**：04/10/06 14:21:45
とてつもなく怖いCMがあって、ずっと記憶に残っている。

黒い背景で白い人型のものが２人描いてあって、「カン、カン」っていう音が鳴り続ける。

確か、地球上では2秒に１人ひとが死んでしまうっていうやつで、2回音が鳴ったら片方が消える。

次の瞬間には元の場所に人型が復活し、今度はもう片方が消える。

それが延々と繰り返されるだけのCM。

855：**855**：04/10/06 14:23:57
「2秒に1人ひとが」→「2秒にひとり人が」でした。

図34「ヒトガタ」スレの投稿

図35「ヒトガタ」CM再現FLASH

踏切ヒトガタ

同じように不気味なテレビ映像のロストメディアとして知られているのが「**踏切ヒトガタ**」というCMである。このCMには、**NNN臨時放送**とは異なって多くの人々の目撃証言がある。それにもかかわらず、はっきりと**踏切ヒトガタ**と言えるCMが見つかっていないことが、この映像をネット怪談と呼んでもいいものにしている。ネット上で最初に報告されたのは2ちゃんねるの広告・CM板にあった「(・∀・)怖いCM第9夜(・∀・)」というスレで、図34のとおりである。[15]

この投稿に対しては、自分も記憶があるという返信がすぐに複数あり、曖昧だが「白い人型」を再現した画像へのリンクも投稿された。同月九日にはこの画像から簡単なFLASHアニメが作られ（図35）[16]、展開としては**NNN臨時放送**と同じような逆行的オステンションが進められていった。ただ、**スレンダーマン**のときもそうだったが、あくまで再現でしかない動画が、「再現である」という情報を脱落させて無媒介性を強めることにより、本物の不気味なCMだと見なされることもあった。とりわけ、**踏切ヒトガタ**のFLASHが「グロでも心霊でもないけど怖いCM」というコンピレーション動画としてニコニコ動画にアップロードされた際は（二〇〇七年六月一一日）[17]、キャプションをよく読まないとそれが再現であることが分かりづらく、おまけに動画冒頭に配置されていたため、実際にこの映像が流れたという勘違いを生むことになった。

踏切ヒトガタの映像は、最初の投稿から二〇年経った現在もなお熱心な探索が続いているものの[18]、いまだに発見されていない。これまで広告・CM板などでは多くの奇妙なCMが発掘されてきたので、これほど話題になっていても映像一つ拾えないのは不思議なことである。現在では国外にまで**hitogata**という表記で広まっているが、手がかりはつかめていない。

踏切ヒトガタは、大量の死を直接的に扱っているのみならず、「人間」ではなく「**ヒトガタ**」――丑《うし》の刻参りなどの呪詛に使われそうな形象――が映し出されているという点でも不穏である。加えて、二〇年にもわたる探索という大規模な共同構築によってもその不確定性を払拭できない点が、逆説的に不穏さを強めている。もちろん、ある時点で現物が発見されて不安が一気に解消することはあるかもしれない。だがそのときまでは、**踏切ヒトガタ**は言いようのない恐怖を持続しつづけるはずである。

アナログホラー

日本ではこのようにロストメディア系ネット怪談が語られていたが、国外では徐々に過去の映像の不穏さを利用したネットホラー作品が作られるようになる。なかでもアナログホラーの先駆けとされるのは[19]、YouTubeの「KrainaGrzybowTV」チャンネルにある「**笑顔の手引き**」(Poradnik Uśmiechu)というポーランド語の動画シリーズで[20]、二〇一三年一二月二四日から二〇一七年四月二日かけてアップロードされた。一九八〇年代の子ども向け番組のような内容だが、意図が分からない行動や表現が大部分を占めており、異様さを醸し出している。

アナログホラーがグローバルに知られるようになったきっかけは、**キャンドル・コーヴ**の作者でもあるクリス・ストローブが制作した「**LOCAL58TV**」(二〇一五年一〇月二六日初投稿)である。Local58という実在しないアメリカの放送局が流した映像の録画という設定で、それぞれ独立した内容のものが数本投稿されている。このジャンルの常として、内容を説明しづらいものが多いが[21]、代表的な作品として、二〇一六年一月二六日にYouTubeに投稿された「**不測の事態**」(Contingency)という三分ほどの動画を見てみよう[22]。通常放送の終了後、事前に制作されていたと思われる、政府からの告知映像が放送される。敵対勢力との戦いに勝利する見込みがなくなったため、国民で集団自決することを促すという内容だ。あまりに非常識的だが、権力を持った国家なら何をしでかすか分からないという米ソ冷戦時代のイメージを表したものと見ることもできる。

不測の事態に影響を受けて、二〇一六年一〇月二七日には日本でも似たような動画「テレビ下北沢の一日２０１６秋（２０１６夏含む）」が作られた。[23] 全体としては、ゲイビデオを嘲笑的にミーム化した「淫夢」というニコニコ動画の大手ジャンル[24]を踏まえて作られたネタ動画で、架空の放送局の一日を流すという内容だったが、Local58と同じように、最後のほうで唐突に、アナログ画質の「**日本国尊厳維持局**」が挿入される。内容は**不測の事態**とほぼ同じで、国を日本に変えただけである。やたらと手が込んでいたため、その部分だけ切り取られ、広まることになった。前後の文脈から切り取られた**日本国尊厳維持局**は、そのようなものが実際にあったかもしれない（動画は再現かもしれないが）という都市伝説を生み出した。ニコ動の元動画では、こうした現況を踏まえて「ここだけ都市伝説になってて草」などの自己言及的なコメントが流れている（図36）。ニコニコ大百科の記事「日本国尊厳維持局」では、拡散されたのは北朝鮮のミサイル発射にともなうJアラートが話題になった時期ということで、「当時の情勢の不安もあり、画像の拡散にも拍車をかけたものとされる」という推測が載っている。[25]

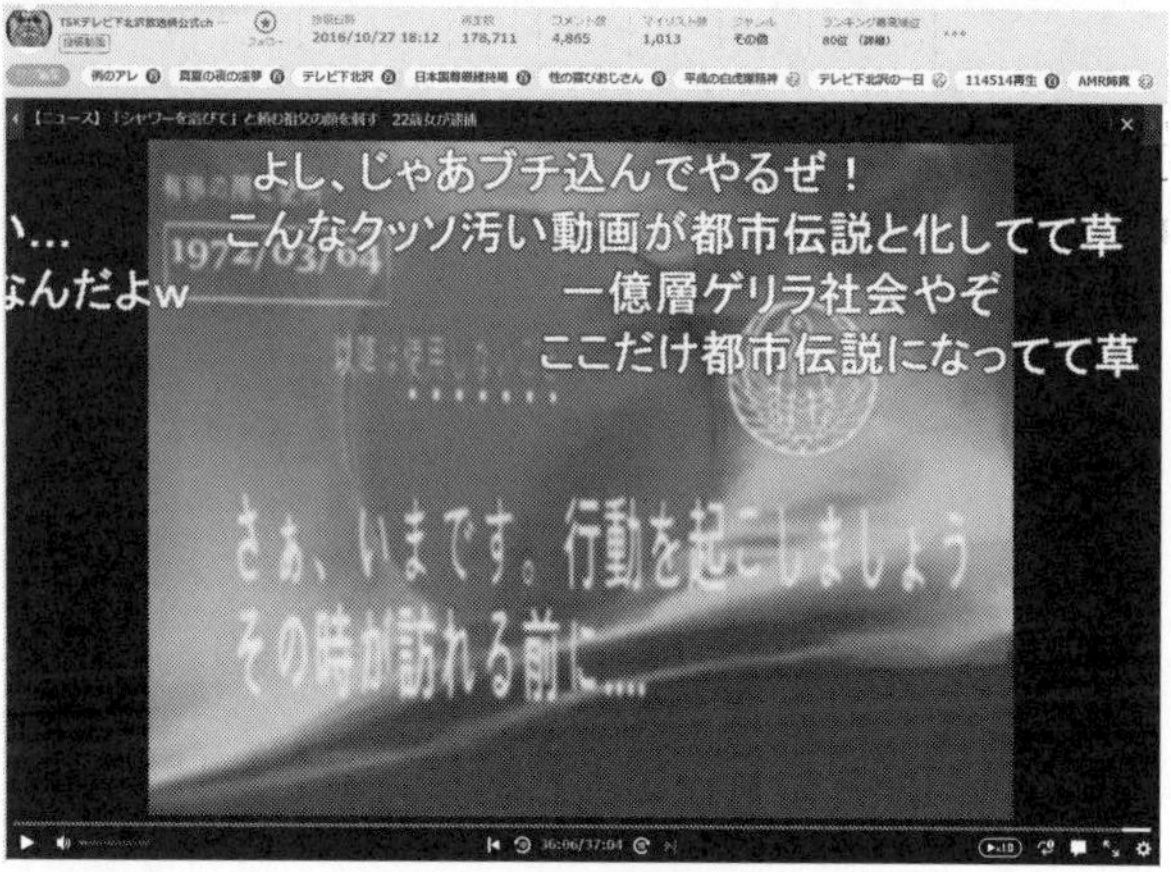

図36「日本国尊厳維持局」

日本国尊厳維持局は日本におけるアナログホラーの先駆けとなったが、すぐに追随者が現れたわけではなく、筆者の知っている限りでは、二〇二一年になっていくつかのYouTubeチャンネルが始動した。アナログホラーに特化したものとしては「きいろやまんねる」（六月二六日〜）[26]、「入梨放送公式チャンネル」（七月一七日〜二〇二四年六月）[27]、「謎の映像・CMチャンネル」（九月二四日〜）[28]などがある。いずれもテレビ番組の録画という体裁をとっている。[29]それぞれ超自然的な陰謀や死者の呪い、行政ぐるみの人身売買などが設定にあるようだが、はっきりと示されているわけではなく、コメント欄で視聴者が積極的に考察を展開している。また、「入梨放送公式チャンネル」が二〇二二年三月二日に投稿した動画「【速報】１９９７年の2月30日の緊急ニュース**【発掘】**[30]」は**コトリバコ**や**かたす駅**などのネット怪談の要素を盛り込んでおり、なかで描かれる度を越した事態の進行もあって、チャンネル内でもっとも視聴されたものとなっている。

これらのコンテンツはネット怪談ではなくネットホラーではある。だが、切り取り動画や無断転載などの再媒介化を経て、事実であるか、もしかすると事実であるかもしれないという感覚をもって視聴されることもある。アナログデータ（という設定）である以上、デジタルデータと違い、月日とともに劣化していく。こうしたイメージ――「アナログ・ノスタルジア」とも言う[31]――は、映像それ自体の損傷により、得られる情報が不可逆的に減少していっているので、本当に過去のことではないのかどうか決定できなくなるという不安に転じることもあるだろう。デジタルデータはアーカイブ化され検索されるが、アナログデータはそうではない。何があるか分からない不穏さ、あるいはあるはずなのにない怖さ（**踏切ヒトガタ**）が、アナログホラーやアナログ時代の映像を、恐れるに足るものにしている。*

バックルームの始まり

本章の冒頭で紹介した**The Backrooms (Found Footage)** は、すでに広まっていた**バッ**

クルーム（The Backrooms）というクリーピーパスタをもとにしたオリジナル動画であった。パーソンズはアナログホラーとして作品を制作したのだが、**バックルーム**のオリジナルは、アナログではないものの、やはり不気味さや不穏さをたたえた画像の群れのなかに投稿されたものだった。英語圏における最初期の展開について見てみよう。

ヤバイ画像

二〇一〇年代半ば、画像系SNSのTumblrで、**ヤバイ画像**（cursed images）** というジャンルが生まれたのが始まりである。二〇一五年一〇月二八日には**ヤバイ画像**に特化したcursedimagesというアカウントが誕生し、最初に、一見すると何でもないような画像を投稿した。[32] それは、倉庫のようなところに多くの果物が置かれており、奥に白人の老人男性が立っていてこちらを見ているというものだった。この投稿は現在までに一四〇〇近くの「リアクション」（返信やブックマークなどの総数）を集めている。

＊　吉田 2024a: 31-33 では、アナログホラーのテレビ番組を制作している大森時生がVHSの怖さを解説している。

＊＊　Cursedは「呪われた」と訳すことが多いが、cursed images に呪術的な要素はほとんどなく、意味も幅広いので、「ヤバイ」が適訳だと判断した。

図37 「ヤバイ画像」の一例（出典不明）

ヤバイ画像はTumblrを超えてTwitterにも広がり、@cursedimagesというアカウントが二〇一六年七月三〇日（日本時間）から一一月一日にかけて画像を投稿し[33]、その期間だけで一〇万のフォロワーを集めた（現在は約一四万三〇〇〇）。Gizmodoが取材したところによると、このアカウントの中の人はもとから「気味が悪くて超常的なもの」が好きであり、Tumblrで**ヤバイ画像**というキャプションを見つけ、「全体的に落ち着かない感じ」の画像を集めることにしたという[34]。図37は、中の人お気に入りの一枚である[35]。

ヤバイ画像として流通している画像は大半がネット上のデジタル写真アーカイブ（TumblrやPinterest、Flickrなど）から拾われたもので、はっきりと曰く付きだと分かるものは滅多にない。大部分は、一般人の忘れられた日常的な風景でしかない。

だが**ヤバイ画像**にまとめられることで、「この人たちのこの行動や格好には、何か裏があるのではないか」「この後、この人たちに／この場所でとんでもないことが起こったのではないか」などといった想像が付与されてしまうことになった[36]。『ニューヨークマガジン』の記事が書いていることだが、このジャンルの写真の多くは、SNOWなどの加工アプリが普及する前の、コントラストがくっきりして彩度も高い、しかし解像度はそれほど高くない、いわば生々しい画像であった[37]。屋内を撮影したものだと特に明暗が強調される。ソフトでクリーンな加工済みの画像に慣れてきた二〇一〇年代後半の人々にとって、二〇〇〇年代までのデジタル写真は、デジタル画像全体に対するアナログ画像とちょうど同じように、過去の、すぐには思い出すことのできない不穏さを秘めたものになってしまっている。

バックルームの誕生

こうしたデジタル画像への感性を前提として、超常現象を扱う4chanの/x/板に、二〇一八年四月二一日、cursed images（「ヤバイ画像」）というスレが立った[38]。同月二二日、このスレに投稿されたのが、やや斜めに傾いた、黄色い室内画像である（図38）。床にはやや暗めの黄色の絨毯が敷かれており、壁も黄色い壁紙ばかりで、天井まで同じ色である。天井

図38「バックルーム」のオリジナル画像

には蛍光灯が並んでいる。だが、それ以外には何もない。家具や備品はおろか、窓もなければドアもない。黄色い室内に、黄色い壁が立っているだけなのである。

この画像は、初出として広く知られているのはcursed images スレだが、最近になって特定されるまでは大元の出典は分かっていなかった。4chan に限定すると、/x/ 板よりも前の四月八日、/b/ 板という別の板に同じ画像が投稿されていた[39]。ただ、このときのオリジナルの画像ファイル名は 1342377940136.jpg で、数字をＵＮＩＸ時間とすると、二〇一二年七月一六日ということになる。おそらくこの日にどこかの画像掲示板に投稿されたものだろう。だが、画像の起源探索はしばらくこのあたりで停滞していた[40]。**バックルーム**は、この後の展開で追加されていく異世界的な要素以外にも、そもそも出所が分からないロストメディアであるという点で、**踏切ヒトガタ**などと共通する不気味さを有していた。
二〇二四年五月末になって、4chanの過去ログを徹底的に渉猟していたユーザーがオリジナルのファイル名と思われるもの（デジタルカメラで撮影したときに自動的に付される名称）を発見し、これを手がかりとして、ついに初出のウェブサイトを見つけた。そのサイトはアメリカ合衆国ウィスコンシン州にある「ホビータウン・オシュコシュ」という店舗のもので、屋内を改修していたときの写真が、あの黄色い部屋だった。[41]

さて、まだ画像の正体がまったく知られていなかった二〇一〇年代末に戻ろう。この画像はcursed imagesスレでは大きな注目は集めていなかったものの、二〇一九年五月一二日、unsettling images（「落ち着けない画像」）スレの冒頭に転載され、「何か「ずれた」（off な）感じの、不安になる画像を投稿しよう」という説明書きがつけられた。[42] このスレではcursed imagesスレとは違い、黄色い室内画像と同じように誰もいない情景の画像が多く投稿されていった。また、投稿された画像には「夢で見た奇妙な建物を思い出す」といったコメントもついた。そんななかでひときわ目立ったのが、同月一三日のコメントである（原文英語）。

ぼんやりして間違った場所に来て、この現実から透過モード（noclip）で出てしまうと、バックルーム（the backrooms）に行きついてしまいます。じっとりした古くさい絨毯の臭い、発狂するほどの黄色の連続、そして異常にうるさい蛍光灯の絶えざるノイズ音、それだけの空き部屋がランダムに仕切られていて、おおよそ六億平方マイル［約一五億五四〇〇㎢］も広がっています。何かそばをうろついているのがいたら神のご加護がありますように――そいつがあなたの音を聞きつけてしまったに違いないからです。

当初から非現実的な感のあった黄色い室内画像は、ここにきて、ぼんやりしていると行きついてしまう異空間**バックルーム**（裏部屋）だということになった。さらに五月一五日には、やはり/x/板に、黄色い室内画像と上記の説明文を合わせた画像でThe Backroomsというスレが立ち[43]、Redditでも「最悪のクリーピーパスタだ」などとして紹介されることにより[44]、英語圏のネットホラー界隈に一気に広がっていくことになった。この説明文と画像を合わせたネットホラー／ネット怪談を**バックルーム**と言う。

バックルームには元ネタがあると言われている。オムニバスドラマ『世にもおぞましい物語』（*Creeped Out*）シーズン2のエピソード「メニー・プレイス」である。作中では、ホテルのエレベーターで特定の操作をすることにより、主人公たちは異世界のホテルに紛れ込んでしまう。屋内は壁が黄色一色で、人間は誰もおらず、どこまで行っても廊下が続き、場合によっては恐ろしいものが追いかけてくる。日本の**異世界に行く方法**を思い起こさせる部分があるが、何よりも**バックルーム**にかなり似ている。

実は、「メニー・プレイス」が放映されたのは二〇一九年五月一五日なので、/x/板の投稿よりも二日ほど遅い。だが、事前に何らかの方法で「メニー・プレイス」を見ることができた人物（作品または放送関係者だろうか）が**バックルーム**の説明文を創案したと考えると、類似点はおおむね納得がいく。とはいえ黄色い室内画像が/x/板に投稿されたのと「メニー・プレイス」の放映が近かったこと自体は偶然だろう。

クリーピーパスタの一つとして認識された後の展開の多くは、明らかに創作と分かるもの（バックルームを舞台にしたゲームや、バックルームの設定を増やしていくWikiなど）が多い。特に**バックルーム**当初の不穏な雰囲気がほとんどすべて失われてしまったことについては、英語圏のユーザーのあいだでも不満が出ている。[45]本書では、こちらのほうの展開は扱わない。

日本で**バックルーム**が広く知られるようになったのは、これをもとにしたゲームのプレイ動画を、二〇二二年一月二九日、人気配信者のポッキー（チャンネル登録数約三六一万）がYouTubeに載せたからである。[46]ポッキーは冒頭で「今海外でめちゃめちゃ話題になってる都市伝説のホラーゲーム」と紹介しており、**バックルーム**が共同構築的ネットホラーというよりも、うわさ話的な「都市伝説」として受容されていることが見て取れる。

Noclipと現実世界のグリッチ

バックルームの説明文にある「透過モード」は、原文ではnoclipである。Noclipはゲーム用語で、特にゲームの開発時、作中のオブジェクトによってキャラクターの進行が阻害されないようにすり抜けることを可能にするモードである。基本的には開発者が利用するものだが、ゲームによっては、特定の操作をすることにより通過できないはずの壁などを通り抜けることができたりする、いわゆる「チート技」として発見されることもある。**バックルーム**もまた、現実世界をゲーム内世界と見立て、何の理由もなく異空間に紛れ込んでしまう経験をゲーム用語で表現している。逆に言うと、ある程度ゲームに精通していないと、**バックルーム**の説明文を一読して理解することはできない。

第3章でも述べたように、異世界にまつわるネット怪談は、この世界と異世界との関係を、ゲームやシミュレーションなどデジタル・コンピュータで処理される空間としてイメージしていることがある。異世界に行ってしまうことも含めて、二〇一〇年代以降の英語圏でしばしば言及されるのは「**現実世界のグリッチ**」(glitch in real life または real life glitch、glitch in the matrix とも) である。グリッチにはいくつか定義があるが、アーティストの

ucnvは「人間にとっては異常であるが、機械にとっては正常である状態」と定義している。[47]典型的なのは文字化けである。正常であるというのは、機械の故障によって生じる状態ではないということで、同じ手続きを踏めば、確実に同じグリッチが再現される。[48]Noclipもグリッチの一種である。ただ、人間にとっては異常なので「バグ」と呼ばれることもある。それゆえ、**現実世界のグリッチ**とは、印刷された文字が文字化けしているのを当たり前のように読解する人間がいれば異常だが、もしこの世界がシミュレーションされた現実で、文字コードが複数混在しているとすれば、ありえない話ではない――という考え方である。

異世界ではなくこの世界にグリッチやバグがあり、それが超常現象の原因なのだという考え方は、二一世紀では珍しいものではない。たとえばオカルト板の「【異次元？】時空の歪みpart3【神隠し】」というスレでは、時空の歪みなどの現象が、「まあ、ありきたりのテーマなんだけど、このスレ読んでると確かに「バグじゃないの？」と／思ってしまう。」というレスがある[49]（二〇〇五年一〇月一二日）。英語圏では、Redditのコミュニティ「マトリックス内のグリッチ」(Glitch in the Matrix）が二〇一二年一月一三日に作成されており、現在のところRedditにおけるコミュニティの規模で上位一パーセントに入っている。[50]あまりにも投稿が多いので簡単にまとめることはできないが、このコミュニティで報告された事象を対象にした論文が、図39のような表にしている。[51]

	付加	消失	変形	表面の変化	蓋然性
世界の変化	どこからともなく道が現れる	人間があちこちで消える	マンデラ効果。夢のような世界	空の色が変わる	ありえない遭遇
モノの変化	ドッペルゲンガー	モノが家から消える	空中浮遊	モノの色や大きさが変わる	
時間の変化		時間が失われている	死んだはずの人と会う		
知識の変化	実在しない人物の記憶				
人間	誰も覚えていない、教室の少女	会社の人が消える			同名のそっくりの人物に会う
出来事	学校の奇妙な試験		出来事の繰り返し。同じ車が2回通過するなど		出来事中の異様な静寂
死の変化	死後「復帰」する	避けられない死から逃げる			

図39 「マトリックス内のグリッチ」コミュニティで報告された事象の分類

また、TikTokなどでも**現実世界のグリッチ**と称した切り取り動画集が流行っていて、たとえば鳥が空中で羽ばたいているのに進んでいないとか、自動車が透明な何かに衝突して横転したとか、そういった映像が紹介されている。ハッシュタグごとの投稿数を見ると、#glitchinthematrix は約四万二九〇〇、#glitchesinreallife は約一万五一〇〇、#matrixglitch は約四万一〇〇〇で、かなり楽しまれていることが分かる。大半は現実世界でも十分に起こりうる出来事だというオチがつくが、シミュレーション仮説に関連付けて、本当にあったことだと受け取られることもある。たとえば、二〇二〇年五月二日に投稿され、現在のところ♡が約三六万一三〇〇、再生回数が約三四六万二〇〇〇の動画（図40）には、「車が不可視の物体に衝突」と表示されていて、キャプションには「私たちがシミュレーション内にいる証明」と書かれている。[52] 動画内では、トラックかなにかと衝突したかのように、単独で壊れて回転す

図40「私たちがシミュレーション内にいる証明」という動画

る自動車の様子などが紹介されている。実際には倒れた電柱のケーブルに引っかかるなどしたのだろうが、画質が悪くて細部が確認できない。監視カメラの映像を転載しているからだろう。その他の映像も、画質がよければグリッチではなく物理的にありうる現象に見えるのではないかと思えるものは多い。動画としての**現実世界のグリッチ**は、アナログホラーとは違った意味で画質の悪さが肝になっている。

なお、いわゆる「ダークウェブから流出した動画」も、画質が劣悪であることが多い（室内で男性が何かを食べさせられている**ブランクルームスープ**［blank room soup］など[*53]）。何度もエンコードを繰り返しているうちに劣化した、ダークウェブから持ち出すためにサイズを小さくせざるを得なかったなどのもっともらしい理由付けができるとともに、グリッチ動画と同じように、細部が見えないことにより、フェイクかどうか、元ネタは何かの確認を難しくしているということもある。デジタルデータはアナログデータと違ってコピーを繰り返しても劣化しないと言われることがあるが、文字情報だろうが視覚的情報だろうが、まったくそんなことはないのである。

バックルームの展開

異世界からの実況配信

グリッチ系の画質の悪さから離れて、コロナ禍においてちょっとしたブームになったのが、**バックルーム**からの実況配信である。本書でここまで見てきた実況といえば、**きさらぎ駅**のように異世界からの文字による報告だったり、心霊スポットからの動画配信だったりしたが、異世界からの動画配信という組み合わせは存在しなかった。当たり前といえば当たり前で、画像や動画は文字よりもはるかに環境の情報量が多く、ネタであることが見破られやすいからである。ただ、完全にネタであることを明かすのでもなく、だからといって現実に起きていることだと強く主張するわけでもないバランス感覚が浸透してきた二〇一〇年代以降は、ある程度は異世界実況動画を受け入れる素地が整っているのではないかと思われる。

英語圏における異世界配信は、二〇一八年四月三〇日に「助けて」という投稿から始まった「**太陽が消えた**」(The Sun Vanished)というTwitterアカウントがよく知られている。[54]

このアカウントは、続けて「朝になったのに外は暗いままだ」「隣町で竜巻サイレンが鳴っ

＊ ダークウェブとは、通常のウェブブラウザや検索エンジンなどからではアクセスできないインターネットの領域のこと。表では流通しない危険なデータが見つかると言われている。ちなみに、ダークウェブよりさらに奥に、もっと危険な領域(マリアナウェブ、プライマーチシステムなど)があるという都市伝説も存在する。

図 41 「太陽が消えた」の最初期のツイート

ているけど、気象レーダーには何もない」「太陽はどこにいった」とツイートし、さらに真っ暗ななかで、混乱状態の世界を報道しているように見えるテレビを撮影した動画をアップロードした（図41）。投稿者は徐々に自分のまわりで異常なことが起きていることに気づいていく。どうやら地球外生命体による侵略が始まっているらしい。もちろん、**太陽が消えた**を見ているほかのユーザーの周りではそんなことは起きていない。この投稿者は異世界からツイートしているのである。いろいろなユーザーとやり取りをしながら、投稿者はこの世界で生き延びる道を探っていく（現在も進行中[55]）。
太陽が消えたはネットホラーＡＲＧの代表作である。先述のように、ＡＲＧはAlternate Reality Game つまり「代替現実ゲーム」の略称で、いろいろな意味があるが、ネットホラーの文脈に限定すると、主催者が展開していく物語に他の参加者も加わり、隠された情報を探し出したり、あるいは参加者自身が能動的にアプローチして展開を変えていったりする遊びのことである。物語の舞台は原則としてＳＮＳのアカウントやウェブサイト、ブログなどであり、それらにはフィクションであるという複媒介的な目印はほとんどない。ＡＲＧには中心となる作者は存在するし、本気で事実と見なされるようなものではないが、展開自体は共同構築的であり、ネットホラーとネット怪談との中間的なところに位置づけることができる。

　文字ではなく動画が主となるTikTokでも、「**みんなどこに行った**」（where_is_everybody）というアカウントが二〇一九年一〇月二三日から二〇二一年八月一七日にかけて、いつの間にか誰もいない世界にいたという状況を投稿しつづけていた（昼間の状況もあり）。まさしく異世界からの実況である。

　二〇二〇年初頭、その危険性が広く知れ渡った新型コロナウイルス感染症の流行により、**みんなどこに行った**の視覚的イメージは期せずして現実のものとなった。都市部のロックダウンにより住居内のほかは誰もいない世界が実現してしまったのである。この現実に、**バックルーム**という誰もいない異世界のイメージが組み合わさることにより、ロックダウン時に広く普及したTikTokのなかで、とりわけ英語圏において異世界からの動画配信がいくつも試みられることになる。

図42「バックルームで迷子になった」

バックルームと明確に関連付けているのは「**バックルームで迷子になった**」(lostinbackrooms、二〇二〇年九月一六日～二〇二一年四月二一日?)である。残念ながら現在では中身が変わっていて動画(一七本あった)も失われている。図42は筆者が二〇二一年五月ごろ、学会発表で利用するために画面録画した動画から取ったものである。はっきり「バックルームにはまってしまった」と書いている。また別の動画では、「非常口を使おうぜ」というコメントに対して「頑張ったけど見つからなかった」と返信する動画を投稿している。このように、投稿者はほかの参加者とやりとりしつつ、半年以上もずっと出られないままだった。二〇二一年四月二一日の最後の動画では、薄暗い部屋にちらつく蛍光灯を写すのみで、キャプションも「ここ」（Here.）だけであった。物語の構築が放棄されている。

TikTokのホラー系異世界実況でもっともバズったのは、設定上は**太陽が消えた**とよく似ている「**空はどこ**」（where_is_the_sky）である。二〇二〇年一一月二八日の最初の動画では、アパートの一室から、午前一一時なのに深夜のように暗く、しかも誰もいない外の風景が映し出されている。[56]その後も付近を外出してさまよう動画が何本か投稿されるが、もっとも注目されたのは二〇二〇年一二月一日のもので、誰もいないと思っていたが、階段の吹き抜けから下を覗くと、黒い姿の何者かが駆け上がりながら追いかけてきた！　という内容だった。[57]♡が約五三〇万もついている。なお、このアカウントは二〇二一年七月二六日、一九歳の男性がネタばらしのライブ配信をしている。

また、「**出口がない**」（the_exits_are_missing, 二〇二〇年一二月六日〜二〇二一年一月二一日）というアカウントも、どこまで行ってもシャッターが降りてばかりの室内をさまようという内容で、初投稿の動画の♡が約二四〇万とバズった。[58]この動画はハッシュタグに#backroomsを入れていて**バックルーム**を意識していることを明示しているが、他にも#argを最初から入れており、分かる人にはネタだと分かる内容になっていた。なお、日本ではこうした動画はほとんど見られない。[59]

こうしたホラー系の異世界実況アカウントが盛り上がりを見せた後、（おそらく）本格的な映像技術を駆使して、無人の世界をさまようアカウントが二つ登場した。一つはスペイン語の「**唯一の生き残り**」（@unicosobreviviente、二〇二一年二月一三日〜）、もう一つは「**キリアンとマルタ**」（@kilmaru、二〇二一年三月二三日〜）である。前者はフォロワーが約九六〇万、後者は約四一〇万で、総♡数が前者は約七七四〇万、後者は約八三一〇万と、それなりの大手アカウントに成長している。**唯一の生き残り**はスペインのバレンシアをさまようもの、[60] **キリアンとマルタ**は世界中をさまようもので、視聴者からのコメントに応じて、必ず人がいるはずの場所に行っては無人の風景を投稿する行為を繰り返している（**キリアンとマルタ**は、二〇二三年八月二五日などに無人の新宿駅を投稿している）。[61] もはや**バックルーム**のような不穏さはどこにもなく、映像技術の見事さゆえに、本当に無人の異世界にいるのではないかという淡い期待を抱かせるものとなっている。

リミナルスペース

バックルームは、オリジナルの黄色い室内画像から、主として三つの方向へと共同構築が分岐していった。[62] 一つめはWikiで設定を増やしていくもの、二つめはゲームや異世界実況のように映像に奥行きを持たせるもの、そして三つめが、当初の**ヤバイ画像**スレのように、画像を集積していくものである。三つめは画像や音楽に関わる独特のジャンルへと発展していった。あの黄色い室内画像と同じような印象を与える画像探しが盛んになり、それらが**リミナルスペース**（liminal spaces）や**リミナルコア**（liminalcore）などと呼ばれるようになったのである。[*63]

たとえば **The Backrooms (Found Footage)** にも一瞬登場する図43の風景は、**リミナルスペース**初期を代表する画像である。オリジナルは二〇一九年三月一五日、Twitterに投稿された画像で、ヒースローのホテル内部を撮影したものだが、投稿者は「アメリカに行くとこなんだが、しばらく見てなかった感じの、ものすごい悪夢的で魘《うな》されるような建物で一晩過ごすことになった」と表現している。[64] **バックルーム**と同じく、不穏さを醸し出す情景と見なされている。

このような、いわく言い難い感じを表す写真画像が次第に増えていくなかで、二〇一九年

＊「リミナル」は「境界上の」という意味で、「リミナルスペース」と言えばもともとは廊下や空港ロビーなど、どこかに行くとき通過する空間のことを指していた。ネット上の**リミナルスペース**もそうした空間を扱っていることが多い。

図 43 「リミナルスペース」として知られているホテルの風景

四月一九日には、インドネシア語を使うTwitterユーザーが**リミナルスペース**と題して、相互に無関係な多くの写真を紹介した。[65] それまでも一つの風景写真をリミナルスペースと呼ぶツイートはあったが、ここに来て、何らかの共通点がある画像を列挙することによって**リミナルスペース**と呼ばれる感性を刺激する行為が広まっていくことになった。なかでも二〇一九年八月一四日、Redditに立てられた**リミナルスペース**のコミュニティには、一年間のうちに約四万八八〇〇人が参加し、[66] 無数の画像が投稿されるとともに、その後も規模が拡大して、現在では約七八万三〇〇〇人が参加するReddit上位一%のコミュニティになっている。

　しばしば勘違いされるが、大局的な流れとしては、**バックルーム**が先で**リミナルスペース**が後である。**ヤバイ画像**は人物や動物がいることが多かったが、**バックルーム**の拡散を機に、**ヤバイ画像**と感覚を共有しつつも、誰もいない人工的空間への感度が高まり、**リミナルスペース**というカテゴリーが生じた。日本で**リミナルスペース**がバズったのが二〇二一年九月七日のツイートで、[67]**バックルーム**がバズったのが二〇二二年一月末だったので、前者が先だと思われることがあるようだ。

リミナルスペースの範囲は幅広いが、基本的には、無人の室内や通路、建物などの画像を指す。だからといって廃墟ではなく、撮影の少し前までは誰かいてもおかしくない――しかし誰もいない。撮影前後がどうなっているのかは、分からない。この絶妙な不自然さ、ずれ（off）が、見ている者に、何とも言えない不穏な感じを与える。[68]

不穏さのほかに画像としての**バックルーム**や**リミナルスペース**に共通するのは、「夢で見たことがある」や「子どものころ行ったことがある」「行ったことがないのに懐かしさがある気がする」といったコメントが多く投稿されていることである。ノスタルジアを感じるが、しかし過去の現実に符合しないという奇妙な感覚だ。**リミナルスペース**が流行る前の二〇一二年にはすでにこのような感覚に対して「アネモイア」（anemoia）という新語が作られており、[69]**リミナルスペース**系の画像に対してこの語がハッシュタグに使われることもある。*

日本でも、**リミナルスペース**が流行する前の二〇一九年三月二一日にTikTokに投稿された、岐阜県の「養老ランド」にあるゲームセンターの動画に対して「夢で見たことある」というコメントが多くついた（再生回数約一五二万七〇〇〇、♡約五万四九〇〇）[71]。動画には撮影者の友人しか映っておらず、ゲーセン自体も古びていてノスタルジアを感じさせる。この動画はほかのSNSに転載されてバズり、同年四月一八日には朝日新聞が当のゲーセンを取材するに至っている[72]。さらにTikTokでも二〇二〇年七月一一日、「夢で見た事ある」というキャプションとともに同じ場所の映像が投稿され、あらためてバズった（再生回数約三二二万八〇〇〇、♡約一八万六九〇〇）[73]。

こうした不穏さとノスタルジア（アネモイア）の組み合わせが多くの**リミナルスペース**の印象を決定している。アネモイアやノスタルジアは、ロストメディアやアナログホラー、**ヤバイ画像**など本章でこれまで見てきた多くのネット怪談／ホラーに共通する特性でもある。そうした写真の画像は自分にとってのノスタルジアではないかもしれないが、少なくとも誰かにとっての過去には関係しているだろう（あるいは、そのように設定されている）。ことによっては、自分が何らかの理由で――おそらくは後ろめたい理由で――あえて忘却している過去なのかもしれない[74]。こうした過去への不安が、映像というメディアによって、持続することはあれ解決に向かうことはないという状況が、本章における諸々の事例を貫いている。

新しい展開として、インディーズゲームの「8番出口」（KOTAKE CREATE）に触れておこう。このゲームは二〇二三年一一月二九日、ゲーム配信プラットフォームのSteam向けに公開されたもので、地下鉄の通路を進んで出口を目指すのが目的である。出られなければ延々と通路をさまようことになる点や、通路の景観が典型的な**リミナルスペース**である点など、**明らかにここまで取り上げてきたネットホラーや画像ジャンルを反映しており、独特のホラーゲームとして注目を集め、二〇二四年四月一七日からはNintendo Switch版も配信された。ほとんど何の物語もないまま窓も何もない通路をひたすら歩いていくさまは、私たちが初期の**バックルーム**や**リミナルスペース**、TikTokの異世界実況動画などから感じてきた不穏さをきわめてうまくゲームに落とし込んでいるように思われる。[75]

* 「アネモイア」は、アーティストのジョン・ケニッグが『いわく言いがたい憂いの辞典』というプロジェクト内で造語したもの。古代ギリシャ語の「風」と「心」を組み合わせた語である。[70]

** 以前から**リミナルスペース**っぽいと指摘されていた清澄白河駅（東京都江東区）の通路によく似ている。

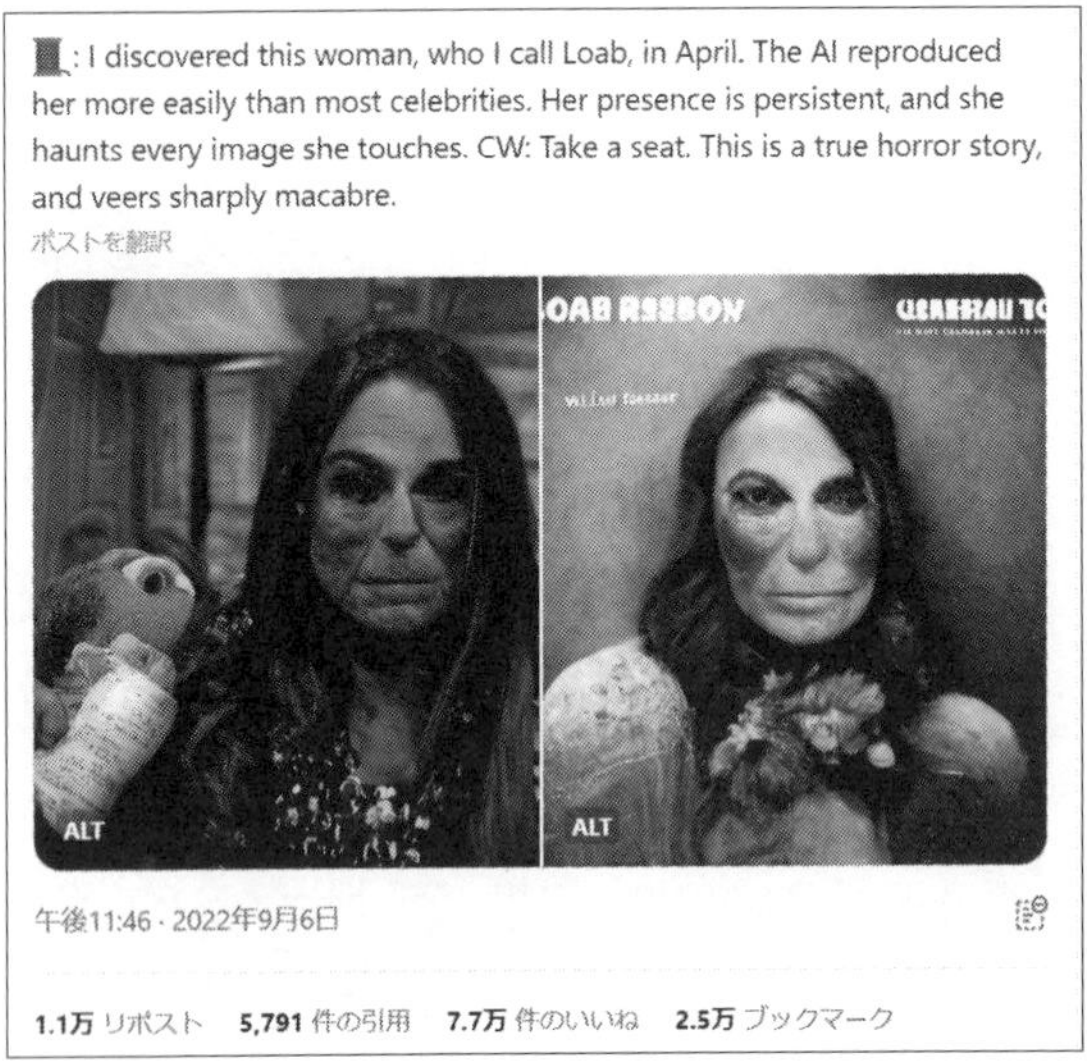

図 44 「ローブ」を紹介するツイート

恐怖に物語はいらない？

画像生成AIの怪談

リミナルスペースと同じような意図の分からなさ、出来事の不明瞭さという点で、二〇二〇年代前半に飛躍的な発展を遂げた生成AIにまつわる怪談を最後に紹介することにしよう。世界的に有名なのは「**ローブ**」（Loab）である。二〇二二年九月、あるクリエイターが俳優マーロン・ブランドの画像をもとに画像生成AIを使って特殊な操作を繰り返したところ現れた、頬が赤みがかっている年配の女性のことだ（図44）。このクリエイターによると、ローブは「きわめて残虐で死を連想させるイメージ」をともなって現れることが多いが、なぜこうなるのかは分からない。おまけに、どれだけ操作を加えても、つねにローブが現れる。まるでＡＩに何かが憑依しているかのようだ。[76] 画像だけでも十分に怖いため日本でも話題になり、ある紹介記事は「私たちの心の奥深くに内在する根源的な恐怖を反映したものなのかもしれない」と評した。[77]

ローブに対しては、美の規範に沿わない女性だというだけで恐怖の対象として煽ることには問題があるという指摘も出ている。[78] 笑顔でも泣き顔でもない女性を怖がる人々のイメージをＡＩが大量に学習しているからこそ、上記のような表象が現れているのかもしれない（「ローブ」がネタではない場合の話だが）。

不気味なＡＩの挙動として「**二〇二四年一一月五日**」も紹介しておこう。二〇二二年六月一一日、Redditに、不穏なＢＧＭとともに一枚のＡＩ生成画像のスクリーンショットが投稿された[79]（図45）。プロンプトは「November 5 2024」、アメリカ大統領選挙の日である。生成された九枚の画像を見てみると、いずれも路上に多くの人々が倒れている。ＡＩが、大量に学習した結果として破局的な未来を画像として出力したということなのだろうか。この画像は二〇二三年三月二日、Twitterにも転載されてバズった。[80] ただ、他の人がやってもまったく違う画像が出るだけだった。おそらく、前回の大統領選にともなう議事堂襲撃などの騒動がより悲惨になって繰り返される——というネタだったのだろう。

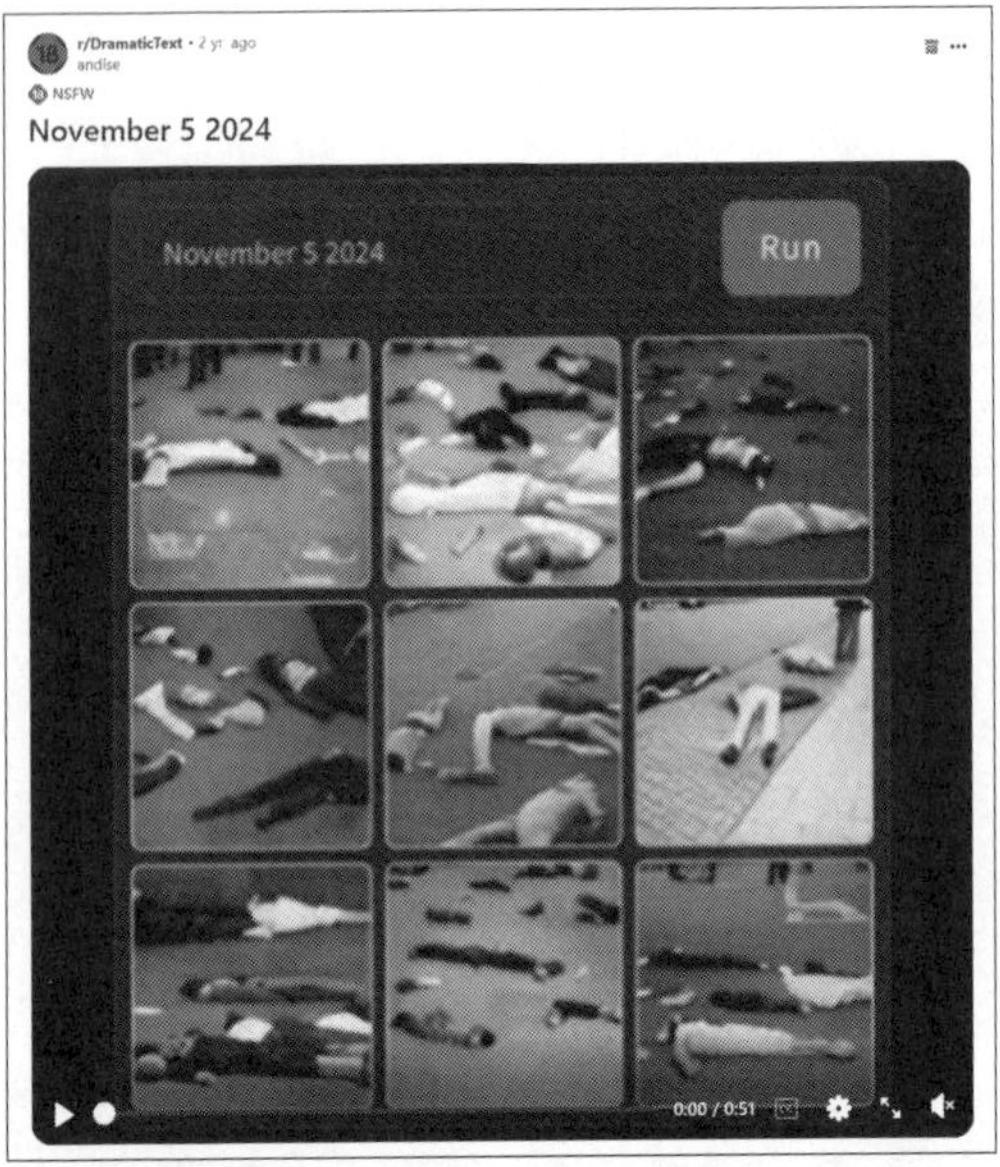

図45「2024年11月5日」のAI生成画像を紹介するReddit

生成ＡＩは確率的に動作するため、同じプロンプトを入力しても完全に同じ画像が出力されるわけではない。そのため、**ローブ**や**二〇二四年一一月五日**を入力しても奇妙な画像が出力されるとは限らない。使用するＡＩやバージョン、インターフェイス、言語によっても違ってくる。この点でＡＩ怪談は、再現可能性と再現不可能性の境界上にあるという現在のＡＩの位置づけをうまく利用したものになっている。

ＡＩ怪談としての画像も、今のところ、本章でこれまで見てきた物語抜きの恐怖に近いところがある。ＡＩは、同じプロンプトでも微妙に異なった画像を出力しつづけるので（たとえばDream by WOMBOは四枚同時に出力する）、産み落とされるものは絵画の複製のようにはならず、それぞれの画像は時間的にも意味的にも因果関係にないので、ただただ、不気味で不穏な印象を味わうしかない。

いずれ、静止画ではなく動画を生成するＡＩからも、私たちの恐怖を惹起する何かが現れるのだろう（単に不自然な・物理的にあり得ない挙動をする人々が映っている動画は、すでに多く公開されているものの）。そのとき私たちは、動画に人間的な物語を見出すことができるのだろうか、それとも理解を超えた視（聴）覚的イメージを前に途方に暮れることになるのだろうか。

逆行的オステンションの阻止

本章の後半では、文字情報よりも視聴覚的データのほうが優位になった映像系ＳＮＳや、意図の読めない生成ＡＩにおける恐怖のかたちを見てきた。そこに垣間見えるのは、恐怖が明確な物語という形式を取らないことがあるという点である。[81] **リミナルスペース**は不穏なノスタルジアを想起させることがある。そうした予感を掻き立てつつも、しかし**リミナルスペース**はそれが何かの答えを出さない。Twitter のアカウントには、まったく違う情景の写真が投稿されていく。また、YouTubeやTikTokでは、次々と写真を切り替えていくスライド形式の動画として投稿されるものが多い。物語を付与することが意図的に避けられ、何らかの出来事があったという感覚だけが保たれたまま、人々は次の写真を求めていくのである。本書でこれまで使ってきた用語でいうならば、**リミナルスペース**における画像の提示方法は、逆行的オステンションを阻止するものとして作用している。**バックルーム**のWikiやゲームに見られる大規模な逆行的オステンション（物語を作り、キャラクターを増やす）は、その意味では例外的である。

提示されたものに物語を与えることの不可能性は、実話怪談の書き手が（体験者や周囲の人々によるものを除いて）因果の解釈を避けることと並行しているが、出来事さえも明確に構築されないという点ではさらに極端である。実際にはTikTokのARGも同じような傾向があり、たとえば先述のように、**バックルームで迷子になった**の最後の動画は、数秒程度の時間経過はあるが、ほとんど**リミナルスペース**の静止画のようであり、物語の進行や出来事の解釈が阻止されている。それ以外でも、異世界実況の動画のなかには、真っ暗な風景や閉じ込められている空間を映すのみのものも多い。

こうした点については、前章でも紹介したように、レフ・マノヴィッチがニューメディア（デジタル・コンピュータ技術によって可能になったさまざまなメディア）において、過去のメディアとは異なり、ナラティヴよりデータベースが優先されると論じた事態を参考にすることができる。ここでいう「ナラティヴ」は、一般的な意味での「怪談」を含めた物語のことである。ニューメディアでも、すでにあるデータベース上の項目をたどっていくことにより、利用者がナラティヴを生成することがある。とはいえ「ユーザーがいつも通りにランダムな順序でさまざまな要素に次々とアクセスするというだけの話ならば、そもそもそれらの要素がナラティヴを形作ると想定する理由はない」[82]。このマノヴィッチの言葉は、現在の視点から見ると、スワイプするだけで一見して無秩序におすすめ動画が出てくるTikTokやInstagramのリール、YouTubeショート（さらにはXやThreadsなどの「おすすめ」タブも）などのインターフェイスを予言したものであるとともに、ナラティヴを避ける**リミナルスペース**のスライド形式の動画や専用アカウントを見越したものでもある。

動画作者（あるいは生成ＡＩ）と視聴者は、雰囲気や情感を共有することはあっても、物語を構築しているとは言いがたい。加えて、こうしたスライド動画がおすすめ欄に流れてくるときは、同じアカウントの前後の文脈などまったく切り離されてしまうので、なおのこと物語は生じづらくなる。アナログホラーもまた、大きな物語を予感させつつも、ぎりぎりのところでまとまることがない。**踏切ヒトガタ**や**NNN臨時放送**なども、放送された意図は分からないままである。[83]

不穏さ

私たちは、ナラティヴではないとしたら、データベースに何を構築するのだろうか。本章では「怖さ」や「恐怖」とともに、「不穏さ」という表現を多用してきた。これは英語圏でアナログホラーや**リミナルスペース**などにしばしば付けられる disturbing や unsettling などの表現を日本語にしたものである。直訳すると前者は「かき乱す」、後者は「落ち着けない」のようになる。こうした感情は、データベースそのものへの反応というよりも、ナラティヴの欠落への反応といえるのかもしれない。**リミナルスペース**の不穏さは、何かがあったのではないか――しかし分からないという、繰り返される答えのない問いに留めおかれることに由来すると言われる。[84] これはナラティヴを構築できないことへの不安であるとも言い換えられる。そして本章で取り上げてきたネット怪談《ナラティヴ》／ネットホラーの多くは、そのような不安や不穏さこそを中核にしている。もはや恐怖に物語は必要ない。[85]

物語のかわりに参加者たちが構築していくのは、データベースの構成要素としてのジャンルである。先述のように、ＳＮＳ上の画像や動画には、夢で見たことがある、なんだかゾワゾワする、子どものころを思い出す、不安になる……などの漠然としたコメントが並ぶ。「不穏さ」のような一般的語彙は、徐々に「リミナルスペース」や「アネモイア」などの造語へと収束していく。「バックルーム」もそれに近い。それらは漠然とした感性を切り取ったものとして徐々に使われ出していく。すると今度は投稿者自身が、画像・動画のハッシュタグにそれらを採用することになる。しかし、多くの場合、どのジャンルも本来は曖昧な感覚に由来するものだから、厳密に当てはまる唯一の言葉を見つけることは難しい。そのため、一つの投稿に十数ものハッシュタグが羅列されることになる。たとえば「#liminal #liminal dreamworld #nostalgia #nostalgic #liminalspace #liminalspaces #liminalspaceaesthetic #liminalart #liminalphotography #dream #dreams #anemoia #weirdcore #dreamcore #backrooms #memories #forgottenmemories #aesthetic #alteredreality #childhood」といった具合だ。このような、二〇一〇年代から現在にかけてSNSを中心として共同構築的に名付けられ、分類されてきたジャンルは英語圏で「美学（aesthetics）」と呼ばれ、たとえばウェブサイト「美学リスト」（Aesthetics Wiki）[86]で定義が試みられたり、TikTokに解説動画が載ったりする。[87]だがそうした解説でさえも、それぞれのジャンルは境界がはっきりしないとされたりする。

第1章で見たように、クリスティアーナ・ウィルジーは、ネットの怖い話をめぐって参加者たちが共有するのは信念ではなく感情であると論じたが、[88]**リミナルスペース**などはそちらに極端に傾いている。人々が共同で実践するのは、動画や画像それ自体の制作ではなく、それらに対するメタデータとしての感情の細分化なのである。分類しておきながら明確に区切れないのだから、それぞれのジャンルはゆるやかにつながることになるが、しかしナラティヴが構築されることはなく、部分的に重なり合う無数のハッシュタグを軸としたデータベースが構築されていく。

ところで先ほどのマノヴィッチの言葉は、インターネット上のコンテンツについて言えば、更新するごとに新たな要素が蓄積されるＨＴＭＬ形式のウェブサイトなどを想定していた。紙媒体のような安定した形態があるわけでもなく、部分ごとに変化しつづけるのならば、全体を一貫したナラティヴを保つことはできないというわけである[89]。私たちは、たとえば**きさらぎ駅**や**コトリバコ**、**くねくね**や**ヒサルキ**などをこの問いに向けていくことができる。

誰かが主導的な立ち位置にいるわけではない共同構築は、たとえば当初のスレを全体として見るならば、一貫した何かを構築するわけではないかもしれないが、まとめサイトやまとめ動画などへの再媒介化によって視聴者は、それらを一貫したナラティヴ（物語）として受け取ることができる。他方でマノヴィッチの言うように、私たちはそれらをバラバラなまま受容することもできる。全体としてのつながりを求めず、一つ一つの投稿に恐怖や不穏さを感じることもできる。たとえば**ヒサルキ**と関連する怪談は、一つずつ見ていくとそれなりの物語を有しているのだが、それぞれを組み合わせてみても、つながりを構築できそうでできないという点で、実は本章で取り上げたものと印象が近いところがある。また**きさらぎ駅**は、リアルタイムで参加していた人々は言うに及ばず、過去ログを最初から読み進める人々にとっても、物語を徐々に紡いでいくというよりは、各々の投稿に、そのたびごとに不穏さを感じ取られるものとして体験されることもあるだろう。

　さらに話を広げるならば、私たちの身の回りで起きる（ことがあるかもしれない）怪奇現象もまた、ナラティヴを備えるほどに具体的で因果性があってまとまった出来事ではないものが多い。自室で変な音がしたり、ふとおかしなものが見えたり、風景にどことなく違和感を覚えたり、何となくぞっとしたり、悪寒を感じたり、鳥肌が立ったり、冷や汗をかいたりすることはあっても、たいして気にせずに忘れてしまうかもしれない[90]。こうした感覚的で曖昧な不穏さは、データベースが優位となる構造のインターネットにおいてこそ、逆説的ではあるが明確な対象として共同構築されるのである。

あとがき

本書は二〇二四年に書かれたネット怪談の本である。誰もが知っているように、インターネットは変転しつづけている。二〇二〇年代後半からは新たなネット怪談の流れが見えてくるようになるだろう。また、最初に「日本のネット怪談の大まかな見取り図を提示する」などと大言壮語してしまったものの、どうしても触れられなかったジャンルがある。VRChatやメタバースにおける怪談だ。これは単純に、HMDを持っておらず、未体験だったからである。すでにいくつか怪談が語られていることは確認済みなので、今後の課題としたい。また、論述の都合で取り上げられなかったネット怪談も、もちろん多い。「神戸の一軒家」や「tanasinn」、「ぞぬ」、「This Man」などは特に興味深い（あるいは不気味である）。これらもいずれまとめてみたい。

本書執筆の大詰めを迎えていたとき、東京で開催されていた「行方不明展」（二〇二四年七月一九日〜九月一日）に行ってみた。ホラー作家の梨さんが中心となって企画された展覧会である。まったく事前知識を仕入れないまま会場に入ってみたのだが、驚いたのは、ほとんど満員電車と言ってもいいほどの人気もさることながら、作品の多くが、がっつりネット怪談に関わっていたことだった。しかも本書で、これまで不当に見過ごされていると感じ、あえて独立した章にした「異世界」や、近年の世界的な流行である「アナログホラー」「バックルーム」などのテーマが前面に押し出されている。展示物のバックグラウンドストーリーも、見えそうで見えない。本書では、ネット怪談の流れがおおまかに因習系（コトリバコなど）から異世界系（バックルームなど）へと移っていっているのではないかと示唆したが、行方不明展はそれを裏付けるものになっているかもしれない。その意味で、本書の帯文を梨さんが書いてくださったのは、大変にありがたいことであった。

早川書房の一ノ瀬翔太さんから本書の執筆を打診されたのは二〇二二年初頭、まだハヤカワ新書も創刊していなかったころである。それから書き始めたものの、なかなか筆は進まず、その間に本を二冊出してしまった（どちらも書き下ろしではなかったというのもあるが）。これではいけないと思い、所属している世間話研究会で有志を募り、執筆互助会を何回か開催した。会には多くの若手研究者が集まり、執筆にあたって大いに刺激を受けた。飯倉義之さん（國學院大學教授）、押見皓介さん、加藤嵩人さん、黒河内貴光さん、真保元さん、永島大輝さん、鳴海あかりさん、長谷川恵理さん、羽鳥佑亮さん、福司知代さん、古野敬一さん、山川志典さん、ありがとうございました。

　さて、この本は新書なので一般向けの本ではあるが、いろいろと新しいことを主張している学術書でもある。主張の是非を検討できるように、できるだけ関連文献は参照し、具体的な参照箇所を注に記し、さらに文献一覧と索引もつけた。ページ数も編集作業も増えてしまうのに、「注と文献一覧と索引は欲しい」という僕のこだわりを引き受けてくれ、執筆にあたってさまざまな助言をくださった一ノ瀬さんには特に感謝したい。また、研究のインフラを支えてくれた両親には、いつもながら大変救われた。

　最後に、数多のネット怪談を報告したり創作したりしてきた無名の投稿者の方々にも謝意を表したい。あらゆる意味で、本書はそうした人々なしでは成立することがなかっただろう。これからも、予想を裏切るようなネット怪談が生まれ、広まり、伝えられていくことを、一読者として期待したい。

二〇二四年九月

廣田龍平

怪談索引

■アルファベット
hitogata　⇒「踏切ヒトガタ」の項を参照
LOCAL58TV　237
NNN臨時放送　173, 229, 232, 233, 235, 269
SCP財団　36, 39
Smile. jpg　⇒「スマイルドッグ」の項を参照
The Backrooms（Found Footage）　222, 224, 225, 227, 240, 259

■あ
赤い紙青い紙　48
赤い封筒　90, 92
赤い部屋　184-186
アガリビト　85, 154
飽きた　117, 119-121, 123
明日の犠牲者　⇒「NNN臨時放送」の項を参照
あんちょ　76
異界への扉　122
イサルキ　79
異世界に行く方法　117, 121, 123-125, 128, 164, 165, 169, 170, 247
イチフウ　83
犬鳴村　52, 61-63, 81, 86, 87, 95, 160, 163, 165
牛の首　172
笑顔の手引き　237
エレベーター儀式　124
エレベーター・ゲーム　124
おつかれさま　189, 191
オラガンさん　76
俺の先祖は恐ろしい人物かも知れない・・・　84
オングズハット　97, 166

■か
怪人アンサー　24
案山子　159, 160
隠れ切支丹村　60
隠れ里　63
カシマさん　48, 58, 79, 144
鹿島さん　58, 191
かたす駅　104, 240
かなりやばい集落見つけました。　⇒「やばい集落」の項を参照
ガラス戸の向こう　162
からっぽの世界　122
姦姦蛇螺　143
消えたとてうかぶもの・？　138
消えるヒッチハイカー　47
きさらぎ駅　16, 17, 19, 20, 24, 26-28, 30-32, 37, 52, 57, 66, 70, 95, 98-101, 103, 104, 106-108, 111, 114, 123, 137, 148, 149, 157, 165, 169, 170, 181, 219, 253, 272, 273
キチガイ村　60
鬼血骸村　61
キヒサル　79
キャンドル・コーヴ　28, 29, 229, 232, 237
恐怖のアナウンス　⇒「猿夢」の項を参照
巨頭ォ　61, 168
きらきらさん　79
キリアンとマルタ　258

くねくね　37, 52, 53, 57, 58, 73-77, 79-81, 83, 106, 115, 137, 143-146, 151, 163-165, 167, 169, 197, 272
暗闇の中で　212
外法箱　83
ゲラゲラ医者　125, 126
検索してはいけない言葉　84, 188
現実世界のグリッチ　248, 249, 251, 252
ごしょう駅　98, 99, 104, 106
こっくりさん　52, 208
コトリバコ　52, 53, 57, 76, 81-86, 89, 91, 92, 106, 115, 137, 143, 151, 157, 159, 164, 166, 169, 170, 197, 240, 272
狐西箱　83
小屋の２階　78
これって何？　226, 228
今度は落とさないでね　73

■さ
逆さの樵面　85
鮫島事件　136, 171-173
猿夢　58, 71, 73
三回見ると死ぬ絵　181, 186
ジェイソン村　60
ジェフ・ザ・キラー　28, 29, 199, 200, 202, 233
児我箱　83
時空のおっさん　108-111, 114, 131, 165
自己責任系　79
師匠シリーズ　23, 157
樹海村　61
ジョン・タイター　113, 114
人面犬　49
杉沢村　52, 61-63, 95, 160, 163, 165
スマイルドッグ　28, 29, 198, 199
スレンダーマン　25-32, 34, 35, 40, 53, 166, 167, 181, 192, 196-198, 201, 202, 235
セチアレン　125
双眼鏡　24
空はどこ　257

■た
太陽が消えた　253-255, 257
タクシーに乗る女　162
タクシー幽霊　47
タクラーン村の少女　172, 173
タンモノ様　76
地下のまる穴　130, 131
つきのみや駅　106
月の宮駅　99, 100, 104
ディア・デイヴィッド　40
出口がない　257
テケテケ　48
トイレの花子さん　48, 49
洞窟探検家テッド　69, 197

■な
二〇二四年一一月五日　265, 266
日本国尊厳維持局　238, 239
ニンゲン　163, 193, 195-198, 203

■は
ハエジゴクの家　80
バックルーム　28, 92, 116, 128, 223, 240, 241, 244, 246-248, 253, 256-261, 263, 268
バックルームで迷子になった　256, 268
八尺様　39, 40, 73, 85, 137, 143, 151, 157, 165, 169, 170
ババサレ　48, 79

— 2 —

ヒカルさんの絵　187
ヒサウキ　79
ヒサユキ　78, 80, 175
ヒサル　79
ヒサルキ　59, 73, 77, 79-81, 146, 170, 171, 175, 197, 272
ヒッチハイク　73, 157
ヒトガタ　⇒「踏切ヒトガタ」の項を参照
ひとりかくれんぼ　52, 164, 168, 208-213
不幸の手紙　198
不測の事態　237, 238
蓋　⇒「本危」の項を参照
踏切ヒトガタ　235, 236, 240, 244, 269
ブランクルームスープ　252
本危　70, 146, 182
本当に危ないところを見つけてしまった　⇒「本危」の項を参照

■ま
マーブル・ホーネッツ　27
マイナスドライバー　71, 73
マウ三部作　68
マンデラ効果　112, 114, 116, 130
みんなどこに行った　255
物部箱　83

■や
ヤバイ画像　241-243, 259, 261, 262
やばい集落　66, 68, 69, 71, 81, 86
ヤマノケ　85
やみ駅　104
唯一の生き残り　258
勇気がなくて見れない画像　188
ヨウコウ　76

■ら
リアル　39, 143, 153, 157
リゾートバイト　24, 39, 40, 143, 153, 157
リミナルコア　259
リミナルスペース　92, 259-264, 267-271
リョウメンスクナ　85
レピドデンドロンの木　132-134
ローブ　264-266
六人箱　83
ろっぽんぞー　174-176

■わ
分からない方がいい・・　58, 74, 75, 162

参考文献

あさくらみゆき　1994　「死霊たちの停車駅」『霊感少女』5月15日号 : 6–40　宙出版
朝里樹　2018　『日本現代怪異事典』　笠間書院
朝里樹　2019　『日本現代怪異事典副読本』　笠間書院
朝里樹　2021　『21世紀日本怪異ガイド100』　星海社
朝里樹　2023　『続・日本現代怪異事典』　笠間書院
朝宮運河　2024　「スペシャル鼎談　モキュメンタリー・ホラーの旗手がここに集結　雨穴×梨×背筋」　『このミステリーがすごい！』編集部（編）『このホラーがすごい！　2024年版』、2–12　宝島社
朝宮運河、大岩雄典、廣田龍平、藤原萌　2024　「異界への扉をひらく　〈怖怖怖怖怖〉作品ガイド」『文藝』2024年秋季号 : 406–418　河出書房新社
ASIOS & 廣田龍平　2022　『謎解き「都市伝説」』　彩図社
「あなたが語るキョーフ体験談」 1995　『ほんとにあった怖い話』5月号 : 329　朝日ソノラマ
飯倉義之　2006　「〈霊〉は清かに見えねども　「中岡俊哉の心霊写真」という〈常識〉」　一柳廣孝（編著）『オカルトの帝国　1970年代の日本を読む』、159–180　青弓社
飯倉義之　2012　「怪談と口承文芸」『口承文芸研究』35: 147–157
飯倉義之　2013　「都市伝説が「コンテンツ」になるまで　「都市伝説」の一九八八～二〇一二」『口承文芸研究』36: 90–102
飯倉義之　2017　「都市伝説とメディアの変遷　都市民俗・ネットロア・SNS」　日本口承文芸学会（編）『こえのことばの現在

口承文芸の歩みと展望』、168–182　三弥井書店
飯倉義之　2023　「オカルトを買っておうちに帰ろう　「コンビニオカルト本」の私的観察史」『近代出版研究』2: 73–78
飯田一史　2022　『ウェブ小説30年史　日本の文芸の「半分」』星海社
飯吉透　1998　「インターパシフィック・バトル通信　第8回　ネットの中の幽霊」『月刊インターネットアスキー』3 (7): 340–341　アスキー
石塚尊俊　1959　『日本の憑きもの　俗信は今も生きている』未來社
石丸元章　1989　『ウワサを追いこせ！　未確認アイドル流言報告』JICC出版局
一柳廣孝　2022　「怪談師の時代」怪異怪談研究会（監修）、一柳廣孝、大道晴香（編著）『怪異と遊ぶ』、64–82　青弓社
伊藤慈晃　2013　「〈怖い話〉の投稿傾向について　2ちゃんねるまとめブログ「死ぬほど洒落にならない怖い話を集めてみない？」を対象として」『一橋研究』38 (1/2): 1–13
伊藤慈晃　2021　「オンライン空間の宗教的体験談における「釣り師」の戦略　「ひとりかくれんぼ」を対象に」『世間話研究』28: 16–41
伊藤慈晃　2022　「オンライン空間と怪異の変容　最東対地『夜葬』、城平京『虚構推理』、綾辻行人『Another』を対象に」怪異怪談研究会（監修）、乾英治郎、小松史生子、鈴木優作、谷口基（編著）『〈怪異〉とミステリ　近代日本文学は何を「謎」としてきたか』、278–299　青弓社
伊藤龍平　2008　「ネット怪談「くねくね」考　世間話の電承について」『世間話研究』18: 1–13
伊藤龍平　2016　『ネットロア　ウェブ時代の「ハナシ」の伝承』青弓社
伊藤龍平　2023　『怪談の仕掛け』青弓社
井上トシユキ、神宮前.org　2001　『2ちゃんねる宣言　挑発する

メディア』 文藝春秋
植野弘子 2000 『台湾漢民族の姻戚』 風響社
打田秀太 2024 「オンライン空間の文化とその実践に関する人類学的考察」『早稲田大学大学院文学研究科紀要』69: 611–613
噂探検隊 1992 「噂恐怖帝国新聞」『LC ミステリー』1992 年 8 月号別冊「百物語」: 251–254 学習研究社
雲谷斎 2001 『本当にあった恐い話・不思議な話 逢魔が時物語』逢魔プロジェクト
雲谷斎 2003 『本当にあった恐い話・不思議な話 逢魔が時物語Ⅱ』ＯＭＡ－ＰＲＯＪＥＣＴ
及川祥平 2023 『心霊スポット考 現代における怪異譚の実態』 アーツアンドクラフツ
及川祥平（編） 2024 『現代の怪異あるいは怪異の現代 現代怪異研究小論集』 アーツアンドクラフツ
大道晴香 2017 『「イタコ」の誕生 マスメディアと宗教文化』 弘文堂
大道晴香 2018 「一九六〇年代の大衆文化に見る「非合理」への欲望 (2)「〈秘境〉ブーム」をめぐって」『蓮花寺佛教研究所紀要』11: 255–284
オカルトエンタメ大学 2022 「【洒落怖 2ch】ネット怪談の歴史を吉田悠軌先生が教えます（くねくね・コトリバコ・八尺様・リゾートバイト・きさらぎ駅・本危）／いたこ 28 号先生との怪村対談も！」『オカルトエンタメ大学』2022 年 2 月 27 日 https://www.youtube.com/watch?v=c1EZu-o_UNc
オカルトエンタメ大学 2023 「【いたこ 28 号×いわお☆カイキスキー①】パソコン通信・オウム・杉沢村・2ch・洒落怖。ネット怪談の歴史を語りあいます！」『オカルトエンタメ大学』2023 年 4 月 8 日 https://www.youtube.com/watch?v=QU5ID30z-y4
荻上チキ 2007 『ウェブ炎上 ネット群集の暴走と可能性』 筑摩書房
沖田瑞穂 2018 『怖い女 怪談、ホラー、都市伝説の女の神話

学』 原書房
押見皓介　2022　「ネットロアで語られる場所を巡る一考察　いわゆる「洒落怖」の実態把握を通して」『常民文化』45: 1–29
香川雅信　2017　「柳田國男の妖怪研究」 小松和彦（編）『進化する妖怪文化研究』、150–174　せりか書房
「画像生成 AI を用いるとホラーやグロテスクな背景とともに出現する謎の女性「ローブ」とは？」 2022　『GIGAZINE』9 月 12 日　https://gigazine.net/news/20220912-ai-images-woman/
加藤一　2024　「解説」中山市朗、松村進吉、深澤夜『「超」怖い話×中山市朗』、219-223　竹書房
川上量生（監修） 2014　『角川インターネット講座 04　ネットが生んだ文化　誰もが表現者の時代』 KADOKAWA
川島理想　2019　「ゲーム化する「怪談」に関する考察　児童館での調査報告」『口承文芸研究』42: 149–159
菊地暁　2022　『民俗学入門』 岩波書店
木澤佐登志　2021a　「平行世界のゲートは開かれたのか　初期インターネット都市伝説の一側面」『早稲田文学』2021 年秋号 : 142–150
木澤佐登志　2021b　「【コラム】Liminal Space とは何か」『FNMNL』2021 年 11 月 16 日　https://fnmnl.tv/2021/11/16/139203
木澤佐登志　2024　『終わるまではすべてが永遠　崩壊を巡るいくつかの欠片』 青土社
キャロル、ノエル　2022　『ホラーの哲学　フィクションと感情をめぐるパラドックス』 高田敦史（訳） フィルムアート社
久保明教　2019　『ブルーノ・ラトゥールの取説　アクターネットワーク論から存在様態探求へ』 月曜社
倉石忠彦　2018　『都市化のなかの民俗学』 岩田書院
小池壮彦　2005　『心霊写真　不思議をめぐる事件史』 宝島社
コウルリッジ、サミュエル・テイラー　2013　『文学的自叙伝　文学者としての我が人生と意見の伝記的素描』 東京コウルリッ

ジ研究会（訳）　法政大学出版局
後藤晴子　2024　「「古老」はほんとうに「物知り」なのか」　島村恭則（編）『現代民俗学入門　身近な風習の秘密を解き明かす』、120–121　創元社
小中千昭　2014　『恐怖の作法　ホラー映画の技術』　河出書房新社
「この信じられぬ世界からの報告」　1968　『ヤングレディ』7月15日号 : 120–124　講談社
近藤雅樹　1997　『霊感少女論』　河出書房新社
近藤雅樹ほか　1995　『魔女の伝言板　日本の現代伝説』　白水社
今野円輔　1969　『日本怪談集　幽霊篇』　社会思想社
斉藤守弘　1974　『恐怖！　幽霊スリラー』　学習研究社
澤村伊智、瀧井朝世　2021　「狂乱のサスペンス・スリラー『邪教の子』。読者への信頼と恐れが、悪魔的サプライズにつながった」『文藝春秋BOOKS』2021年8月26日　https://books.bunshun.jp/articles/-/6476
ジェンキンズ、ヘンリー　2021　『コンヴァージェンス・カルチャー　ファンとメディアがつくる参加型文化』　渡部宏樹、北村紗衣、阿部康人（訳）　晶文社
重信幸彦　2013　「「都市伝説」という憂鬱」『口承文芸研究』36: 103–113
島村恭則　2020　『みんなの民俗学　ヴァナキュラーってなんだ？』　平凡社
「シャレではすまない［ネットロア］の不思議で危ない話」　2002　『SPA!』1月22日号 : 24–29　扶桑社
心霊科学探偵団　1998　『ネットの怪談　ネットワーカーが語る怪奇体験談』　工学社
鈴木淳史　2003　『美しい日本の掲示板　インターネット掲示板の文化論』　洋泉社
鈴木淳史　2005　『「電車男」は誰なのか　“ネタ化”するコミュニケーション』　中央公論新社

清義明　2023　「海賊たちのユートピア　西村博之と匿名掲示板のカリフォルニアン・イデオロギー」石井大智（編著）『2ちゃん化する世界　匿名掲示板文化と社会運動』、59–131　新曜社
銭清弘　2020　「イメージを切り貼りするとなにがどうなるのか　インターネットのミーム文化における画像使用を中心に」『フィルカル』5 (2): 60–81
銭清弘　2021　「Liminal Spaceのなにが不気味なのか」『obakeweb』2021年10月7日　https://obakeweb.hatenablog.com/entry/liminalspace
「全国ミステリーゾーンの旅　東京・神奈川編」1994　『霊感少女』3月10日号: 173–177　宙出版
そうこ　2016　「モヤモヤざわざわしたい時にオススメ。なんとも言えない画像を集めたTwitterアカウント」『Gizmodo』2016年9月11日　https://www.gizmodo.jp/2016/09/cursedimages-twitter.html
総務省　2002　『情報通信白書　平成14年版』　総務省
ダストン、ロレイン&ピーター・ギャリソン　2021　『客観性』瀬戸口明久、岡澤康浩、坂本邦暢、有賀暢迪（訳）　名古屋大学出版会
谷川嘉浩　2024　「恐怖に物語は必要ない？　リミナルスペースの美学とネット怪談の予感」『Re:Ron』2024年7月8日　https://www.asahi.com/articles/ASS731R3HS73ULLI00QM.html
辻村深月　2020　「選評　夏の匂いがホラーに似合う」『小説野性時代』18（9）: 218–219　KADOKAWA
常光徹　1986　「学校の世間話　中学生の妖怪伝承にみる異界的空間」『昔話伝説研究』12: 12–34
常光徹　1993　『学校の怪談3』　講談社
津村文彦　2024　「呪術と宗教　「信じること」は宗教に不可欠なのか」箕曲在弘ほか（編）『東南アジアで学ぶ文化人類学』昭和堂、137–153

「出た！　こわくないコワクない　ちょっと怖い話」 1979 『セブンティーン』8月28日号 : 74–79　集英社
「読者の恐怖体験談発表！絶叫　コワーイ話大集合」 1989 『ぴょんぴょん』9月号 : 149–161　小学館
戸塚ひろみ　2004　「口承文化のなかの心霊写真」一柳廣孝（編著）『心霊写真は語る』、211–237　青弓社
鳥飼かおる　2014　「犬鳴村のうわさ　「異界としての犬鳴」にまつわる一考察」『異文化コミュニケーション論集』12: 167–176
鳥飼かおる　2015　「犬鳴村のうわさ考　首羅山の「場所性」から見えてくるもの」『異文化コミュニケーション論集』13: 87–102
鳥飼かおる　2016　「犬鳴村のうわさ考　「負」の自然を「仰ぎ見る行為」としての犬鳴村のうわさ」『異文化コミュニケーション論集』14: 81–90
鳥飼かおる　2018　「「筑豊」という「場所」から考える、都市伝説「犬鳴村」のイメージ生成について」『エネルギー史研究』33: 175–190
トルバート、ジェフリー・A　2024　「フォークロレスク入門」廣田龍平（訳）『現代思想』52 (6): 186–193
永島大輝　2019　「異世界はエレベーターとともに。YouTuber の都市伝説」『世間話研究』27: 67–83
永島大輝　2022　「「意味が分かると怖い話」とは何か　「似ている話」を探して、作って、読み換える、遊び」 怪異怪談研究会（監修)、一柳廣孝、大道晴香（編著）『怪異と遊ぶ』、83–107　青弓社
永島大輝　2024　「「現代怪異」 学校の怪談からネットロアまで」伊藤慎吾、氷厘亭氷泉ほか著『広益体　妖怪普及史』、274–281　勉誠社
仲田しんじ　2021　「人類滅亡直後の動画が流出！ 2027年からやって来たタイムトラベラーが「未来の街」を公開」『トカナ』2021年11月18日　https://tocana.jp/2021/11/post_225657_

entry.html
中山太郎　1930　『日本巫女史』 大岡山書店
並木伸一郎　2009　『最強の都市伝説３』 経済界
奈良崎英穂　2015　「ホラー作家はどこへ行く　「実話怪談」系文庫の変遷を軸に」 日本近代文学会関西支部（編）『作家／作者とは何か　テクスト・教室・サブカルチャー』、204–226　和泉書院
西嶋雅樹　2022　「「異界」と「異世界」」『精神療法』48 (1): 35–39
２典プロジェクト　2002　『２典　２ちゃんねる辞典』 バーチャルクラスター
野村典彦　2006　「ディスカバージャパンと横溝正史ブーム」 一柳廣孝（編著）『オカルトの帝国　1970 年代の日本を読む』、59–80　青弓社
ハーヴェイ、ジョン　2009　『心霊写真　メディアとスピリチュアル』 松田和也（訳）　青土社
橋迫瑞穂　2021　「ぬいぐるみと人形の〈あいだ〉　「ひとりかくれんぼ」を手がかりに」『ユリイカ』53 (1): 151–157
パリッカ、ユッシ　2023　『メディア考古学とは何か？　デジタル時代のメディア文化研究』 梅田拓也、大久保遼、近藤和都、光岡寿郎（訳）　東京大学出版会
バルト、ロラン　1985　『明るい部屋　写真についての覚書』 花輪光（訳）　みすず書房
平井智尚　2021　『「くだらない」文化を考える　ネットカルチャーの社会学』 七月社
平野威馬雄　1975　『お化けの住所録』 二見書房
平山和彦　1976　「民俗の調査法」和歌森太郎（編）『日本民俗学講座　第五巻』、237–259　朝倉書店
広坂朋信　2016　「よみがえれ、心霊スポット」 一柳廣孝（監修）、今井秀和、大道晴香（編著）『怪異を歩く』、203–222　青弓社

廣田龍平　2018a　「疑似的な声の非人間的転回試論　ある「怖い話」の発生と流行にみる〈電承〉」『口承文芸研究』41: 104–116
廣田龍平　2018b　「ニンゲン」ASIOS『UMA事件クロニクル』、289–294　彩図社
廣田龍平　2021　「2ちゃんねるオカルト板「死ぬ程洒落にならない怖い話を集めてみない？」略史」『怪と幽』7: 50–53　KADOKAWA
廣田龍平　2022　『妖怪の誕生　超自然と怪奇的自然の存在論的歴史人類学』　青弓社
廣田龍平　2023a　「『学校の怪談』以前の事　1980～90年代ホラー漫画雑誌の読者投稿に関する基礎調査」『世間話研究』29: 1–53
廣田龍平　2023b　『〈怪奇的で不思議なもの〉の人類学　妖怪研究の存在論的転回』　青土社
廣田龍平　2024　「エレベーターで行く異界・異世界・異空間」『情況　第6期』2 (5): 61–67
hiroching　2022　「デジタルの悪魔か？ AI生成画像に繰り返し現れる不気味な謎の女性「Loab（ローブ）」」『カラパイア』2022年9月24日　https://karapaia.com/archives/52316261.html
古山美佳　2018　「ネット社会における実況系ネットロアの伝播と活用　「口裂け女」と「きさらぎ駅」の比較から」『國學院大學大学院文学研究科紀要』49: 53–78
古山美佳　2021　「創作された怪異譚　ネットロア前夜」『早稲田文学』2021年秋号 : 151–165
古山美佳　2022　「怪異譚における神社神道の情報の在り方　事例「コトリバコ」」『神道宗教』267・268: 181–210
ボードマン、アダム・オールサッチ　2023　『イラストで見るゴーストの歴史』　ナカイサヤカ訳　マール社
松田美佐　2014　『うわさとは何か』　中央公論新社
松谷みよ子　1980　「現代民話考　その五　学校の怪談」『民話の手帖』3 (1): 36–78

松本健太郎　2019　「デジタル時代の幽霊表象　監視カメラが自動的／機械的に捕捉した幽霊動画を題材に」小山聡子、松本健太郎（編）『幽霊の歴史文化学』、267–289　思文閣出版
マノヴィッチ、レフ　2023　『ニューメディアの言語　デジタル時代のアート、デザイン、映画』 堀潤之（訳） 筑摩書房
ミスター・クリーピーパスタ（編） 2022　『「閲覧注意」 ネットの怖い話クリーピーパスタ』 倉田真木、岡田ウェンディ（訳） 早川書房
三隅貴史　2024　「なぜ都市伝説は語られるのか？」 島村恭則（編）『現代民俗学入門　身近な風習の秘密を解き明かす』、132–133　創元社
宮家準　1994　『日本の民俗宗教』 講談社
ミヤザワ　2016　「異世界召喚・転移・転生ファンタジー年表」『ブックオフ公式オンラインストア』 https://shopping.bookoff.co.jp/lightnovel/feature/isekai-history
迷信調査協議会（編） 1949　『迷信の実態』 技報堂
結城伸夫　2004　『逢魔が時物語』 小学館
ucnv　2019　『グリッチアート試論』 私家版
吉田悠軌　2018　『禁足地巡礼』 扶桑社
吉田悠軌　2021a　「犬鳴村伝説とは何か」『実話怪談　犬鳴村』、13–113　竹書房
吉田悠軌　2021b　『一生忘れない怖い話の語り方　すぐ話せる「実話怪談」入門』 KADOKAWA
吉田悠軌　2022　『現代怪談考』 晶文社
吉田悠軌　2023　「インターネットが怪談に与えた影響」『望星』54 (11): 24–31
吉田悠軌（編） 2024a　『ジャパン・ホラーの現在地』 集英社
吉田悠軌　2024b『教養としての最恐怪談　古事記から TikTok まで』 ワン・パブリッシング
ラーゲルクヴィスト　1961　「地獄に降りたエレベーター」山口琢磨（訳） 徳永康元（編）『ヨーロッパ短編名作集』、25–32

学生社
ラトゥール、ブリュノ　2017　『近代の「物神事実」崇拝について　ならびに「聖像衝突」』 荒金直人（訳） 以文社
鷲谷花　2022　『姫とホモソーシャル　半信半疑のフェミニズム映画批評』 青土社
渡辺節子、岩倉千春（編著） 1996　『夢で田中にふりむくな　ひとりでは読めない怖い話』 ジャパンタイムズ
渡辺節子、岩倉千春　2006　「エレベーターに乗って」不思議な世界を考える会（編）『怪異百物語7　異次元ワールド・メカの怪』、152–153　ポプラ社
綿矢りさ、「哲学ニュース」運営者　2024　「ネット界隈の怪談クロニクル」『文藝』2024年秋季号 : 306–309　河出書房新社

Asimos, Vivian. 2020a. *Digital monsters*. London: Clink Street.
Asimos, Vivian. 2020b. Everything is true here, even if it isn't: the performance of belief online. *Journal of the British Association for the Study of Religions* 22: 44–54.
Balanzategui, Jessica. 2016. Haunted nostalgia and the aesthetics of technological decay: hauntology and Super 8 in *Sinister. Horror Studies* 7 (2): 235–251.
Balanzategui, Jessica. 2018. Creepypasta, 'Candle Cove', and the digital gothic. *Journal of Visual Culture* 18 (2): 187–208.
Blank, Trevor J. & Lynne S. McNeill. 2018. Introduction: fear has no face: creepypasta as digital legendry. In Trevor J. Blank & Lynne S. McNeill (eds.), *Slender Man is coming: creepypasta and contemporary legends on the Internet*, 3–23. Logan: Utah State University Press.
Bolter, Jay David & Richard Grusin. 1999. *Remediation: understanding new media*. MIT Press.
Crawford, Joseph. 2019. Gothic digital technologies. In Maisha Wester & Xavier Aldana Reyes (eds.), *Twenty-first-century gothic:*

an Edinburgh companion, 72–86. Edinburgh: Edinburgh University Press.

Debies-Carl, Jeffrey S. 2021. Click "here" to post a comment: legend discussion and transformation in online forums. *Journal of Folklore Research* 58 (2): 31–62.

Debies-Carl, Jeffrey S. 2023. *If you should go at midnight: legends and legend tripping in America*. Jackson: University Press of Mississippi.

Dégh, Linda. 1971. The "belief legend" in modern society: form, function, and relationship to other genres. In Wayland D. Hand (ed.), *American folk legend: a symposium*, 55–68. Berkeley: University of California Press.

Dégh, Linda. 1996. What is a belief legend? *Folklore* 107: 33–46.

Dégh, Linda. 2001. *Legend and belief: dialectics of a folklore genre*. Bloomington: Indiana University Press.

Deng, Z., P. Benckendorff and J. Wang. 2019. Blended tourism experiencescape: a conceptualisation of live-streaming tourism. In J. Pesonen & J. Neidhardt (eds.), *Information and communication technologies in tourism 2019*, 212–222. Cham: Springer.

Deng, Z., P. Benckendorff, and J. Wang. 2021. Travel live streaming: an affordance perspective. *Information Technology & Tourism* 23: 189–207.

Ellis, Bill. 2003. *Aliens, ghosts, and cults: legends we live*. Jackson: University Press of Mississippi.

Feldman, Brian. 2016. What makes a cursed image? *Intelligencer*. October 31, 2016. https://nymag.com/intelligencer/2016/10/what-makes-a-cursed-image.html

Fialkova, Larisa & Maria N. Yelenevskaya. 2001. Ghost in the cyber world: an analysis of folklore sites on the Internet. *Fabula* 42 (1/2): 64–89.

Foster, Michael Dylan. 2016. Introduction: the challenge of the folkloresque. In Michael Dylan Foster & Jeffrey A. Tolbert. *The folkloresque: reframing folklore in a popular culture world*, 3–33. Logan: Utah State University Press.

Gallerneaux Brooks, Kristen. 2013. The gizmo and the glitch: telepathy, ocular philosophy, and other extensions of sensation. In Olu Jenzen & Sally R. Munt (eds.), *The Ashgate research companion to paranormal cultures*, 297–309. Farnham: Ashgate.

Gunning, Tom. 2008. What's the point of an index? or, faking photographs. In Karen Redrobe & Jean Ma (eds.), *Still moving: between cinema and photography*, 39–49. Durham: Duke University Press.

Henriksen, Line. 2013. A short bestiary of creatures from the Web. In Olu Jenzen & Sally R. Munt (eds.), *The Ashgate research companion to paranormal cultures*, 405–416. Farnham: Ashgate.

Hongo, Hudson. 2016. Cursed images is the last Twitter account you see before you die. *Gizmodo*. August 29, 2016. https://gizmodo.com/cursed-images-is-the-last-twitter-account-you-see-befor-1785925077

Jordan, David K. 1971. Two forms of spirit marriage in rural Taiwan. *Bijdragen tot de Taal-, Land-, en Volkenkunde* 127 (1): 181–189.

Kinsella, Michael. 2011. *Legend-tripping online: supernatural folklore and the search for Ong's Hat*. Jackson: University Press of Mississippi.

Kvistad, Erika. 2020. The digital haunted house. In Clive Bloom (ed.), *The Palgrave handbook of contemporary gothic*, 957–972. Cham: Palgrave Macmillan.

Kvistad, Erika. 2023. *In the Dark*: the afterlife of a horror hoax. *Gothic Studies* 25 (1): 42–60.

Manning, Paul. 2018. Monstrous media and media monsters: from

Cottingley to Waukesha. In Trevor J. Blank & Lynne S. McNeill (eds.), *Slender Man is coming: creepypasta and contemporary legends on the internet*, 155–181. Logan: Utah State University Press.

Mueser, Daniela & Peter Vlachos. 2018. Almost like being there? A conceptualisation of live-streaming theatre. *International Journal of Event & Festival Management* 9 (2): 183–203.

Nelson, Lindsay. 2021. *Circulating fear: Japanese horror, fractured realities, and new media*. Lanham: Lexington Books.

Peters, Lucia. 2019. *Dangerous games to play in the dark: a guide to summoning spirits, divining the future, and invoking the supernatural*. San Francisco: Chronicle Books.

Raemont, Nina. 2022. Who is the woman haunting A.I.-generated art? *Smithsonian Magazine*. September 13, 2022. https://www.smithsonianmag.com/smart-news/loab-artificial-intelligence-art-180980743/

Sayad, Cecilia. 2021. *The ghost in the image: technology and reality in the horror genre*. New York: Oxford University Press.

Schneider, Ingo. 1996. Erzählen im Internet. *Fabula* 37 (1/2): 8–27.

Schrey, Dominik. 2014. Analogue nostalgia and the aesthetics of digital remediation. In Katharina Niemeyer (ed.), *Media and nostalgia: yearning for the past, present and future*, 27–38. Hampshire: Palgrave Macmillan.

Sconce, Jeffrey. 2000. *Haunted media: electronic presence from telegraphy to television*. Durham: Duke University Press.

Spetter, Linda. 2011. Lafcadio Hearn's legacy in Japan's legend climate: the blurring of folklore, mass media and literature.『梅光言語文化研究』2: 18–47.

Swayne, Matthew L. 2019. *Haunted rails: tales of ghost trains, phantom conductors, and other railroad spirits*. Woodbury: Llewellyn Publications.

Tagliamonte, Giovanni & Yaochong Yang. 2021. Isekai: tracing interactive control in non-interactive media. In Benjamin Beil, Gundolf S. Freyermuth & Hanns Christian Schmidt (eds.), *Paratextualizing games: investigations on the paraphernalia and peripheries of play*, 341-372. Bielefeld: transcript.

Tolbert, Jeffrey A. 2013. "The sort of story that has you covering your mirrors": the case of Slender Man. *Semiotic Review* 2. https://www.semioticreview.com/ojs/index.php/sr/article/view/19

Tucker, Elizabeth. 2009. *Haunted halls: ghostlore of American college campuses*. Jackson: University Press of Mississippi.

Tucker, Elizabeth. 2017. "There's an App For That"®: ghost hunting with smartphones. *Children's Folklore Review* 38: 27–37.

Turchin, Alexey & Roman Yampolskiy. 2019. Glitch in the matrix: urban legend or evidence of the simulation? *PhilArchive*. https://philarchive.org/rec/TURGIT

Willsey, Kristiana. 2020. Dear David: affect and belief in Twitter horror. In Andrew Peck & Trevor J. Blank (eds.), *Folklore and social media*, 145–160. Louisville: Utah State University Press.

注

第1章　ネット怪談と民俗学

1. 久保 2019
2. https://hobby4.5ch.net/test/read.cgi/occult/1073411138/ の 98-681
3. 「キサラギ駅（後編）」『都市伝説・・・奇憚・・・blog』 http://yoshizokitan.blog.shinobi.jp/Entry/5391/（記事へのコメント 26. 記事自体は 2010 年 9 月 25 日投稿）
4. 「きさらぎ駅」『togetter』 https://togetter.com/li/170118（2011 年 8 月 3 日初版、2014 年 5 月 21 日最終更新）
5. ジェンキンズ 2021; 川上（監修）2014; 平井 2021
6. 菊地 2022: 231–232
7. 島村 2020: 16-21
8. 香川 2017: 153-155
9. Foster 2016: 7
10. 「師匠シリーズ」『Wikipedia 日本語版』 https://ja.wikipedia.org/wiki/ 師匠シリーズ　（2015 年 3 月 29 日初版）。中国語版、ロシア語版もある。なお、**「逆さの樵面」**もウニの作品である。
11. 「双眼鏡」『よだれだらだら』 http://yodaredayo.blog38.fc2.com/blog-entry-169.html　（2008 年 9 月 25 日）
12. 古山 2021
13. https://twitter.com/eijigumi/status/1688674595430428672 （2023 年 8 月 8 日）
14. 島村 2020: 19
15. http://forums.somethingawful.com/showthread.php?threadid=3150591&userid=0&perpage=40&pagenumber=3　掲示板の投稿

そのものは現在も見られるが、スレンダーマンの画像は削除されてしまっているので、見るには Wayback Machine を使用するしかない。

16. クリーピーパスタについて、詳しくは Henriksen 2013; Asimos 2020a; ミスター・クリーピーパスタ（編）2022 参照。
17. Asimos 2020b: 49
18. 「2ch まとめサイトモバイル」の記事が 2012 年 4 月 25 日、*vgperson's Stuff* というサイトで英訳され（https://vgperson.com/posts.php?p=kisaragi）、同年 10 月 28 日に投稿サイト *Creepypasta* に転載された（https://www.creepypasta.com/kisaragi-station/）。2024 年 9 月現在、評価は 8.81 点であり（10 点満点）、かなりの高評価である。
19. Kvistad 2020: 959
20. Blank & McNeill 2018: 7
21. Ellis 2003: 11–12
22. Dégh 1996: 41; Blank & McNeill 2018: 7
23. Dégh 1971: 62; 2001: 97
24. Ellis 2003: 10
25. cf. 伊藤 2016: 105
26. Blank & McNeill 2018: 7
27. Debies-Carl 2023: ch.1
28. 川島 2019
29. Tucker 2017
30. ２典プロジェクト 2002: 100; cf. 鈴木 2003: 4 章 ; 平井 2021: 9 章
31. Kvistad 2020: 965
32. ラトゥール 2017: 169
33. Tolbert 2013
34. cf. 小中 2014: 164–165
35. コウルリッジ 2013: 264
36. 「SCP 財団とは」『SCP 財団』 http://scp-jp.wikidot.com/about-the-scp-foundation （2014 年 5 月 17 日初版）

37.「サイトへの参加を希望される方へ」『SCP 財団』 http://scp-jp.wikidot.com/guide-for-newbies （2013 年 8 月 24 日初版）
38. キャロル 2022
39.「死ぬほど洒落にならない怖い話を集めてみない？196」https://hobby11.5ch.net/test/read.cgi/occult/1217949163/ の 908-916
40. 2024 年前半に出版された一般向けの学術書だけ見ても、『現代民俗学入門』と『東南アジアで学ぶ文化人類学』が代表的な現代の妖怪として八尺様を挙げている（津村 2024: 139; 三隅 2024: 132）。
41. http://horror-terror.com/c-real/entry_6999.html、http://horror-terror.com/c-real/entry_7061.html、http://horror-terror.com/c-real/entry_7133.html、http://horror-terror.com/c-real/entry_7241.html、http://horror-terror.com/c-real/entry_7452.html、http://horror-terror.com/c-real/entry_7458.html （2009 年 11 月 24 日～ 12 月 15 日）
42. http://horror-terror.com/c-real/entry_4399.html、http://horror-terror.com/c-real/entry_4417.html、http://horror-terror.com/c-real/entry_4434.html、http://horror-terror.com/c-real/entry_4580.html、http://horror-terror.com/c-real/entry_4656.html、http://horror-terror.com/c-real/entry_4835.html （2009 年 8 月 4 日～ 8 月 18 日）
43. 廣田 2023b: 209–210
44. Kvistad 2020: 964
45. Willsey 2020: 155
46. 平井 2021
47. 奈良崎 2015: 218–226 のリスト参照。Cf. 加藤 2024: 221。
48. 奈良崎 2015: 209–210; 吉田 2021b: 117–120
49. 詳細は廣田 2023a 参照
50. 飯倉 2012: 148; 吉田 2021b: 239–245
51. 奈良崎 2015: 221–223 参照
52. Spetter 2011: 33

53. 一柳 2022
54. 吉田 2023: 24–25
55. 石丸 1989; 松田 2014: 83–36
56. 飯倉 2013:93–94
57. 重信 2013: 103
58. ASIOS & 廣田 2022; 廣田 2023a 参照
59. 松谷 1980; 常光 1986
60. 廣田 2023a
61. 飯倉 2013; ASIOS & 廣田 2022
62. 押見 2022: 5

第2章　共同構築の過程を追う

1. Schneider 1996; Fialkova & Yelenevskaya 2001; Crawford 2019. 今でも有名なのは**黒い目の子ども**（black-eyed kids）という妖怪で、1996 年に投稿された記事がもとになっている。
2. 吉田 2021b: 251; オカルトエンタメ大学 2023。いたこ 28 号は、1997 年ごろから「あっちの世界ゾーン」という怪談ウェブサイトを続けている。
3. 「現代伝説考（1）―恐怖と願望のフォークロア―」『書籍デジタル化委員会』 http://www.wao.or.jp/naniuji/txt_den/densetu1.htm
4. http://member.nifty.ne.jp/yhideki/ghost0.htm
5. 1997 年 8 月および 1998 年 7 月時点の怪談サイトは「INTERNET Watch」のページにまとまっている。「特集　「怪談」で暑い夜を涼しく過ごそう」 https://internet.watch.impress.co.jp/www/article/970811/kaidan.htm（1997 年 8 月 11 日）;「こわーい話の特集」 https://internet.watch.impress.co.jp/www/article/980730/kaidan.htm（1998 年 7 月 30 日）。また、飯吉 1998; 心霊科学探偵団 1998 も日米の怪談・心霊スポットサイトを紹介している。
6. http://www.orange.ne.jp/~kibita/jp7/　「杉沢村」ブームの起点

になったのはこのウェブサイトである（「シャレではすまない［ネットロア］の不思議で危ない話」2002: 28）。
7. http://www02.u-page.so-net.ne.jp/zb3/coo/omagatoki-bn-kinpun.htm
8. https://www.mag2.com/m/0000005484; 雲谷斎 2001: カバー袖
9. 飯倉 2017: 175–176
10. https://hobby7.5ch.net/test/read.cgi/occult/1139215060/ の882
11. 吉田 2021a: 50–53
12. ASIOS & 廣田 2022
13. 「特命リサーチ２００Ｘ」https://piza.5ch.net/test/read.cgi/tv/941202877/、「犬鳴峠」https://piza.5ch.net/test/read.cgi/occult/941278892/
14. 広坂 2016: 219
15. 井上、神宮前.org 2001: 2, 3 章
16. 総務省 2002: 12
17. 古山 2018; cf. 廣田 2023b
18. https://piza.5ch.net/test/read.cgi/occult/962399703/
19. https://piza.5ch.net/test/read.cgi/occult/941278892/
20. http://mewlog.sakura.ne.jp/test/read.cgi/logchannel/967314685/
21. ２典プロジェクト 2002: 114
22. *Welcome to the Page of Ted*, https://www.angelfire.com/trek/caver/（2001 年 5 月 19 日最終更新）
23. Crawford 2019; Kvistad 2023: 45
24. https://bubble.5ch.net/test/read.cgi/occult/1056888545/
25. https://piza.5ch.net/test/read.cgi/occult/965152644/
26. 「＊＊とびっきりの怖い話しを聞かせてくれ！＊＊」https://piza.5ch.net/test/read.cgi/occult/953126056/ の 175
27. 「死ぬ程洒落にならない怖い話を集めてみない？233」https://anchorage.5ch.net/test/read.cgi/occult/1260502983/ の 836-854。

投稿に続く感想の多くは創作として評価している。

28. http://member.nifty.ne.jp/yhideki/ghost129.htm

29. 廣田 2022: 297–299

30. 廣田 2022: 299–304

31. cf. ASIOS & 廣田 2022: 167

32. cf. 伊藤 2016: 102; Nelson 2021: 33–35

33. トルバート 2024

34. 「洒落にならないくらい恐い話を集めてみない？Part27」 https://hobby2.5ch.net/test/read.cgi/occult/1045050965/ の 114-116

35. 「■■得体の知れない存在に関する話■■」https://hobby2.5ch.net/test/read.cgi/occult/1049269582/ の17、「なんでこんな夢みるの？」https://etc.5ch.net/test/read.cgi/utu/1047932349/ の 187

36. 「露出目撃報告」 http://bbs02.nan-net.com/idx.cgi?cmd=resbbs&num=42&anum=1735460047&organum=1735472128&orgstart=21

37. オカルト板に転載されたものしか残っていない。当時の住人も初出を探ったが見つけられなかった。「★夢の中で夢だと気付く方法★2　明晰夢」https://hobby4.5ch.net/test/read.cgi/occult/1053519901/ の 276-287

38. 「洒落にならないくらい恐い話を集めてみない？Part28」 https://hobby2.5ch.net/test/read.cgi/occult/1045498016/ の 185-189, 482-483

39. 小中 2014 参照

40. Crawford 2019; Kvistad 2020

41. 吉田 2021a: 60–62; 2022: 147–149

42. 朝里 2018: 160–162 参照。**コトリバコ**自体の宗教学的・民俗学的な解釈については、沖田 2018: 4 章 ; 吉田 2022: 150–154; 古山 2022 参照。

43. **コトリバコ**のまとめサイト参照。http://blog.livedoor.jp/

hako888/archives/50326099.html（2010 年 12 月 31 日）

44. 中山 1930: 302

45. 「検索してはいけない言葉」https://yutori.5ch.net/test/read.cgi/news4vip/1199089526/、「検索してはいけない言葉 @ ウィキ」 https://w.atwiki.jp/mustnotsearch/pages/552.html（2013 年 4 月 15 日初版）

46. https://ex15.5ch.net/test/read.cgi/news4vip/1151183404/、https://ex15.5ch.net/test/read.cgi/news4vip/1151188813/

47. 吉田 2022: 149; オカルトエンタメ大学 2022

48. 「日本で一番不気味な未解決事件って何よ?」https://yutori7.5ch.net/test/read.cgi/news4vip/1274983620/

49. 大道 2017: 2 ～ 3 章 ; 大道 2018; 野村 2006

50. 辻村 2020: 218

51. 澤村、瀧井 2021

52. 鳥飼 2014, 2015, 2016, 2018

53. 鳥飼 2018: 179

54. 迷信調査協議会（編）1949; 石塚 1959 など

55. 鷲谷 2022: 155

56. 「「あっ、もうだめだ」「拾っちゃったか ...」東京・上野の駅付近に落ちていた奇妙な赤い封筒を投稿したところ次々と不穏なリプライが届く→実は台湾の風習が関係していた」『Togetter』 https://togetter.com/li/2295782 （2024 年 1 月 17 日初版）、「【赤い封筒再び】「私は知っている この赤い封筒を決して拾ってはいけない事を」今度は池袋西口で赤い封筒が目撃、「冥婚」の可能性がささやかれる」『Togetter』 https://togetter.com/li/2325374 （2024 年 3 月 3 日初版）

57. Jordan 1971: 181-182; 植野 2000: 9 章

58. 及川 2023: 284–285

59. 及川 2023: 287

第３章　異世界に行く方法

1. cf. 古山 2018: 72-73
2. 西嶋 2022; Tagliamonte & Yang 2021: 342–343
3. 宮家 1994: 217
4. 渡辺・岩倉 1996
5. 詳しくは木澤 2021a; Kinsella 2011
6. 「【きゅう～】電車内での怖い話 11【んにゃっ】」https://toki.5ch.net/test/read.cgi/occult/1245982669/ の 149
7. 今野 1969: 236; 斉藤 1974: 68–69; 平野 1975: 166–168;「読者の恐怖体験談発表！絶叫　コワーイ話大集合」1989: 157; 常光 1993: 112-117;「全国ミステリーゾーンの旅　東京・神奈川編」1994: 174–175; 近藤ほか 1995: 51–52;「あなたが語るキョーフ体験談」1995: 329。欧米の幽霊電車については Swayne, 2019: 5-31 参照。
8. 「【夢】子供の頃の不思議体験【現実】」https://hobby10.5ch.net/test/read.cgi/occult/1189488788/ の 688、「不可解な体験、謎な話～ enigma ～ Part49」https://anchorage.5ch.net/test/read.cgi/occult/1229160692/ の 488
9. あさくら 1994
10. ASIOS & 廣田 2022: 153–155
11. ASIOS & 廣田 2022: 153–156; cf. 吉田 2018: 192
12. 「出た！　こわくないコワクない　ちょっと怖い話」1979: 75
13. 「きさらぎ駅」https://llike.net/2ch/fear/kisaragi/
14. 詳しくは ASIOS & 廣田 2022: 156–159
15. 吉田 2018: 190–191; 伊藤 2023: 171–173
16. 「きさらぎ駅」『Togetter』 https://togetter.com/li/170118
17. 「ほんのりと怖い話スレ　その 71」https://toki.5ch.net/test/read.cgi/occult/1299993563/ の 65-67。この投稿は、2004 年 1 月にはすみが行方不明になって以降、最初の**きさらぎ駅**の報告である。
18. 古山 2018: 68
19. たとえば「きさらぎ駅について何か知りませんか？」https://

toki.5ch.net/test/read.cgi/occult/1311916384/ の 50-420。4 日後に釣りであることが明かされた（「【きさらぎ駅】存在しない駅総合スレ【月の宮駅】」https://toki.5ch.net/test/read.cgi/occult/1312646782/ の 539）。

20. たとえば伊藤 2023

21. Debies-Carl 2021: 56

22. https://www.fujitv.co.jp/sekainonandakore/archive/20200701.html

23. 「遠鉄「きさらぎ駅」？　消えた「はすみ」さん、都市伝説 10 年超」『あなたの静岡新聞』https://www.at-s.com/news/article/others/617676.html（2018 年 1 月 9 日）

24. https://twitter.com/et_train/status/1079279739733303298

25. https://twitter.com/et_train/status/1476094921920880640

26. https://twitter.com/et_train/status/1476094921920880640;「きさらぎ駅」『遠鉄電車』https://www.entetsu.co.jp/tetsudou/kisaragieki/

27. 2021 年 12 月 31 日 11 時 34 分版（https://ja.wikipedia.org/w/index.php?title= きさらぎ駅 &oldid=87279840）以降。

28. https://w.atwiki.jp/jikuunoossan/

29. 「死ぬ程洒落にならない怖い話を集めてみない?92」https://hobby7.5ch.net/test/read.cgi/occult/1107574814/ の 65-66

30. 「死ぬ程洒落にならない怖い話しを集めてみない？104」https://hobby7.5ch.net/test/read.cgi/occult/1121700545/ の 280-284

31. “The Mandela Effect”, *KnowYourMeme*, https://knowyourmeme.com/memes/the-mandela-effect（初版 2015 年 8 月 13 日）

32. 日本では、「マンデラ・エフェクト」というページ（http://www.jikanryoko.com/timewarp314.htm、2014 年 12 月 4 日）が古いほうだが、Wayback Machine で見ると、当初は「マンデラ氏の謎」というタイトルだったようだ。

33. 「誰に言っても信じてもらえない話　第 11 話」https://hobby9.

5ch.net/test/read.cgi/occult/1171771202/ の 811（2007 年 6 月 2 日）、「あの、オカルトの話で恐縮ですが・・・」https://human7.5ch.net/test/read.cgi/ms/1189285746/

34. https://toki.5ch.net/test/read.cgi/occult/1310968291/

35.「【マンデラ効果】現実と違う自分の記憶★ 16」https://mao.5ch.net/test/read.cgi/occult/1501418448/

36. 詳細は *KnowYourMeme* のページ（https://knowyourmeme.com/memes/john-titor　初版 2010 年 8 月 7 日）参照。

37. http://med-legend.com/mt/archives/2004/11/

38.「不思議な体験してみない？」https://ex16.5ch.net/test/read.cgi/news4vip/1152796670/

39.「不思議な体験してみない？」https://hobby7.5ch.net/test/read.cgi/occult/1152801389/

40.「２ちゃんねる　オカルト板コミュの飽きた？！」https://mixi.jp/view_bbs.pl?comm_id=244415&id=8568297

41.「「飽きた」の真実」https://hobby7.5ch.net/test/read.cgi/occult/1153407752/

42.「異世界に・・・」http://www.fumi23.com/to/h05/h/11199.html; cf. http://www.fumi23.com/to/h05/h/13240.htm

43.「異世界に行く方法、教えて！！」http://mb2.jp/_kyo/151_all.html

44. 永島 2019: 69–70

45.「異性界に行く方法【覚悟】」http://www.fumi23.com/to/h05/h/13240.html（2008 年 5 月 3 日）

46.「今すぐできる不思議体験」https://hobby9.5ch.net/test/read.cgi/occult/1170335951/ の 681

47. 噂探検隊 1992: 254

48. cf. 永島 2019: 70, 80

49. ミヤザワ 2016

50.「謎の多い危険な遊び研究委員会」http://mb2.jp/_kyo/530.html-1316

51. 永島 2019: 71–72
52. ラーゲルクヴィスト 1961
53. エレベーターで異界に行く怪談や俗信は 廣田 2024 にまとめた。ここに載せなかったものとしては、「1999 年 9 月の霊感話」http://wafu.netgate.net/~halo/horror/h99-09-01.html がある。渡辺・岩倉 2006: 152–153 も参照。アメリカの類例は Tucker, 2009: 37,48-49。
54.「- (basement) – BASEMENT」『フェイクドキュメンタリー「Q」』 https://www.youtube.com/watch?v=2Aiv7L34WcQ（2023 年 2 月 19 日）
55.「死ぬほど洒落にならない怖い話を集めてみない?87」https://hobby7.5ch.net/test/read.cgi/occult/1098540395/ の 565-569
56.「【ゆがみ】時空の歪み Part6【ひずみ】」https://hobby9.5ch.net/test/read.cgi/occult/1155360086/ の 96-100
57.「【下】エレベーターにまつわる怖いはなし【上】」https://hobby7.5ch.net/test/read.cgi/occult/1080523611/ の 113-114
58. https://anchorage.5ch.net/test/read.cgi/occult/1229077982/
59.「【異世界に】エレベーター実況スレ【行く方法】 3 - 393 - 1/3」https://www.nicovideo.jp/watch/sm6605246
60.「【異世界に】エレベーター実況スレ【行く方法】 3 - 580 - 2/3」https://www.nicovideo.jp/watch/sm6635100 の 49 〜 50 秒あたり。
61.「다른세계로가는방법 , 돌아오는방법 , 후기」https://www.instiz.net/pt/121633（2011 年 1 月 20 日）; “Going to Another World (elevator ver.)” http://hakei1211.blog.fc2.com/blog-entry-6.html（2011 年 10 月 27 日）。日本以外での展開は、“On The Elevator Game: The History Of A Modern Urban Legend And Its Real-Life Connections”, *The Ghost in my Machine*, https://theghostinmymachine.com/2020/04/27/on-the-elevator-game-the-history-of-an-urban-legend-and-its-real-life-connections-consequences-japan-korea-2ch-minato-ward-elevator-accident-elisa-lam-stay-on-main-cecil-hotel/（2020 年 4 月 27 日）に詳しい。

62. “A teoria de SeteAlém”, *Fatos Desconhecidos*, https://www.fatosdesconhecidos.com.br/a-teoria-de-setealem/（2021年12月31日）; “Lendas urbanas históricas 8: Setealém” https://popfantasma.com.br/lendas-urbanas-historicas-8-setealem/（2020年11月19日）
63.「俺が異世界に行った話をする」https://hayabusa.5ch.net/test/read.cgi/news4vip/1340375439/
64. https://hayabusa.5ch.net/test/read.cgi/news4vip/1340375439/ の 16-18
65. 詳しくは廣田 2023b: 9章
66.「信じられないかもしれないが変な体験した」https://hayabusa.5ch.net/test/read.cgi/news4vip/1363708594/
67.「異世界について語りたい！パート4」https://girlschannel.net/topics/1461527/ の 383
68. https://girlschannel.net/topics/972619/
69. https://girlschannel.net/topics/3774477/
70. 廣田 2023b: 第10章; 木澤 2024: 311–318
71. https://twitter.com/ushihito/status/1648111274042216449;「ChatGPTに「何か怖いことといって」とお願いした結果→ホラーセンスありすぎ」https://togetter.com/li/2128132
72. http://horror-terror.com/c-real/entry_6149.html、http://horror-terror.com/c-real/entry_6151.html、http://horror-terror.com/c-real/entry_6152.html
73.「不可解な体験、謎な話～enigma～ Part63」https://toki.5ch.net/test/read.cgi/occult/1280578309/ の 746-748
74. 永島 2022 参照
75. https://ifunny.co/picture/attention-have-you-seen-this-tree-hopefully-you-have-not-1xnPE48q8
76. https://www.tiktok.com/@jese2063/photo/7274779550679043371
77. https://www.tiktok.com/@retrodisaster_/video/72837382061

28835870; https://www.tiktok.com/@grantwolfe_/video/7354016734073851179
78. https://knowyourmeme.com/memes/lepidodendron-tree-attention-have-you-seen-this-tree
79. 廣田 2023b: 259–260

第４章　ネット怪談の生態系――掲示板文化の変遷と再媒介化

1. その功罪については、井上、神宮前. org 2001: 4 章 ; 鈴木 2003: 70–91; 鈴木 2005: 1 章など参照。近年では清 2023: 119-126。
2. 倉石 2018: 266–267
3. https://ex.5ch.net/test/read.cgi/entrance/1017687938/
4. 伊藤 2016: 32-33; Nelson 2021: 32
5. Debies-Carl 2021: 41–42
6. http://horror-terror.com/
7. 朝里 2019: 122-123
8. http://horror-terror.com/c-real/entry_2878.html、http://horror-terror.com/c-real/entry_2879.html、http://horror-terror.com/c-real/entry_2880.html（2009 年 3 月 26 日）
9. 朝里 2019: 132–133, 146–147; 朝里 2023: 402-403
10. http://www05.u-page.so-net.ne.jp/gc4/roti-rot/u_legends/news.html
11. http://www5d.biglobe.ne.jp/~DD2/
12. http://umaibo.net/urbant.html　もとはオカルト板都市伝説スレのまとめサイト（ドメイン名の「うまい棒」は、西村博之の好物としてしばしばネタにされていた）。
13. 伊藤 2016: 54–57
14. 飯倉 2013: 98
15. たとえば伊藤 2016: 24; ASIOS & 廣田 2022: 199–201
16. https://thetuburo.com/
17. 廣田 2022: 297–299, 304–305
18. https://w.atwiki.jp/occult42731/　現存する。

19. 廣田 2022: 304–305

20. https://toro.5ch.net/test/read.cgi/occult/1343150094/ の 430（2012 年 7 月 31 日）など

21. http://khmb.blog92.fc2.com/ → https://nazolog.com/

22. http://blog.livedoor.jp/nwknews/

23. 綿矢、「哲学ニュース」運営者 2024

24. http://yoshizokitan.blog.shinobi.jp/Entry/5391/（2011 年 6 月 30 日）

25. https://www.youtube.com/channel/UCfPtOzWRilziPB8D865QBrQ

26. https://www.tiktok.com/@koyomi_okrt/video/7322449705487715586（2024 年 1 月 10 日）

27. Bolter & Grusin 1999: 5, 45; Manning 2018: 164–165

28. 吉田 2021b: 255

29. https://hayabusa6.5ch.net/test/read.cgi/occult/1342641500/

30. 伊藤 2013: 7

31. cf. 朝里 2021: 150-233; 朝里 2023

32. 吉田 2021b: 255

33. 飯田 2022

34. 吉田 2024a: 18, 42–45, 113–114, 117, 121, 230–234

35. 廣田 2021

36.「過疎化地域で起きた実話を話していく」https://mao.5ch.net/test/read.cgi/occult/1654948088/

37. 飯倉 2017: 177

38. 雲谷斎 2001, 2003; 結城 2004

39. 廣田 2022: 304–305

40.「到文社　「『超』怖い話」シリーズ　Part 2」https://curry.5ch.net/test/read.cgi/occult/1035403523/ の 743

41.「「弩」怖い話」 http://www.ekoda.jp/dokowa/

42. 飯倉 2023

43. 朝里 2018。出版の経緯について詳細は永島 2024: 277–278 参照。

44. 永島 2019: 71
45. 伊藤 2008
46. 伊藤 2016
47. Schneider 1996
48. Kinsella 2011; 木澤 2021a
49. 廣田 2018a, 2018b
50. 伊藤 2013; 古山 2018; 押見 2022; 及川（編）2024 など
51. https://sayainunderworld.blogspot.com/
52. https://sayainunderworld.blogspot.com/2007/10/big-head-o.html
53. https://www.kowabana.net/
54. https://theghostinmymachine.com/
55. Peters 2019
56.「日本网上流传的“不存在车站”(组图)」https://www.secretchina.com/news/gb/2016/01/01/416346.html（元の記事を転載したサイト）
57. “The beginnings of an urban myth?”, https://aramatheydidnt.livejournal.com/2651042.html
58. “Kisaragi Station - Hasumi Translation”, https://mikanseijin.livejournal.com/986.html
59. https://namu.wiki/w/ 도시전설 #s-4.2
60. https://namu.wiki/history/ 코토리바코 ?from=1
61. https://namu.wiki/history/ 쿠네쿠네 ?from=1
62. https://namu.wiki/history/ 팔척귀신 ?from=1
63. https://namu.wiki/history/ 키사라기역 ?from=1
64. https://ja.wikipedia.org/wiki/Wikipedia: 良質な記事/良質な記事の選考/きさらぎ駅 _20190511
65. https://corn.5ch.net/test/read.cgi/entrance/990712570/
66. 荻上 2007: 208;cf. 朝里 2021: 16–17
67. 吉田 2022: 109–113
68. https://news23.5ch.net/test/read.cgi/news/1186833063/ の

337、「衝撃動画を語るスレ１０」https://hobby9.5ch.net/test/read.cgi/occult/1186051665/ の 164
69. https://piza.5ch.net/test/read.cgi/occult/960203264/
70.「アメリカの図書館より採取「ろっぽんぞー」」https://piza.5ch.net/test/read.cgi/occult/965849345/
71. 平山 1976: 250–253; 後藤 2024

第５章　目で見る恐怖——画像怪談と動画配信

1. ダストン＆ギャリソン 2021: 102, 153
2. ハーヴェイ 2009: 16
3. バルト 1985: 93（強調除去）
4. Gunning 2008: 40; Sayad 2021: 9
5. 小池 2005: 166–170, 188–192; 飯倉 2006
6. 戸塚 2004
7. Gallernaux Brooks 2013: 298
8. Blank & McNeill 2018: 7
9.「身のまわりで変なことが起こったら実況するスレ 26」の 177, 192, 212 など。
10. Nelson 2021: 35; ボードマン 2023: 109
11. 伊藤 2016: 27–28
12. Crawford 2019: 79
13. https://corn.5ch.net/test/read.cgi/entrance/986892149/
14.「勇気が無くて見られない画像解説スレその 1」https://hobby3.5ch.net/test/read.cgi/occult/1054913793/。木澤 2024: 279–280 も参照。
15. http://www.geocities.co.jp/SiliconValley/4358/red_room1.html
16. 並木 2009: 111–115; 朝里 2018: 20
17. 近藤 1997: 172–179
18.「【白いキャンパス】芸術に関する怖い話【油絵の具】」https://hobby7.5ch.net/test/read.cgi/occult/1126857846/ の 105
19.「思わず保存した画像を晒せ」https://news19.5ch.net/test/

read.cgi/news/1132416317/ の 386, 459, 476

20. 「【11.19 東京】 K-1WGP 2005-2006 part94」https://ex9.5ch.net/test/read.cgi/k1/1132065062/ の 211。画像のうち 1 つの投稿日時は 11 月 16 日 23 時 48 分で、格闘技板への投稿が 23 時 53 分なので、かぎりなく初出に近いとみていい。
21. 「【怖い絵画】芸術に関する怖い話 2 枚目【怪談話】」https://hobby7.5ch.net/test/read.cgi/occult/1139715812/ の 80
22. https://namu.wiki/w/ 세 번 보면 죽는 그림
23. 伊藤 2022: 283–284
24. https://wwwww.5ch.net/test/read.cgi/news4vip/1193128763/
25. 「検索してはいけない言葉 in オカ板」https://hobby11.5ch.net/test/read.cgi/occult/1200239929/
26. 『検索してはいけない言葉 @ ウィキ』 https://w.atwiki.jp/mustnotsearch/
27. https://hobby7.5ch.net/test/read.cgi/occult/1138983027/
28. http://page2.auctions.yahoo.co.jp/jp/auction/b31568636、ただし Wayback Machine にも記録されていない。
29. 「勇気がなくて見られない画像解説スレ in オカ板 Part74」https://hobby7.5ch.net/test/read.cgi/occult/1138611757/ の 361, 455 参照。
30. 「みなさんの幸せのために。」https://hobby9.5ch.net/test/read.cgi/occult/1178293872/ の 73
31. https://www.alpha-web.ne.jp/alpha/Summer/Kowai/kowai/01.htm（オリジナルは http://www.alpha-web.or.jp/alpha/forum/Fun/Kowai/kowai5.htm）
32. ASIOS & 廣田 2022: 203
33. https://curry.5ch.net/test/read.cgi/occult/1020495008/ の 68
34. https://curry.5ch.net/test/read.cgi/occult/1021118373/
35. 詳しくは廣田 2018b: 289–291
36. https://curry.5ch.net/test/read.cgi/occult/1021118373/ の 36-38、http://wasi.mods.jp/imgboard/img/img20020511232057.

jpg

37. 「☆南極周辺海域【人型物体】（通称ﾆﾝｹﾞﾝ）第 4 型☆」https://curry.5ch.net/test/read.cgi/occult/1026218361/ の 226。http://www.chiizu.com/jp/Album/Cover.asp?A=6553 に転載されている。
38. https://curry.5ch.net/test/read.cgi/occult/1026218361/ の 356, 375
39. 「【人型】ヒトガタ、ニンゲン総合 9 人目【物体】」https://hobby4.5ch.net/test/read.cgi/occult/1068293863/ の 742、http://www.chiizu.com/jp/Photo/View.asp?P=3368515
40. 廣田 2018b: 294
41. https://www.angelfire.com/trek/caver/pictures/opening.html
42. https://knowyourmeme.com/photos/270734-smilejpg
43. Henriksen 2013: 40
44. https://knowyourmeme.com/memes/smilejpg
45. "r/OriginalJTKImage", *Reddit*, https://www.reddit.com/r/OriginalJTKImage/
46. http://gazo05.chbox.jp/occult/19.html; http://gazo05.chbox.jp/occult/src/1123087197322.jpg
47. https://pya.cc/pyaimg/pimg.php?imgid=20716
48. https://killerjeff.newgrounds.com/news/post/172646
49. Balanzategui 2018: 189–190
50. 伊藤 2016: 167, 175–176; 廣田 2018b: 293
51. http://x51.org/x/05/04/1948.php
52. https://hobby7.5ch.net/test/read.cgi/occult/1119519545/
53. https://hobby11.5ch.net/test/read.cgi/occult/1217910614/
54. https://hayabusa6.5ch.net/test/read.cgi/occult/1445580551/
55. https://i.imgur.com/VpDkn1G.jpg
56. Gallerneaux Brooks 2013: 30
57. 松本 2019: 286
58. マノヴィッチ 2023: 478

59. マノヴィッチ 2023: 484–492
60. 伊藤 2021: 28, 34–37
61. 橋迫 2021
62. 伊藤 2021: 28–37
63. 「ひとりかくれんぼ 25 体目」 https://hobby9.5ch.net/test/read.cgi/occult/1185810877/ の 378
64. （タイトル不明） http://jp.youtube.com/watch?v=EXp-NZzpUr0
65. 「ひとりかくれんぼ」 https://www.youtube.com/watch?v=B0iiQHOofZ0
66. 「【みんなで】栃木県の心霊スポット 16【凸撃】」 https://hobby9.5ch.net/test/read.cgi/occult/1180093971/ の 149。この参加者は廃病院にわざわざ行って、**ひとりかくれんぼ**を実況していた。
67. 「【都市伝説】“ひとりかくれんぼ”実況やったら怪奇現象が続出！！」 https://www.youtube.com/watch?v=ugiO_lox-7w
68. アーカイブ動画は「ひとりかくれんぼ」 https://www.youtube.com/watch?v=_zVWIvKok5E。なお、ましろのアカウントは 2022 年 6 月に停止されてしまったため、現在この動画を見ることはできないが、切り取り動画は多く存在する。
69. https://www.youtube.com/@LouisePaxton/videos
70. Mueser & Vlachos 2018
71. Deng , Benckendorff , Wang 2019, 2021: 195
72. 「【オカルト】福岡ミステリーツアー 2 体目【オフ】」 https://off3.5ch.net/test/read.cgi/offreg/1121514679/
73. 「千葉県東金市　雄蛇ヶ池を一周右回りしました 01/03」 https://www.nicovideo.jp/watch/sm9060478 （2009 年 12 月 11 日）など
74. 「幽霊探知機能付き USB メモリを試す」『PC Watch』 https://pc.watch.impress.co.jp/docs/2005/0404/solid.htm （2005 年 4 月 4 日）；「開発者に聞く、“お化け探知機”の正しい使い方（前編）」『ITmedia PC USER』 https://www.itmedia.co.jp/pcupdate/articles/0504/21/news001.html （2005 年 4 月 21 日）； http://

www.ghostradar.jp/

75. http://ghostrecon.web.infoseek.co.jp/contents/ex_f.html

76. 「「お化け探知機能」付きケータイストラップ登場」『ITmedia Mobile』https://www.itmedia.co.jp/mobile/articles/0603/31/news023.html　(2006 年 3 月 31 日)

77. 「霊界コミュニケーションロボット BAKETAN WARASHI ワラシ」『楽天市場』https://item.rakuten.co.jp/solidalliance/4571164056937/?scid=wi_ichi_iphoneapp_item_share

78. 「拡張現実（AR）を取り入れたDSi用幽霊探知ゲーム「Ghostwire」ムービートレーラー」『カラパイア』 https://karapaia.com/archives/51766318.html　(2010 年 9 月 19 日)

79. 廣田 2023b: 8 章参照

80. https://www.tiktok.com/@hn20000104/video/6696461562791611650

81. https://www.tiktok.com/@sydney.carpentier/video/6780114201307368709

82. “NEW GHOST TUBE SLS Camera App - I Got Scolded By A Spirit!!! In Haunted Cemetery 🇬🇧”, https://www.youtube.com/watch?v=yRmwkfUorRQ　(2020 年 7 月 12 日)

83. 「TikTok の AI マンガフィルターを使って幽霊を探す人たち「死体置き場でやってみて」「お墓を撮影するのは危険かもよ」」『ガジェット通信』 https://getnews.jp/archives/3374207 2023 年 1 月 14 日

第6章　アナログとＡＩ——二〇二〇年代のネット怪談

1. “The Backrooms (Found Footage)”, Kane Pixels, https://www.youtube.com/watch?v=H4dGpz6cnHo　(2022 年 1 月 7 日)

2. 「フェイクドキュメンタリー「Q」」 https://www.youtube.com/channel/UCoFpC4zSPyFw_AbDTbE015g　(2021 年 4 月 1 日チャンネル登録)

3. https://hobby4.5ch.net/test/read.cgi/occult/1067094469/

4. http://www.geocities.co.jp/SilkRoad-Lake/6880/

5. 「【最終】これって何？其の六【決戦】」https://hobby4.5ch.net/test/read.cgi/occult/1067870037/

6. *The Lost Media Wiki*, https://lostmediawiki.com/

7. http://www.ichorfalls.com/2009/03/15/candle-cove; 現在は“NetNostalgia Forum - Television (local)”, https://ichorfalls.chainsawsuit.com/。廣田 2023b: 285–286 参照

8. https://curry.5ch.net/test/read.cgi/tv/971752442/ の 206

9. http://www05.u-page.so-net.ne.jp/gc4/roti-rot/u_legends/u_led/city/c_rumor_33.html（2000 年 10 月 23 日）

10. 「この信じられぬ世界からの報告」1968: 123

11. Sconce 2000: 144, cf. ibid.: 124

12. パリッカ 2023: 80; Sconce 2000: 126–127

13. http://www.geocities.co.jp/HeartLand-Oak/5703/

14. 「都市伝説　―NNN 臨時放送―」 https://www.nicovideo.jp/watch/sm175848;「NNN 臨時放送」 https://www.youtube.com/watch?v=PWyWyoBwy3w

15. https://tv6.5ch.net/test/read.cgi/cm/1088596641/ の 854

16. 「怖い CM」 http://gali01.at.infoseek.co.jp/swf/hitogata.html

17. 「グロでも心霊でもないけど怖い CM」 https://www.nicovideo.jp/watch/sm436984

18. https://w.atwiki.jp/commercial/pages/24.html は、2024 年も更新されているまとめサイト。「ヒトガタ CM 捜索スレ 4」（https://egg.5ch.net/test/read.cgi/cm/1685681776/）は、5 ちゃんねるにおける探索の本拠地。「【都市伝説？】徹底検証！謎の CM「白いヒトガタ」の正体に迫る！ これまでの経緯総ざらい【不気味な CM】紲星あかり」 https://www.youtube.com/watch?v=r4IP-eAdiFU は 2020 年 4 月 20 日に YouTube に投稿された考察動画。“The Creepy "Hitogata" Japanese Commercial - Lost Media Case Files Vol 3 | blameitonjorge”, https://www.youtube.com/watch?v=L9YjoSPcyPU は 2021 年 4 月 25 日 に

YouTubeに投稿された、英語圏の怪奇映像考察系YouTuberによる探索の過程。

19. "The History of Analog Horror [ft. Kris Straub, Nexpo, NightMind & others] | Documentary (2022)", https://www.youtube.com/watch?v=-I_4ph-L19U（2022年7月30日）のアナログホラー史解説など。

20. "Poradnik Uśmiechu 1 - Jak skutecznie jabłko", KrainaGrzybowTV, https://www.youtube.com/watch?v=D_h2G6QMMjA（2013年12月24日）

21. ピクシブ百科事典の記事「LOCAL58」に詳しい説明がある。https://dic.pixiv.net/a/LOCAL58　（2021年11月29日初版）

22. オリジナルはhttps://www.youtube.com/watch?v=qV0I-iA5lJUだったが現在非公開。作者自身が再投稿したものは"ＬＯＣＡＬ５８ＴＶ – Contingency", https://www.youtube.com/watch?v=3c66w6fVqOI　（2017年11月1日）

23. https://www.nicovideo.jp/watch/sm29917337

24. 平井 2021: 121-123; 打田 2024: 612

25. https://dic.nicovideo.jp/a/日本国尊厳維持局（2017年9月2日初版）

26. https://www.youtube.com/@yellowmountain/videos

27. https://www.youtube.com/@TiCreatorGamer/videos

28. https://www.youtube.com/@nazo_no_eizou_cm/videos

29. アナログ風番組映像を投稿しているものとしては、「多摩中央テレビ～昔の番組・CMパロディチャンネル～」（https://www.youtube.com/@Tamachuotv、2015年11月3日～）が初期のものに属するが、ホラー映像限定ではない。

30. https://www.youtube.com/watch?v=Or-lbazpXJA

31. Schrey 2014; cf. Balanzategui 2016

32. https://cursedimages.tumblr.com/post/132106855615/this-image-is-cursed

33. https://twitter.com/cursedimages

34. Hongo 2016; そうこ 2016

35. https://twitter.com/cursedimages/status/763537718169079808

36. ネット上で画像が二次的に用いられる（ミームになる）ことによる内容の変化については 銭 2020 参照

37. Feldman 2016

38. アーカイブが残っている。https://archive.4plebs.org/x/thread/20663805/

39. https://archived.moe/b/thread/765236633/#765241975

40. この Google ドキュメントがもっとも詳しい。https://docs.google.com/document/d/1G5rA1PseLZozA6oUYjdVN6Rn8GNdEVY7bTXV4SmVp7E/edit#

41. http://www.hobbytownoshkosh.com:80/revolution%20raceway,%20020903.htm （2003 年 3 月 2 日）

42. https://archive.4plebs.org/x/thread/22661164

43. https://archive.4plebs.org/x/thread/22672919

44. “Worse than any creepypasta out there”, https://www.reddit.com/r/greentext/comments/bpliss/worse_than_any_creepypasta_out_there/

45. たとえば Reddit の r/backroom のスレッド “You guys ruined The Backrooms.”, https://www.reddit.com/r/backrooms/comments/ovi854/you_guys_ruined_the_backrooms/ （2021 年 8 月 1 日）。

46.「今海外で話題の“現実ではない裏の部屋”に閉じ込められてしまうホラーゲーム「Backrooms」が怖い」 https://www.youtube.com/watch?v=l5bBef3BaEg （2022 年 1 月 29 日）

47. ucnv 2019: 249

48. ucnv 2019: 258

49. https://hobby7.5ch.net/test/read.cgi/occult/1128184317/ の 43

50. https://www.reddit.com/r/Glitch_in_the_Matrix/

51. Turchin & Yampolskiy 2019: 3.1-3.2

52. https://www.tiktok.com/@advnture/video/6822137510777474309
53. https://www.youtube.com/watch?v=6VMRAGxjOoA　(2014年1月29日)。木澤 2024: 278 も参照。
54. https://twitter.com/thesunvanished
55. 詳細は https://knowyourmeme.com/memes/the-sun-vanished (2018年7月16日初版) 参照
56. https://www.tiktok.com/@where_is_the_sky/video/6899955127763913986
57. https://www.tiktok.com/@where_is_the_sky/video/6901069875683298561
58. https://www.tiktok.com/@the_exits_are_missing/video/6902867621952228614
59. ないわけではないが、すぐに終わってしまう。たとえば https://www.tiktok.com/@gengitusekaimann0/video/7078557837516868865 (2022年3月24日)
60. 仲田 2021 など参照
61. https://www.tiktok.com/@kilmaru/video/7271004753256008992
62. 廣田 2023b: 280
63.「美学」および「コア」については、廣田 2023b: 281–284 参照
64. https://twitter.com/zerstoerer/status/1106521281908957189
65. https://twitter.com/unwrappedlolly/status/1119108456294674434; https://knowyourmeme.com/memes/cultures/liminal-spaces-images-with-elegiac-auras　(2020年8月17日初版) も参照
66. https://web.archive.org/web/20200813233259/https://www.reddit.com/r/LiminalSpace/
67. https://twitter.com/boylotusboy/status/1435208395955453952
68. 木澤 2021b; 銭 2021
69. https://en.wiktionary.org/wiki/anemoia　(2020年2月23日

初版）

70. https://thedictionaryofobscuresorrows.com/concept/anemoia

71. https://www.tiktok.com/@MS4wLjABAAAAf2ZfrTP34UAPgZ18cUsPn7bu7dVSCeXzxsZRzgz9gnp-WZdRa0yOa09itOoO5pU9/video/6670695926765587713

72. 「「夢で見たことがある」ネットで話題のゲームセンター」https://www.youtube.com/watch?v=jUd87lWYMs8

73. https://www.tiktok.com/@toumason/video/6848068506861227265

74. Balanzategui 2016: 248; 廣田 2023b: 285

75. 朝宮、大岩、廣田、藤原 2024: 409

76. 「画像生成 AI を用いるとホラーやグロテスクな背景とともに出現する謎の女性「ローブ」とは？」2022

77. hiroching 2022

78. Raemont 2022 など

79. https://www.reddit.com/r/DramaticText/comments/v9v9ln/november_5_2024/

80. https://twitter.com/LocalBateman/status/1630984088604508167

81. 廣田 2023b: 11 章。章題は「恐怖に物語は必要ない」。この論点は何名かの論者によって追認されている（吉田 2024b: 222; 谷川 2024）。

82. マノヴィッチ 2023: 481, 483

83. ネットホラーの古典の一つ「**アランのチュートリアル**」（https://www.youtube.com/@alantutorial/videos、2011 年 6 月 24 日〜2014 年 12 月 13 日）も、物語性を回避している点では類似性を指摘できる。

84. 銭 2021; 廣田 2023b: 286

85. 廣田 2023b: 272–274

86. https://aesthetics.fandom.com/wiki/Aesthetics_Wiki　（2018 年 6 月 1 日初版）

87. https://www.tiktok.com/@usa_0509/video/7216553642365586689 （2023年3月31日）など

88. Willsey 2020: 155

89. マノヴィッチ 2023: 470

90. 廣田 2023b: 3章

著者略歴

1983年生まれ。大東文化大学文学部助教。専攻は文化人類学、民俗学。博士（文学）。著書に『妖怪の誕生──超自然と怪奇的自然の存在論的歴史人類学』『〈怪奇的で不思議なもの〉の人類学──妖怪研究の存在論的転回』など、訳書にマイケル・ディラン・フォスター『日本妖怪考──百鬼夜行から水木しげるまで』がある。

ハヤカワ新書　033

ネット怪談《かいだん》の民俗学《みんぞくがく》

二〇二四年十月二十五日　初版発行
二〇二五年七月　十五　日　七版発行

著　者　廣田《ひろた》龍平《りゅうへい》
発行者　早川　浩
印刷所　中央精版印刷株式会社
製本所　中央精版印刷株式会社
発行所　株式会社　早川書房
東京都千代田区神田多町二ノ二
電話　〇三‐三二五二‐三一一一
振替　〇〇一六〇‐三‐四七七九九
https://www.hayakawa-online.co.jp

ISBN978-4-15-340033-7 C0239

未知への扉をひらく

「ハヤカワ新書」創刊のことば

誰しも、多かれ少なかれ好奇心と疑心を持っている。

そして、その先に在る納得が行く答えを見つけようとするのも人間の常である。それには書物を繙いて確かめるのが堅実といえよう。インターネットが普及して久しいが、紙に印字された言葉の持つ深遠さは私たちの頭脳を活性して、かつ気持ちに余裕を持たせてくれる。

「ハヤカワ新書」は、切れ味鋭い執筆者が政治、経済、教育、医学、芸術、歴史をはじめとする各分野の森羅万象を的確に捉え、生きた知識をより豊かにする読み物である。

早川浩

馴染み知らずの物語

滝沢カレン

お馴染みのあの名作が
「馴染み知らず」の物語に変身

ある朝、目が覚めたら自分がベッドになっていた――!?

カフカの『変身』やカズオ・イシグロの『わたしを離さないで』など、古今東西の名作のタイトルをヒントに滝沢カレンさんが新しい物語をつむぎます。オリジナルを知っている人も知らない人も楽しめる一冊

ハヤカワ新書
003

2020年代の想像力
——文化時評アーカイブス2021-23

宇野常寛

いま、この時代に、
虚構が持つ力のすべてを説き明かす

表現の内実よりも作品を語る行為の側に人々が快楽を覚える現代において「虚構」の価値はどこにあるのか？『シン・エヴァンゲリオン劇場版:||』『すずめの戸締まり』『怪物』などへの批評を通じて強大な「現実」に抗うための想像力を提示する最新文化時評三〇篇

ハヤカワ新書
011

闇の精神史

木澤佐登志

イーロン・マスクは
なぜ火星を目指すのか？

一九世紀末ロシア、独立直後のジャマイカ、サイバー空間――様々な時と場所に現れた「宇宙」をめぐる思想。分子となって銀河に散らばる全祖先の復活を唱える者、自らのルーツを土星に見出し異形の音楽を創り出す者。果てなき頭上の漆黒に、人は何を見るのか。

ハヤカワ新書
014

サイバースペースの地政学

小宮山功一朗、小泉悠

**インターネット上に広がる
「サイバー空間」の実態とは？
テック×軍事の専門家が挑む**

千葉の巨大データセンター、サイバー網の急所・長崎、海底ケーブル船、そしてロシアの隣国エストニアへ。サイバーセキュリティと軍事のプロが最前線の現場で見たものとは。情報インフラと安全保障の要でありながら実態の見えにくいサイバー空間の可視化に挑む

ハヤカワ新書
026